美学思维

批判思维

经济思维

设计思维

生命思维

创业基础与创新实践

Entrepreneurship Foundation and Innovation Practice

蔡 剑 吴 戈 王陈慧子 / 编著

北京大学出版社

PEKING UNIVERSITY PRESS

图书在版编目(CIP)数据

创业基础与创新实践/蔡剑,吴戈,王陈慧子编著. —北京:北京大学出版社,2015.3
ISBN 978 - 7 - 301 - 25121 - 8

Ⅰ. ①创…　Ⅱ. ①蔡…②吴…③王…　Ⅲ. ①大学生—职业选择—高等学校—教材　Ⅳ. ①G647.38

中国版本图书馆 CIP 数据核字(2014)第 272119 号

书　　　名	创业基础与创新实践
著作责任者	蔡　剑　吴　戈　王陈慧子　编著
责任编辑	刘　京
标准书号	ISBN 978 - 7 - 301 - 25121 - 8
出版发行	北京大学出版社
地　　　址	北京市海淀区成府路 205 号　100871
网　　　址	http://www.pup.cn
电子信箱	em@pup.cn　　　　QQ:552063295
新浪微博	@北京大学出版社　@北京大学出版社经管图书
电　　　话	邮购部 62752015　发行部 62750672　编辑部 62752926
印刷者	北京大学印刷厂
经销者	新华书店
	730 毫米×1020 毫米　16 开本　16.5 印张　267 千字
	2015 年 3 月第 1 版　2019 年 1 月第 4 次印刷
印　　　数	10001—14000 册
定　　　价	36.00 元

致　谢

感谢千千万万的创新者与创业者,让我们每天都有一个新世界

前言

　　我们要建立一个"人人皆能创新，人人皆可创业"的社会，首先要有一个创新的教育体系。建立一个创新教育体系，首先是要有创新的教育思想。教育究竟是什么？爱因斯坦说过："当一个人忘掉了其在学校接受的每一样东西，存货下来的才是教育"。"温故而知新"与"除旧而创新"是学习与实践的两个方面，一个强调反思，一个强调批判。每一位有志于创新的朋友能够坚持大道而又与时俱进，确实需要智慧与勇气。这种智慧与勇气如何得来？需要靠创新的教育与学习。

　　人类历史上的教育经过了四个世代。第一个世代是老师"教"学生学，老师在教室里授课，学生在书本中阅读。第二个世代是老师"帮"学生学，老师制定案例实验，学生在学校研习训练。第三个世代是老师"让"学生学，老师指导学术方向，学生自己探究创作。第四个世代是老师"向"学生学，老师主动忘记已知，学生主动开辟新知。如今的互联网已经将人与人的关系带到了开放、平等、分享、协同的时代。每个人都成为一个数据源、信息源与知识源。正所谓众人皆为我师，我向众人学习。如果学校仍沿袭旧时代的教育模式，恐难培养出新时代的创新人才。我于2008 年在厉以宁老师指导下创办北京大学创新研究院，就是期望从创新与创业这个领域开始探索出新时代的创新与教育模式。我们所设计并提倡的协同—行动—创新的教育模式，就是知行合一的教育。这种模式将创新与创业的课程、训练及实践融为一体。通过大家在学习中的静心思考与讨论，唤起和激发创新思维；通过大家在开放平台进行协同创意开发与诚信互动服务，提升创新素质，运用创业方略。

　　我们在一开始就需要声明，目前创新与创业还没有形成一套完善的学问体系与教育方法。这本书是希望学习者能够带着批判思维和发展眼光来学习与实践的。正所谓"兵无常势,水无常形",任何固定的模式和套路在未来都不能保证一定有效,必须不断地接受实践的检验。在未来社会,不一定每个人都去创业,然而每个人都应当创新。创新与创业最宝贵的是能够坚持实事求是。实践是最好的创新学习,人生是最好的创新教育。

我们生在一个美好的时代,让每个人有可能成就创新的人生。实现创新的人生,从心态改变开始。因为心若改变,你的态度跟着改变;态度改变,你的习惯跟着改变;习惯改变,你的性格跟着改变;性格改变,你的人生跟着改变。改变心态,从认真地学习与实践开始。

蔡 剑

2015 年 2 月

目 录

Content

导言

　　创业是开辟与成就事业,创新是创造和实现价值。文明与进步的社会,必须有大批优秀的创新者,富强与兴盛的国家,必须有大批卓越的创业者。培养创业者需要在其学习阶段打下坚实的基础,塑造创新者需要在其发展过程中提供实践的平台。

　　本书的框架由创新思维、创新理论、创业基础、创新实践四个部分组成。学习创新与创业,首先要开启创新思维、理解创新理论,然后方可夯实基础。创业基础包括从想法到行动的四个阶段:价值设计与发现机会;商业模式设计与开发;资源整合与创业融资;创业计划与企业开办。创新实践是针对实际问题,结合创新理论,应用创新思维进行认知、开发、测试的循环迭代过程。

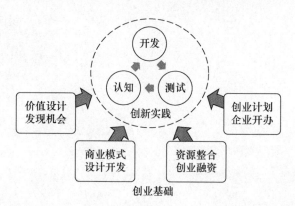

　　第一章首先讲创新思维与企业家精神。本章介绍了创新与创业的基本哲学观,提出了创新五色思维模型。应用创新五色思维模型能够很方便地解释我们日常生活与工作中的现象。五色思维模型解释了创新活动中思维模式的基本规律，也是我们学习创新创业的基础。

第二章讲创新理论与创业方式。我们系统回顾近现代以来有代表性的经济发展理论与创新思想。学习新的经济大循环的转化理论与分层创新模型。社会创新发展是历史的必然，创业需要理解经济发展与财富创造的实质，创业者以新世代的价值创造方式会超越前人。

第三章到第六章讲创业基础，包括四个主要部分，价值设计与发现机会；商业模式设计与开发；资源整合与创业融资；创业计划与企业开办。这四个部分构成了创业基础的知识内容体系，掌握了这些方面的基础知识，具备了创业的基本素质，同学们就可以开始迈出创业实践的第一步了。

第七章讲创新实践与创新管理。主要介绍了创新者在创业前期需要做的具体准备工作，强调了信用在市场中的重要性，以及我们如何建立自己的信用，此外，通过引入精益创业的概念，探讨如何管理好自己的创业项目。

第八章讲网络时代的创新与创业。在这一章描画了未来的创新与创业。网络社会是一个每个人实现自由价值的社会。创新与创业者将以互联网思维开辟新的商业模式，创造新的客户。

第 一 章

创新思维与
企业家精神

学习目标

- 理解创新思维的本质
- 从新的科学哲学观念出发,理解并运用创新思维的
  五色思维模型
- 理解企业家精神的实质内涵,理解创业者必需的素
  质与能力,并领悟组织的创新精神在创业中的重要
  作用

知识要点

- 思维在创新与创业中的基本作用
- 三象世界:物质世界、精神世界与符号世界
- 五色思维:生命思维、批判思维、设计思维、经济思
  维与美学思维
- 企业家精神与创业的关系

创新思维

创业成就源于创新思维

1995 年两名即将进入斯坦福开始博士学习的年轻人拉里·佩奇和谢尔盖·布林成为了密友。1996 年他们做了一个课题实验,Back-Rub 搜索引擎。有一天,他们惊异地发现:每天有成千上万的人在使用原本只有数位导师知道的 BackRub 系统。两人兴致勃勃地准备出售 BackRub,但当时包括雅虎在内的各大门户网站对这项技术非常冷漠,佩奇和布林决定自己干,他们选择了从斯坦福休学。1998 年 8 月底的一天,斯坦福大学的切瑞顿教授安排一个聚会,佩奇和布林当着 Sun 联合创始人安迪·贝克托斯海姆的面介绍了他们的互联网搜索技术与创业项目。切瑞顿教授与贝克托斯海姆被两位年轻校友的自信与执着打动,当场各给佩奇和布林签署了一张价值 10 万美元的支票。1998 年 9 月 7 日,佩奇和布林用这笔天使投资在硅谷的一个车库内正式创建了谷歌,当时它还是一家名不见经传的小型创业公司。截至 2016 年,谷歌已成为全球知名度最高的互联网公司品牌之一,市值超过 5 000 亿美金。

时代的进步源于不断地创业进取,而创业的成就源于创新思维。创新为我们带来了互联网与 iPhone,带来了特斯拉电动车与华为手机,带来了社交网络与共

享出行,带来了众包与众筹。创新为生活带来的改善无所不在,让我们享受由自己创造出来的人类文明。创新无疑是一件令人惊奇与赞叹的事情。300万年前,当第一个猿人拿起打制的石器,人类历史便翻开了一个崭新的篇章。随着对自然世界规律理解的不断深入,人类发明出陶瓷、钢铁器皿、蒸汽机、火车、飞机、电灯、电脑与网络等等产品与技术。随着对社会经济规律理解的不断深入,人类发展出货币体系、公司体制、股票市场、互联网金融等经济手段。特别是在移动互联网的时代,新生事物不停涌现,创新人才灿若繁星。

彼得·德鲁克把创新定义为赋予资源以新的创造财富能力的行为,认为创新可以被定义为一项赋予人力和物质资源以更新和更强创造财富的能力的任务。创业的价值来自于创新,以谷歌为例,他们最初正是由于创造出了更快更新的网页排名算法,为网络使用者们提供了节省时间的检索服务,从而实现了在线广告市场的颠覆式创新,进而创造出更多商业价值。那么,创新从何而来呢?它诞生于若干次美丽而偶然的发现,还是它的创造本身就有规律可循?经过多年的研究,我们发现创新是有规律和方法的,创新来自于创新思维与协同行动,二者实现了"知行合一",并最终在市场中形成了价值。要理解创新思维,首先,我们应当理解什么是思维。

思维乃是一种自我的创造过程,思维过程把脑力劳动和体力劳动结合在一起。思维与知识不同,知识是人们在改造世界的实践中所获得的认识和经验的总和,知识是思维的活力,自由而独立地存在。思维不是一种知识体系,而是一种认知与行动体系。通过思维,人们对外界的信息与符号进行反应与处理,从而形成将某种刺激内化为经验与认知的模式。这种模式让人的思想活动重复,但是有时创造力偏偏就起源于这种重复过程之中。[①] 相比较知识,思维更加概括和抽象,不拘泥于具体的事物,它能超越具体的时间、空间,总结并发现事物的本质。

创新思维,即创造性的思维活动,是开拓人类认识新领域、开创人类认识新成果的思维活动。创新思维方式犹如在一片黑夜中的灯塔,指导人们在探索中向着新事物摸索前进,力图减少在创新过程中的迷惘与失误。人能够有意识地认识世界规律,创造科学知识,改造符号世界。我们这一生,都是创新思维的学

---

① 汤川秀树:《创造力与直觉:一个物理学家对于东西方的考察》,周林东译,复旦大学出版社,1987年,第三编第三章。

习者与践行者,在生命过程中体现生命的价值,在工作中反映出职业价值。创新的灵感如天马行空般琢磨不定,但是一旦领悟到其中规律,就能够感受到创新因创新思维而有迹可循,从而在我们短暂的生命中绽放出更多创新的光彩。

那么,抽象的创新思维有没有更加具体的表现形式呢? 创新思维包括生命思维、批判思维、设计思维、经济思维与美学思维五种。接下来,就让我们通过谷歌的案例走进创新思维的世界。

创新思维的构成

我们首先要介绍的是生命思维,生命思维是所有创新思维存在的根本。

生命思维让人"思存亡",脱离了生命,人的存在就是虚无。生命思维就是在生命的过程中不断处理自身与自然之间的关系,在成长与发展的过程中寻找生命的平衡点。

生命本身是一种自然而言的状态,是物种不断进化的延续。道金斯提出,任何生物,包括我们自己,都只是求生的机器。复制、变异和淘汰这三种简单的机制可以演变出万物。[①] 薛定谔更是提出了一系列大胆猜想:基因的持久性和遗传模式长期稳定的可能性能用量子论加以说明;生命以负熵为生,是从环境抽取"序"维持系统的组织并且进化的。[②] 人类在生生不息的进化中拥有了七情六欲,拥有了爱与愤怒、自豪与自卑,拥有了智力。可是智力的构造并非是为了理解原子,甚至不是为了理解智力自身,而是为了促进人类基因的生存。[③] 诗人们把这一事实视为悲剧,叶芝把它称之为智慧的降临。对于生命现象的考察是人类对自己向内的不断探索。

生命思维让我们意识到人与自然整体的统一。生命思维不是把人和自然放到对立面,把人抬高到征服的地位,也不是沉浸在生命短暂的悲哀中,不再做任何事情并保持沉默。生命思维让包括人在内的万事万物都能够按照其本性存在,并尊重其他生物的存在,顺其自然而减少纠葛。从物种意义上来讲,万物具有趋利避害的共性,人类也具有这种天性,因此人类文明至今不至灭亡。从个人层面上来说,人有了生命思维,才能够认识到生命的珍贵,养护自己的身体,保持

---

① 参见理查德·道金斯:《自私的基因》,卢允中等译,中信出版社,2012 年。
② 参见埃尔温·薛定谔:《生命是什么》,吉喆译,哈尔滨出版社,2012 年。
③ 参见 E. O. 威尔逊:《论人的天性》,林和生等译,贵州人民出版社,1987 年,前言。

健康的心理,热爱生命与生活。"身体是革命的本钱",便是个体对于生命思维的强调。

除了生物意义上的生命思维,生命思维还体现在文明层面。工业化时代的教育愈发标准化与模式化,灌输统一而标准的价值观,将培养、塑造人才当作工厂生产产品,这是粗暴与欠缺人文关怀的。尊重每个个体的差异与存在的价值,并力求支持个人的自然发展,才是真正的生命思维的体现。人不是机器,不是工具,只有认识到每个人都是独立自主的自由个体,才能够从根本上解放人类的创造力。现在世界上存在的种族相残、填鸭式教育以及很多父母对于孩子的过度管制,都是欠缺生命思维的体现。生而不有,为而不恃,生而有道,道法自然。

谷歌创始人布林的父亲迈克尔是马里兰大学的数学教授,而布林的母亲则是美国宇航局的一名专家,布林的祖父也是一名数学教授。受家庭的影响,幼年时期,布林的数学天才就开始显山露水,他同时也对电子学有着浓厚的兴趣。早在念小学一年级的时候,布林就向老师提交了一份有关计算机打印输出的设计方案,这让老师大为吃惊。要知道,当时计算机还刚刚开始在美国普通家庭出现。中学毕业后,布林进入马里兰大学攻读数学专业。然而,布林并没有按照父亲给他设定的规划发展。由于成绩杰出,布林在取得理学学士学位后获得了一个奖学金,随后进入斯坦福大学。1995 年,在斯坦福大学,对搜索引擎一直有兴趣的他遇到了拉里·佩奇,两人各自独立或合作发表了许多关于信息收集和关键字索引的论文,与很多互联网企业的创始人一样,他们勇敢选择了休学创业,虽一度濒临破产,但凭着对自身智慧的坚定信念坚持到了最后,开启了日后千亿级别价值的事业。年轻人创业正当时,年轻的精神与身体都非常适合成长与接受挑战,尽管创业的路上有很多艰辛,但是年轻的精神能够给我们破土而出的信念与条件。因此,年轻的布林与佩奇有勇气主宰自己的命运,并在创业过程中不断成长,这是生命思维的一种体现。为什么中外的创业成功者大多数都是从年轻时代开始的?因为一颗嫩芽破土的生命力是最大的。

简单来说,生命思维是所有其他四种思维的根基。没有了生命思维,便失去了生命时间,那么一切关于人生意义的设想都是纸上谈兵。没有了生命思维,便失去了对生命的反思与对自然、对万物的尊重,会生出很多并不必要的矛盾。

批判思维使人"辨真伪"。人生来对于"真"与"伪","对"与"错"存有好奇心,这种探究的好奇心使人类批判旧知识、旧事物,建立新知识、新事物,从而去伪存真、不断创新。运用理性纠正固有认识之错误,是人类不断发展至今的基石,是其优于地球上其他生物的主要原因。

无论是自然科学还是社会科学,其理论是在符号世界演化和传播的。人类对于自然与社会的认识与理解在不断地变化,这些想法与理解起初存在于精神世界,如果需要广泛传播并接受众人的质疑与批判,那么必须用明确的符号表示出来,以期记录思想而不至于在传播过程中失真。当我们能自如地使用描述性语言和论证性语言时,我们就能系统地批判我们的推测,这就是科学的方法。[①] 我们所学的课本、论文,阅读的经典名著,浏览的微博贴子,都是这些思想延续留存的表现形式。人类提出的理论不是终极真理,而是对规律的假设。盲目虔信一个理论不是理智的美德,而是理智的罪过。[②] 由于并不盲从的独立思考,不同的思想观念之间才能够互相碰撞与批判,进而引发我们对于"真相"的思考,如以哈耶克为代表的自由主义经济学派与以凯恩斯为代表的政府干预经济学派之间持续达数十年的论战。虽然这种互相批判至今仍然没有定论,然而两位经济学家对于心中真理的探索与坚持令我们后辈受益匪浅。

谷歌搜索引擎的算法始于 PageRank,这是 1997 年拉里·佩奇在斯坦福大学攻读博士学位时开发的。当时已有包括雅虎在内的十几家公司推出了搜索引擎,但是其算法大多是基于内容与点击率,而且将广告与搜索结果混在一起。佩奇的创新性想法是:把整个互联网复制到本地数据库,然后对网页上所有的链接进行网络矩阵分析。基于入链接的数量和重要性及锚文本对网页的受欢迎程度进行评级,也就是通过网络的集体智慧确定哪些网站最有用,这样能够提供更加准确的搜索结果。在

---

① 参见卡尔·波普尔:《客观知识——一个进化论的研究》,舒炜光等译,上海译文出版社,2001年,第二章。

② 参见伊·拉卡托斯:《科学研究纲领方法论》,兰征译,上海译文出版社,2005年,第一章。

商业模式上,谷歌如实告诉用户哪些是搜索结果,哪些是商业广告,这大幅度提高了用户的信任度与搜索体验。PageRank 这一简单却具有颠覆式的概念可以说是谷歌最根本的创新。PageRank 的优势是提升了搜索结果的质量,但这种过度依靠外链分析的单一算法也具有弊端,那就是很多站长采取作弊手法来增加网站的外链,因此网络上有很多垃圾外链。为了应对这种情况,谷歌于 2013 年更新了其核心算法,那就是蜂鸟算法(Hummingbird)。在此套算法中,PageRank 仍旧起很大作用,但是已经不是唯一的排名机制。谷歌算法的诞生与对传统网页搜索方式与广告商业模式的批判,以及在之后的发展过程中对自我批判、自我更新精神的保持,也是谷歌能够在较长时间内保持业界领先地位的重要原因之一。

不得不指出的是,人们所认为"真的"不过是有关其思想的一种方便方法,一种对于事物真实性简化的概念。实际上,真理与谬误,对与错都是相对的,都是随着人类认识的不断发展而改变的。有时候,我们认为一个理论为真理,甚至奉为信条,可随着时间的推移,我们也会发现它的局限性。一个理论,也许解释眼前出现的现象是方便的、可行的,可未必对后来的一切经验能给出同样令人满意的解释。科学革命始于危机,发端于科学发现。[①] 库恩认为,科学研究领域里司空见惯的事情并不是偶然发生的,而是有科学发展模式的,这种模式就称为范式。当一个科学家群体接受了共同的科学概念、规律、范例、应用及工具等,我们就说科学家群体形成了科学范式。范式的形成有包括"前范式科学—常规科学—革命科学—新常规科学"几个阶段,而这就是科学不断批判自己与前进的方法。以物理学为例,机械观兴起又衰落,场、相对论与量子开始被科学家们广泛接受[②],这就是一种范式的改变。

批判思维是发现和找寻真理的路径。任何把自认为正确的法则强加给自然与社会的做法都是不科学的,也最终会失败,并因其错误推测而灭亡。但是,有的时候,人们的猜测与坚持也由于接近了真理而幸存下来,随着时间的推移被广泛传播并促进人类文明的发展。批判思维加速了各种推测论断的鉴别过程,加

---

① 参见托马斯·库恩:《科学革命的结构》,金吾伦等译,北京大学出版社,2012 年。
② 参见阿尔伯特·爱因斯坦:《物理学的进化》,周肇威译,上海科学技术出版社,1962 年。

快揭示理论假设的局限性。可是,批判思维的存在,不仅需要科学理性,还需要平等、自由、博爱的人文精神。在文明兴起的时代,理性的符号世界的争论与竞争取代了非理性的暴力,能使人们不用因受到生命危险与精神恫吓而改变批判的立场,这种人文精神是符号世界真正的自由。相反,在缺乏这种人文精神的时代,很多先驱,诸如布鲁诺,甚至为此牺牲了性命。由于这个缘故,它在某种程度上依赖于使这种批评成为可能的整个一系列的社会和政治环境。①

总结来说,批判思维是人类的科学与文明得以进步的基石。它强化了人的科学(包括自然科学与社会科学)发现能力与知识学习能力,进而优化了人类的语言功能从而构造了知识体系。批判思维也是我们在学习与思考中最需要磨炼的思维。

设计思维使人"定合分"。设计是人类按照自己的想法构建出符号世界,并且最终在物质世界进行创作的过程。设计是按照人的目标而将不同的要素进行组织,并通过一定的机制组合从而达到某种效果。设计的过程是通过对符号的组合与模型的建立来完成的。

人类处在世界之中,周围的所有的人工物都是设计的结果,而自然界本身存在的事物则是未经人工设计的结果。从时装设计师、建筑师到机械发明者,凡是以一种构想出发寻找合理方案实现构想的人都是在搞设计。从构思到实现的过程包括分析、规划、推理与决策。在设计师的脑海中,人工物有一个目标,设计师需要构思如何设计来实现这个目标。一个好的设计,往往需要能够跳出已有的知识进行思考。② 当我们觉得一个设计,使用了不同的路径、进行了不同的构思、达到了卓越的效果,那么这个设计就是一个创新的设计。设计师都具有很强的设计思维与创新能力。

设计思维常常要同经济思维与美学思维共同使用。设计思维强调根据主观需求创造人工物,而美学思维强调人对美的感知与创造。与此同时,经济思维也经常被应用于设计中。在制造的过程中、制造之后的功用中是否足够经济有效,是判断一个设计是否优秀的重要标准之一。因此,对于设计师来说,想出好的创意或提出好的解决方案需要很多思维的相互协同,各类设计师也是公认的需要创新的职业之一。

---

① 参见卡尔·波普尔:《通过知识获得解放》,范景中译,中国美术学院出版社,1998 年。
② 参见亨利·柏格森:《时间与自由意志》,吴士栋译,商务印书馆,1998 年,第一章。

需要了解的是,设计思维与批判思维不同。批判思维是客观看待已有理论并在此基础上反思探索提出新的理论,能够得到什么结果是不确定的,而设计思维是预先设定一个功能目标,然后构想出并不断改进实现目标的方式与手段。

谷歌搜索页面设计可以说引导了一代互联网设计的潮流。谷歌设计表面上看起来很简单,但是却包含了强大的功能,可以让需要的用户很容易地访问到。谷歌搜索最早设计了单一搜索框的极简首页。谷歌的目标是为新用户提供美妙的初始体验,同时也吸引那些经验丰富的老用户,他们会推荐其他人也来使用这个产品。一个精心设计的谷歌产品会让新用户很快熟悉,在必要的时候提供帮助,并且保证用户可以通过简单且符合直觉的操作使用产品的大多数有价值的功能。逐步披露高级功能会鼓励用户去扩展他们对产品的使用。如果人们看到一个谷歌的产品时说"哇,真漂亮!",用户体验团队就可以欢呼了。一个积极的第一印象会让用户觉得舒服,使他们确信这个产品是可靠和专业的,并且会鼓励用户做出自己的产品。简约美学对于大部分的谷歌产品都是适用的,因为一个干净、清爽、加载迅速,而且不会分散用户注意力的设计一定是符合用户需求的。吸引人的图像、颜色和字体需要与速度、可扫描文本和简易导航取得平衡。谷歌产品的视觉设计会让用户感到满意并且有助于使用。而易用性正是吸引用户的关键之一,这种优秀的设计为谷歌用户提供了友好的接口,吸引了大量用户,为谷歌盈利模式的实现创造了条件。

总结来说,设计思维让我们有能力按照自己的想法组合元素、设计人工物来达成想要的目标。设计思维是我们创造新事物所必备的思维,能够让世界因为我们有所不同,也是我们在日常生活中接触到的思维中与创新关系最密切的。

经济思维让人"计盈亏"。要理解经济思维,首先我们应当理解货币的本质。货币是价值的符号体现,是物品价值的一种衡量方式。古代,稀缺金属金银铜作为这种通用价值度量流通于市场之中,促使人们进行物物交换。而纸币则是具有政府公信力的货币,也可以起到这种作用。但是当政府超发货币或者政府处于危机状态中时,其发行货币对价值衡量的公信力则会受到质疑,这也解释了为什么战乱年代通货膨胀,一麻袋纸币只能换一斗米。因此,经济思维让精神世界与符号世界通过价值和价格进行沟通。货币能让一种性质的对象同其他任何性质的对象相交换,成为沟通精神世界与符号世界的桥梁。

人类的经济思维来自人的自身需要与社会需要。从人自身的需求出发,经济思维在于节省资源,节约人的思想"能量"。无谓的铺张浪费、无益的思想纠葛,从理性上来说,都是与人类的经济思维相悖的。比如,当一个人面对一个问题,如果能够用简单的方法解决,而最后却使用了更为复杂却并没有更好效果的方法,这明显是一种不够经济的行为,在现实生活中我们也很少这样选择。从社会的需求出发,经济思维在于节约社会运动的"能力"。人类生产与生活中无意义的行为和资源与时间的浪费,都是不经济的。以中国的全国人民代表大会制度为例,如果国家的每一个决策问题都需要13亿全体公民投票表决,那么国家机器会陷入漫长的时间消耗而最终无法正常完成职能,因此民主代议的决策制度对于社会说是经济的。

企业家往往都具有很强的经济思维。一般来说,企业的目标是盈利。企业家承担着不确定性的风险,也拥有享有分享盈利的权利。为了确保盈利,他必须要确保企业从运营到生产的每一个环节都尽可能把成本压缩到最低,并尽力让服务或产品的价值与价格增加,在这个过程中,企业家个人使用经济思维做出的决策和判断起了至关重要的作用。所以说,企业家得到收益并不是靠追求风险,而是通过经济思维降低了不确定性。经济思维的培养离不开经济理论的学习与经济实践。

像众多企业一样,谷歌的发展也经历了初期的投资融资阶段。1999年是谷歌快速发展的一年,在这一年,谷歌从 Menlo Park 的车库搬到帕洛阿尔托大学路的新办公室。那时谷歌拥有 8 名员工,是开始时的三倍,并且已经处理了超过 50 万的搜索查询。1999 年 6 月,谷歌由于获得硅谷两家主要的风险资本红杉资本和 Kleiner Perkins Caufield & Byers(KPCB)2 500 万美元第二轮融资而获得快速发展。正是这两个竞争激烈的风险投资公司的妥协给了谷歌重生的机会。为了亲眼见到投资的价值,风险投资公司在公司都有席位。于是红杉资本的 Mike Moritz 和

KPCB 的 John Doerr 加入公司的董事会。这段时间他们用乒乓球台作为开董事会的桌子。谷歌没有令他们失望，十七年之后的今天，谷歌已经是一个市值超过 5 000 亿美元的家喻户晓的互联网公司。在经济思维的引导下，谷歌在风险投资公司的帮助下开源节流、迅速发展，通过创新为客户、用户提供服务，创造价值，从而获得了更大的经济效益，并以这些经济效益回报员工、投资者与社会。

总而言之，经济思维让我们理解"价值"，是人在社会中获得生活必需品所必备的思维，也是企业家最重要的思维方式之一。在创新的过程中，它扮演着降低消耗、提高效率与效果的角色。

美学思维使人"知美丑"。被誉为"美学之父"的德国哲学家、美学家、教育学家鲍姆加登对美的定义是：美学的目的是感性认识本身的完善。与批判思维不同，美学思维是一种感性的思维，它的意义在于人获得的主观感受。人人生来爱美，美是人类真实生命的感受，混乱、毁灭、无序、造作都是美的反面。总体上来说，人的美感总是倾向于简单有序，并在秩序中富含变化。美学思维为创新带来了有序和规律。我们判断一件事物的美丑只需短短数秒，而简单有序的事物最容易让我们感受到美。当然，美也是富于变化的，这种有序与变化不断交替的关系使得美多姿多彩。

每个人对心中的美都有自己的标准，这种标准植根于个人的经历与认知，受周围的社会文化氛围所影响，也随着时间的推移新旧交替，不断改变。有时，一件事物不尽完美，但从感性的角度，它却可能是完善的，正如常言道"情人眼里出西施"。一位学者是这样赞美其母校之美的："北大这地方真有点特别，它似是一块磁铁，谁到了这里，谁就被吸住，再也不想离开。其原因并不在校园的美丽。北大现在的校园是很美，但在旧时，那校园说不上美。在战时，在昆明，那校园竟是陋巷蓬屋，是相当地残破了。但在北大人的心目中，它依然很美，依然是一块磁石，吸住你，想着它，恋着它，不愿离开。即使你走向天涯海角，北大依然牵着你的灵魂，占领着你的心。"①美不仅在物，亦不仅在心，它在心与物的关系上面；但这种关系并不如康德和一般人所想象的，在物为刺激，在心为感受；它是心借

---

① 谢冕："北大一百年的青春"，载于《散文》，1998 年第 1 期。

物的形象来表现情趣。①

美学思维存在于我们日常生活的每个细节,从穿衣时尚、家居美食、诗词歌赋、美术舞蹈到科学真理,都充满了美的领悟与创造。简洁明了、用语精练、优美雅致、朴素率真、精确无误、匀称美观,这类审美需要的满足不但对工匠、艺术家或哲学家是价值,对于数学家和科学家也同样是价值。②

美感的世界纯粹是意象世界,并不依托于利害关系而存在。艺术的活动是"无所为而为"的。美学家朱光潜认为,无论是讲学问还是做事业的人都要抱有一副"无所为而为"的精神,只求满足理想和情趣,不斤斤计较利害得失,才可以有一番真正的成就③,他倡导培养"爱真理的精神""科学的批评精神""创造精神"和"实证精神"。④ 伟大的事业都出于宏远的眼界和豁达的胸襟,而这种眼界与胸襟本身就是一种美。

1998 年,还在斯坦福上学的拉里·佩奇和谢尔盖·布林找到大卫·切瑞顿,就在后者家中的门廊展示了他们的创业项目。切瑞顿教授和他的朋友安迪·贝克托斯海姆当场各自开出了一张 10 万美元的支票,支持这家还没有走出宿舍的小公司,也就是后来的谷歌公司。"那时,他们在筹集资金方面遇到了很大困难,我不认为这应该是个大问题。"切瑞顿回忆道。自此,他成为投资谷歌的第一个天使投资人。而当初雅虎和 Excite 公司都曾将谷歌开发的算法拒之门外,并因此错过天大的好机会。

身为斯坦福大学教授的大卫·切瑞顿在计算机之外有很多爱好。他喜欢音乐和帆板。作为投资人,他最广为人知的是对于创业的兴趣。"如果做一件概念新颖而且与众不同的事情,我会变得很兴奋。"切瑞顿事业的转折点大概是在 1995 年,当时他参与创建了一个叫做 Granite Systems 的公司。在它成立仅 14 个月之后,思科就以 2 200 万美元的价格购买了这家公司。这次收购,让切瑞顿拥有必要的资本,可以投资其

---

① 参见朱光潜:《谈美》,广西师范大学出版社,2004 年。
② 马斯洛:《动机与人格》,许金声译,中国人民大学出版社,2007 年,第一章。
③ 参见朱光潜:《谈美》,广西师范大学出版社,2004 年。
④ 参见朱光潜:"怎样改造学术界",载《朱光潜全集》第八卷,安徽教育出版社,1993 年。

他的创业项目。从那时开始,就有斯坦福学生来找切瑞顿教授,请他投资他们的公司,或者就是简单地请他给些意见。在 Granite Systems 之后,他对很多硅谷的创业公司都有贡献。最为大众津津乐道的,当然就是他给两位谷歌的创始人拉里·佩奇和谢尔盖·布林投资了 10 万美元。

在切瑞顿教授决定给布林和佩奇投资的时候,除了必要的价值判断,更多的是对创新事物的领会、保护与欣赏,而没有像雅虎等公司一样在经济方面过于小心、斤斤计较,以致迷惑了双眼,未能看到未来谷歌真正的商业价值。切瑞顿教授毫不犹豫的投资,也是美学思维的一种体现。

美是一种精神的共鸣,一种灵魂深处情感表露的契合、领会与感召。这也是为什么艺术家们在遇到令自己欣赏的作品时会激动流泪,企业家由于其对梦想的坚持令创业者们感怀。领悟美学精神,就能够理解无私奉献的人,理解十年如一日工作的科学家,理解理性解释不了的许多现象,并对自己、对生活的坚持有更深层次的思考。总而言之,美学思维升华人的精神与灵魂,引导人创造出更符合人类美感的事物。

五色思维的起源

了解了五色思维之后,我们不禁要问,创新的思维为何有这五色思维呢?五色思维来自物质、精神与符号世界这三象世界的碰撞与交汇。要理解五色思维的起源,首先要从认识世界的哲学观点出发。生活在这个世界中,除了我们所熟知的"物质世界"与"精神世界",还存在着另外一种世界,我们称之为"符号世界"。人类是有思维的生物体,人类的活动反映了人类的精神世界,并作用于物质世界。精神存在于人类的思维、认知与记忆中,通过语言传达,随着个体的死亡而终结。可是,符号语言的产生使得人类能够以物质世界的载体记录人类的精神世界,从而让个体的思维、认知与记忆得到久远的保存与传承,并对子孙后代产生影响。人类在此基础上不断发展智力,通过无数代人的进化与接力,才有了我们的现代文明。因此,我们相信,对符号的运用将人与动物区分开来。人是唯一运用符号认识物质世界和精神世界的生命体,也是唯一自主改造符号世界的生命体。

人类是生活在三象世界之中的。人以体力作用于物质界，以心力作用于精神世界，以智力作用于符号世界。① 意识到符号世界的存在，有助于我们理解目前所看到的创新，尤其是以符号为构成元素的互联网创新。在人类的作用下，精神世界、物质世界、符号世界三象世界不断互动协同，碰撞出创新的火花。在长期的文明发展历程中，人的体力恐怕不再及当年生存在大自然竞争中的远古祖先，然而人的智力却能够不受体力限制而突飞猛进，在精神、物质与符号这三象世界中产生新事物、新思想、新文明。

符号世界扎根物质世界，源自精神世界，却又在某种程度上结合并超越了两个世界。人类文明的历史就是知识的更新史，也是符号世界的改造史。知识的记载与传承离不开符号，而人类创新力的基石在于主动改造与发展了知识。知识降低了世界对于人的不确定性，也增加了按照精神世界作用于物质世界、创造新事物的可能。因此，可以说创新诞生于精神世界、物质世界、符号世界三象世界的不断互动协同之中。对个体来说，创新力依赖于其在三象世界中长期积累习得的思维模式与行为方式。

创新存在于三象世界的交互中，也许人类的某一次创新源自偶然与机遇，创新思维就是从演绎与归纳出发得出的创新的路径与规律，这种探索知识的模式，我们称为"思维"。思维活动受到人所处的物质环境、符号环境和精神环境的共同作用。人的思维是多种多样的，这些思维指导着我们不同的日常活动。不同的思维之间互相碰撞与协作，思维之间愈是有序，人就愈容易感到幸福；反之，则感到矛盾、恐惧与无助。三象世界之间的运动关系包括无意识的运动和有意识的运动。物质世界与物质世界之间的运动不存在意识，这种状态称为"无思"。就像大洋深处两块岩石的碰撞，并没有任何意识，也不被人的精神世界所牵挂。除了"无思"之外，三大象限互相交互，形成了五种思维模式：生命思维、批判思维、设计思维、经济思维和美学思维。每个人都天生拥有五种思维：绿色的生命思维、红色的批判思维、紫色的设计思维、金色的经济思维、蓝色的美学思维。这五色思维是协同创新的本源。

生命思维让人"思存亡"，主要认识精神世界与物质世界的相互关系。批判

---

① 参见蔡剑：《协同创新论》，北京大学出版社，2012年，第一章。

思维使人"辨真伪",主要认识符号世界与符号世界之间的互动。设计思维使人"定合分",主要认识物质世界与符号世界的相互关系。经济思维让人"计盈亏",主要认识精神世界与符号世界的关系。美学思维使人"知美丑",主要认识精神世界与精神世界的相互关系。必须指出的是,五色思维在我们的生活中已然处处存在并发挥着作用。意识到这些思维的存在,在合适的情况使用合适的思维,能够让我们的人生少走无谓的弯路。三象世界与五色思维的关系见图1-1。

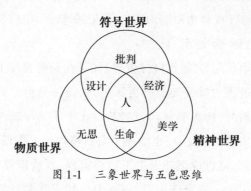

图 1-1 三象世界与五色思维

运用五色思维原理

五色思维在实践中是如何协同运用的呢?正如上文分析所述,佩奇与布林在人生正当年轻的时候开始创业,这是一种成长的意识,是青春敢作敢当的生命力,是生命思维的应用。在佩奇发明 PageRank 算法的时候,看到了信息检索的需要,打破以往网页超链接混乱式的知识获取模式,并在符号世界做出了探索与创新,使用的是批判思维。有了核心算法之后,为了为用户所用,接下来需要设计网站以提供使用接口,在这里又使用到了设计思维。公司初始阶段艰难,急需资金,为了使得公司不至于倒下,经济思维占据了主要地位。而后来在切瑞顿教授家中获得投资,除了应用经济思维说服教授,还应用到了美学思维对其进行打动。产品与服务的销售与宣传中需要以美学思维打动客户与用户。后期在谷歌的发展过程中不断积累价值创造利润,这又必然应用到经济思维。在创新螺旋上升的过程中,企业不断自我批判与成长,这又是批判思维和生命思维的体现。在一件事情的发展过程中,某一个阶段一种思维能够成为主导思维,但是在整个时间维度中,只有五种思维协同作用,才能够到达成功的彼岸。

中国从蔡元培时期就提出健全人格教育,提倡"德智体美劳"全面发展。一个人,要成为一个出类拔萃的人,需要创新五色思维协调发展,否则会因思维不协调而在创新创业的某一方面出现问题,这样即使有了创新的突破也无法恒久持久。一件产品,要成为出类拔萃的创新产品,则需要创造者综合运用这五种思维。一家企业,要成为卓越进取的领先企业,也需要企业家能够组织五种思维的不同部门。创新变化无穷且具有挑战性,但也因此更加引人入胜。在适当的环境运用创新的五色思维,能够让我们对很多事物的分析更加清晰明了。例如,在大学里,学生们主要接受批判思维的训练,并感受美学思维的熏陶,需要适当的经济思维但不适宜过强,因此攀比炫富的行为是违背学校宗旨的。在市场当中,企业经营管理者必须要不断运用经济思维来开拓市场,让客户能够得到实惠。学会应用五色思维解释现实世界,也是创新路上必须经历的练习。

企业家精神

创业者素质与能力

什么样的人能够创业?法国经济学家萨伊说过,企业家将经济资源从生产力和产出较低的领域转移到较高的领域。德鲁克讲过,企业家是那些愿意把变革视为机遇,并努力开拓的人。"创业者"这个词来自于法语"entre"(意思是"中间")与"perndre"(意思是"承担")。因此,这个词可以解释为在买与卖中承担风险的人。创业者与发明家不同。发明家发明创造新事物,而创业者则需要整合资源并不拘泥于当前资源约束,寻求机会并进行价值创造,从而将发明转化为可以存活的企业。这篇企业家宣言诠释了企业家的心声。

我是不会选择做一个普通人的。如果我能够做到的话,我有权成为一位不寻常的人。我寻找机会,但我不寻求安稳,我不希望在国家的照顾下成为一名有保障的国民,那将被人瞧不起而使我感到痛苦不堪。我要做有意义的冒险。我要梦想,我要创造,我要失败,我也要成功。我拒绝用刺激来换取施舍;我宁愿向生活挑战,而不愿过有保证的生活;宁愿要达到目的时的激动,而不愿要乌托邦式毫无生气的平静。我不会拿我

的自由与慈善做交易,也不会拿我的尊严去与发给乞丐的食物做交易。我决不会在任何一位大师面前发抖,也不会为任何恐吓所屈服。我的天性是挺胸直立,骄傲而无所畏惧。我勇敢地面对这个世界,自豪地说:在上帝的帮助下,我已经做到了。①

创业的关键要素包括机会、团队和资源等等。创业过程包括创业者从产生创业想法到创建新企业或开创新事业并获取回报,涉及识别机会、组建团队、寻求融资等活动。创业的阶段可大致划分为机会识别、资源整合、创办新企业、新企业生存和成长四个主要阶段。创业精神是创业者在创业过程中的重要行为特征的高度凝练,主要表现为勇于创新、敢担风险、团结合作、坚持不懈等。创业行为要求个人和团队拥有创造性、驱动力和承担风险的意愿。

一般来说,成为创业者的人主要有理智与情感两方面的动机。从理智层面来说,创业可以获得高的经济回报,可以施展才华等。成为自己的老板,意味着有权利获得企业盈利剩余,也就是有机会获得与自己能力相关的额外回报。此外,也有自我实现等因素的作用,成为创业者意味着实现自己的创意。很多机敏的从业者在自己发现好的创意时会大胆跳出来抓住机会,努力将自己的创意变成一家自己经营的企业。从情感层面来说,创业者希望从创业中获得挑战、自豪、热情、活力以及有意义、有价值的感受。总而言之,创业者选择创业的动机受诸多直接和间接因素的影响。

创业者并不是特殊基因的人群。创业者可以通过创业教育培养和提高创业素质和能力,大多数创业能力都可以通过后天培养而得到,具备一些独特技能和素质有助于成功创业。德鲁克认为,企业家应具备管理能力,管理者要有企业家精神。企业家精神既不是科学也非一门艺术,它是一种实践。企业家精神既不是"自然的",也不是"创造性的",而是培养出来的。创业者也不是一味追求风险的人,他们不是赌徒,而是通过智慧获得财富。创业者也不尽是视财如命,创建新企业的动机往往与雄心壮志有关。创业者也未必一定要年轻力壮,老骥伏枥者亦不少见。不过,在形形色色的创业者中,成功的创业者确实具有一定的共性。

---

① 摘自美国《企业家》杂志 1904 年的创刊词,被后人称为《美国企业家宣言》。

那么,作为共性的企业家精神究竟是什么?德鲁克在20世纪80年代出版的《创新与企业家精神》一书中,强调企业家决不能被动地等待机会,而是应根据变化有目的、有组织地寻找机会,系统地分析机会,进而进行系统地创新。德鲁克系统地总结了企业家捕捉创新机遇的七个主要途径:(1)从意外变化中捕捉机遇;(2)从实际和设想的不一致中捕捉机遇;(3)从过程的需要中捕捉机遇;(4)从行业和市场结构的变化中捕捉机遇;(5)从人口状况的变化中捕捉机遇;(6)从观念和认识的变化中捕捉机遇;(7)从新知识、新技术中捕捉机遇。① 然而,马斯洛批判了德鲁克的研究成果。"德鲁克凭直觉得出的关于人类本性的结论,与第三势力心理学家们所持的观点相似,但他对科学心理学、临床心理学或职业社会心理学等一无所知"②。马斯洛的管理哲学精义是:注重企业的人性面能引导我们接近心灵的本质。马斯洛推崇人性化管理,他认为最合适的领袖人选,应是最有能力解决问题的人,必须专注于客观的环境条件,勇于说"不",有决断力及在必要时抗争的勇气。"经验证明自我实现者的特征是在是非问题上比一般人较少怀疑。他们不会只因为有95%的人不同意他们的看法就迷惑起来"③。

优秀的企业家是具有独立思考与个人价值判断的个体。他们创建企业并带领企业前进的动力是综合与复杂的,但是他们一定具有强烈的自我实现意识。这种自我实现带有很强的个人判断,这种判断来自于经验、知识、思考与激情。因此,从表面上来说,企业家进行了德鲁克所言的七种创新;从个体角度来说,优秀的企业家都具有基于价值判断的自我实现特征,而这种特征便是我们所说的企业家精神。

孙子兵法中,将的特点有五点:智,远见卓识;信,高度自信;仁,服务意识;勇,超常行为;严,坚强意志。更具体来说,企业家精神主要体现在充满激情与信念、百折不挠、专注顾客与产品、执行力、正直、诚信与公信力。此外,创业者还需要创新力、责任心、洞察力、领导力与凝聚力等很多品质。这些品质综合起来,各种思维相互协调补充,才能够铸就一个好的创业者。

不同的企业家具有不同的特质,而创新型的领导人则具有创新型的特质。这

---

① 彼得·德鲁克:《创新与企业家精神》,蔡文燕译,机械工业出版社,2007年,第42页。
② 亚伯拉罕·马斯洛:《马斯洛论管理》,邵冲、苏曼译,机械工业出版社,2007年,前言。
③ 亚伯拉罕·马斯洛:《人性能达的境界》,林方译,云南人民出版社,1987年,第一章。

些特质可以列举为：目光长远、雄心壮志、永不放弃、坚强意志、专注、对机会挑剔、重视品牌、理解企业文化、强的责任心、强的结果驱动、精打细算、共享的价值观、战略导向、能够组建全明星团队（技术、战略、运营、财务、市场）等等。在市场中，效率与创新两个维度形成了四类创新者（见图1-2），而高效率与高创新性的领导者则是业界未来的领导者。

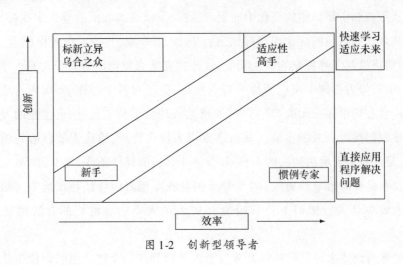

图 1-2　创新型领导者

组织的创业精神

　　个人的力量是极为有限的。有时候，为了达成一个较大的目标，我们必须学会团队协作。在创业的过程中，团队的组织与管理起到了至关重要的作用。创业团队是团队而不是群体，团队中成员所作的贡献是互补的，而群体中成员之间的工作在很大程度上是互换的。创业团队是由两个以上具有一定利益关系、共同承担创建新企业责任的人组建形成的工作团队。与个体创业相比较，团队创业具有多方面的优势，对创业成功起着举足轻重的作用。依据不同逻辑组建创业团队既可能带来优势，也可能带来障碍，对后续创业活动产生潜在影响。创业团队管理的重点是在维持团队稳定的前提下发挥团队的多样性优势与协同创新能力。创业团队领袖是创业团队的灵魂，是团队力量的协调者和整合者。

　　诺贝尔经济学奖获得者、计算机领域人工智能之父赫伯特·西蒙认为，管理颇像演戏。好演员的任务是理解并扮好分配给他的角色，虽然不同的角色也许体现了大不相同的内容。演出的成功取决于剧本的成功和表演的成功。管理过程的成效随组织的成效和组织成员发挥其作用的成效而变。① 好的剧本就是价值导向的战略规划和商业模型,而好的表演就是管理者们在实践中的卓越决策。为了完成一项任务,管理者应当使各位"演员"协同合作,各司其职。在一个团队中,由于组织成员立场不同、知识不同、观念不同、情景不同、利益不同、资源有限、视野有限而经常出现碰撞与摩擦。企业家必须能够扮演调和与组织的角色,从而让不同的人共同协作。

组织由不同的个体组成。组织的创业精神不仅体现在每个组织成员的创业精神上,也体现在组织层面上,即组织内部创新、革新、冒险行为的总和。首先,在领导者层面,组织的领导者应当具有风险承受力与首创精神,具体表现为能够主动洞察形势采取行动等,带动组织中的个体感染创业激情与创新意识;其次,在企业文化层面,组织应当构建并形成创业氛围与文化,使得组织中的个体激发创业倾向与创新意愿,如建筑设计公司定期采风;最后,在制度与实现层面,创新型管理者应当为组织提供实现创新与创业精神的条件,使得组织内部潜在的创新得到实现,如创意设计公司为员工提供有利于研发新产品的组织生态等。

一个组织在创业的过程中,需要有强大的凝聚力,需要有顽强的进取精神、创业精神,才能克服种种困难,使其事业取得成功。一家伟大的企业的发展及其业务的开展,除了依靠创始人有正确的价值观与高度责任心外,还要依靠员工和来自社会的其他组织。基业长青的组织之所以能够不变质,能够真正创造顾客,一方面是由于这些组织的领导人能以客户为中心,严格自律,认真负责,不辜负顾客与股东对自己的信任,另一方面是由于员工出于对本组织的责任感,敢于坚持原则并同违背正义的行为抗争。组织经营管理背后实际是道德力量的支持,没有道德力量的支持,有形的经营管理是难以发挥应有的作用的。

社会是由一个一个组织构成的,组织的创业精神是社会发展的生命力。社会经济的运行依靠人们创新思维的推动。一个人能否持久地有主动性、积极性,他自身的努力固然重要,但如果他在某个企业中工作,那么,那家企业是否注意发挥职工的主动性、积极性,也是十分重要的。而要让企业注意调动和发挥职工的主动性、积极性,又同经济体制有关。② 在社会经济运行过程中,如果没有选择,

---

① 参见赫伯特·A.西蒙:《管理行为》,詹正茂译,机械工业出版社,2013年。

② 参见厉以宁:《超越市场与超越政府:论道德力量在经济中的作用》,经济科学出版社,2010年,第四章第四节。

没有竞争,不仅人的积极性、进取精神、创业精神不可能发挥出来,惰性不可能被克服,社会必定出现停滞和僵化,而且权力被滥用及掌权者肆意横行等丑恶现象也不可能得到抵制和揭露。公众参与权力的监督,是与公众参与公共目标、公共利益实现的积极性分不开的,也是以公众的进取精神为前提的。不能设想一个既不关心公共利益,又不思进取的人会有参与权力监督的积极性。一个组织只有通过竞争、参与与监督的健康机制,才能将众人的创新思维发挥出来,涓涓创新细流汇成社会进步的大潮。

章节小结

本章介绍了创新与创业的基本哲学观,明确了五色思维模型。五色思维是创新活动中必不可少的思维模式,应用五色思维模型能够很方便地解释我们日常生活中的现象,企业家具有共同的属性,称为企业家精神,以充满激情与信念、百折不挠、高执行力、勇于创新、敢担风险、团结合作等为表现的企业家精神对企业家的成功具有关键的作用,引领团队向成功迈进。一个拥有创新与创业精神的组织能够在竞争中更好地发挥竞争优势,是取得创业成功的必要条件。

思考问题

1. 五色思维中,你觉得你的哪些思维比较强,哪些思维比较弱?为什么?

2. 你觉得对你生活影响最深的人是谁?他们具备哪种超常的思维?为什么?

3. 如果参与创业,你觉得你的位置是什么?如果让你来做一个团队的领导者,你的优势和劣势分别是什么?

拓展阅读

1. 卡尔·波普尔:《通过知识获得解放》,范景中译,中国美术学院出版社,1998 年。

2. 彼得·德鲁克:《创新与企业家精神》,蔡文燕译,机械工业出版社,2007 年。

3. 蔡剑:《协同创论》,北京大学出版社,2012 年。

实战训练

创新者就在我的身边——五色思维游戏

游戏方法:在创新群体中,创新教练给每个人发出绿色、红色、紫色、黄色、蓝色五种标签贴纸各一个,分别代表生命思维、批判思维、设计思维、经济思维与美学思维。然后创新教练给每个人发一张 A4 纸,用来书写姓名制作名牌,名牌可以做成任何形状。接下来,每个人轮流拿着名牌向所有人介绍自己。在所有人介绍完毕之后,每个人都把自己手中分别代表五种思维的标签贴纸贴到自己认为这种思维最强、给自己印象最深刻的人的名牌上。投票结束后,创新教练开始计票,通过计票筛选出五种思维最强的人以及所有票数加起来最多的人。通过这种游戏,我们能够很方便地找出身边五色思维中拥有突出特长以及五色思维均比较强的人。创新并不远,创新者就在我们身边。

当群体人数超过 40 人的时候,教练用"创新学堂平台"微信号中的互动实践完成。每位学员发布服务"我能为同学做的最有价值的一件事",同学之间在网络平台上相互进行购买评价,系统会计算出每位同学的五色思维。创新教练帮助每位同学认知自己相对最强的与最弱的思维。

第 二 章

创新理论与创业方式

学习目标

- 把握经济发展中创新的本质
- 了解东西方经济管理理论对创新的解释
- 正确看待财富的创造过程

知识要点

- 熊彼特经济发展理论
- 不同学派的创新理论异同
- 不同类型的创新以及与创业的关系
- 精益创业以及以人为本的创业思想

东西方经济学的交融

创新与创业是当今社会的主旋律。经济发展带有时代背景,中国正处在近五百年绝无仅有的发展机遇期。20 世纪 40 年代,钱穆在其《国史大纲》中曾经感慨道:"在中国历史上,能够创新制度,来解决当时代之种种问题的大政治家、大经济学家,固已代有辈出。但今天我们则失却此自信,种种聪明,都奔凑到抄袭与模仿上,自己不能创造,也不敢创造。唯此厥为中国今日最大最深之一病。"①今天,中国经济正在以世人瞩目的速度不断发展。在与西方经济理论碰撞交流的过程中,东方的经济理论与创新模式逐渐清晰。

经济发展历程与创新创业是什么关系?如何解释中国在近代的经济落后与现代的经济复兴?为什么在现代社会,企业家精神盛行的国家经济发展水平相对较高?经济社会是由大量本质相似而外表相异的个体组成的。经济社会的发展浑融一体,市场、政府、家庭等共同作用。我们要理解经济发展与创新的关系,就要在整个社会体系中来作研究,不仅要从政治、社会、技术等多个角度去观察,而且要从文化与思想领域的演化去思考。

近代与现代的经济社会现象启发了理论家思考并提出用以解释的观念与模型。这些理论的演进揭示了经济发展的根本创新趋势:社会民主化,经济市场化,科学开放化。随着时间的推移,这些思想与理论可以归纳为八个主要学说:重农伦理说,技术进步说,资本剥削说,企业家组合说,道德作用说,人工科学说,自由福利说,结构变迁说。每个学派都有自己的代表人物与主要观点。

---

① 钱穆:《国史大纲》,商务印书馆,2010 年,序言。

在近代历史上,经济思想可谓百花齐放,经济学家可谓百家争鸣。其中对经济发展理论最有代表性的有两位中国的经世学家,两位西方的经济学家。他们是南宋的朱熹,晚清的曾国藩,马克思和熊彼特。

中国经济自汉唐直到前清,一直处于相对的优势地位。这说明当时的经济发展思想相对是先进的。早在中国南宋,朱熹提出"天地中间,上是天,下是地,中间有许多日月星辰,山川草木,人物禽兽,此皆形而下之器也。然这形而下之器之中,便各自有个道理,此便是形而上之道。所谓格物,便是要就这形而下之器,穷得那形而上之道理而已。"①工作生活中的"形而下之器"可以算是产品与技术,经济社会当中的"形而上之道理"可以算是经济发展理论。这是古人对设计思维、经济思维、批判思维的朴素认识。朱熹就提出其重农经济思想与社会伦理,特别强调农业是民生之本,"窃惟民生之本在食,足食之本在农,此自然之理也。"在当时的知识水平与生产力条件下,这种重农思想无疑是具有价值的。

朱熹所处的宋代是我国古代科学技术发展的高峰时期,当时农业的主要创新经济活动也得到了迅速的发展。朱熹的农业经济思想主要反映在他任地方官期间所颁发的若干《劝农文》及有关的榜文之中。这些文章包括在农事的关键时候为劝导农民不误农时尽力务农而颁发的官方文告;其中既有农民必须遵照执行的条令,也有应当如何操作的具体方法,反映了农业社会对经济发展的理解。这个时期的理论大多是基于经验主义并强调儒家伦理道德的约束,以利于当时的生产发展。

虽然朱熹在农业方面积极鼓励技术应用与改良,但是朱熹提出的"存天理,灭人欲"的思想却禁锢了当时知识分子的创新与创业精神。他进而将孔子的"克己复礼"思想上升为某种普遍的哲理。这种思想在此之后又被诸多科举制培养出来的八股学生误读,带来的思想禁锢确实不少。《论语》中孔子说的"克己复礼"只是在说一种具体的学习和修养方法。孔子所处的时期正值春秋各国争霸,社会基本的法制体系都已毁坏。孔子强调的"礼",是指社会生活中实行的各种礼仪规范、制度规则。当时在乱世提出社会关系回归到人与人之间按照规则相处,是济世救民之学。特别是管理者要随时注意约束自己,克服种种不良习性和私心,能够"战胜自我"实现社会有序法制。然而,孔子并不是希望弟子都变得循规蹈矩、谨小慎微。如果将"礼"理解为不可变动的铁定规则,难免进入到保守的

———————————

① 朱熹:《大学章句》。

圈子。孔子推行"克己复礼"是手段,道德与关爱的"仁"是目的。"仁"是平等与相互的,社会阶层不应当被"君臣""父子""兄弟"等旧的社会规矩禁锢住。

孔子说"克己复礼为仁。一日克己复礼,天下归仁焉。为仁由己,而由人乎哉?"在孔子看来,要想完全达到仁是极不容易的。所以他教人追求仁德的方法,那就是"博学于文,约之以礼,亦可以弗畔矣夫!"①即广泛地学习文化典籍,用礼约束自己的行为,这样就可以不背离正道了。同时也要重视向仁德的人学习,用仁德的人来帮助培养仁德。而仁德的人应该是自己站得住,也使别人站得住,自己希望达到也帮助别人达到,凡事能推己及人的人。即"己欲立而立人,己欲达而达人,能近取譬,可谓仁之方也已。"②

封建社会末期,此起彼伏的社会危机促使士大夫中的有识之士开始思考并最终采取行动。晚清的曾国藩继承并发扬了儒家经世致用的思想并付诸行动,对当时的改革与经济发展起到了一定作用。当时内忧外患的局面,可谓是"数千年未有之变局",面对"数千年未有之强敌"。以曾国藩为代表的知识分子出于"家国天下"的思想和责任,提倡"师夷长技以自强"的洋务运动,开启了中国近代化之门。曾国藩带领的学派强烈反对为学"不充实用,平居高谈性命之际,叠叠可听,临事茫然"的"腐儒"学风,而主张"通晓时务物理,""留心经济之学"。所以除经史之外,还必须学会兵农等经世实用之学。重视知行合一,强调致知力行,知行互发,认为"知之非艰,行之惟难",即便是在道德修养上,他们反对单纯的静思默省,寓道德修养于应物处事的日常活动中。然而曾国藩所倡导的学习西方,是在其主观极不情愿的情况下的学习。虽然曾国藩坚决主张学习西学,但这不是他要积极地、主动地吸收他人之长以补己之短,而是形势所迫不得已而为之。他主张只接收西方的技术与工具,而拒绝其体制与文化;只注重引进坚船利炮,而拒绝先进的科学与哲学思想。但是,坚守传统文化固有的内容,很难对异质于中国传统的西方文化的深刻内涵有清醒的认识。这正是传统经世致用思想本身的局限性,这种思想与理论注定是一种修修补补的发展方式,并不能从根本

---

① 《论语·颜渊》。
② 《论语·雍也》。

上改变中国的经济社会。

　　与曾国藩同一时代,德国的社会学家和经济学家马克思发表了系统的经济学理论。从辩证哲学起步,研究了经济发展的本质与基础。他所依靠的武器和论证的根据,主要是广泛掌握历史的和当代的社会事实。他所基于的哲学基础,在于辩证唯物主义与历史唯物主义。可以讲这在当时是最先进的理论思想武器。

　　在1859年的《政治经济学批判序言》中,马克思提到人们在自己生活的社会生产中发生一定的必然的、不以他们的意志为转移的关系,即同他们的物质生产力的一定发展阶段相适应的生产关系。这些生产关系的总和构成社会的经济结构,既有法律和政治的上层建筑树立其上,并有一定的社会意识与之相适应的现实基础,物质生活的生产方式制约着整个社会生活、政治生活和精神生活的过程。不是人们的意识决定人们的存在,相反,是人们的社会存在决定人们的意识。①

　　马克思在社会学方面的主要贡献在于他的经济史观和社会阶级理论。马克思的经济史观的真正意义可以归纳为两个命题:第一,生产方式或生产条件是社会结构的基本决定因素,社会结构则产生各种态度、行动和文化;第二,生产方式本身有其自身的逻辑,它们按照它们所固有的必然性而变化,因此只是由于它们本身的作用,就产生了它们的继承者。马克思按照资本所有制——占有生产手段或占有列入工人预算的消费品——这一原则划分出两大基本阶级:资产阶级和无产阶级。两个阶级各自内部和谐,但阶级间处于永恒的斗争和对抗:这是资本主义社会结构中固有的对抗,是建立在生产手段的私人控制上的。

　　马克思从不否认有一个理念王国,但他认为这些由生产方式决定。但是如果赋予生产方式以技术含义,则新的困难又产生了,因为马克思的历史经济决定理论没有解释造成技术变化的因素,马克思在生产方式和上层建筑之间建立的联系,无论说是因果关系还是辩证关系,前者都是后者的决定因素,但这个诊断对于生产方式的决定没有显示出任何东西。在寻找决定生产方式的诸因素中,人首先想到的就是科学以及工艺的状态,它们构成上层建筑中文化生活的一部分,

---

① 参见《马克思恩格斯选集》第二卷,人民出版社,2012年,第82页。

但如果这些被认为是决定因素,那么生存方式和上层建筑之间的全部差别就落空了。①

马克思的经济史观在当时社会发展环境之下,对应物质资料短缺、教育水平落后、生产力不发达、阶层矛盾凸显的情形基本是符合当时的现实的。任何科学与思想都有根据自然与社会的现实调整与进步的过程。马克思也认为人的本质不是普遍的而是可变的,并且随着反过来受人影响的环境的变化而演进。他认为人通过作用于外部世界并改造它从而改变了他自身的本质。马克思在一部早期的著作里描述了他所设想的新社会中新人的生活应该是:在共产主义社会里,任何人都没有一定的活动范围,每个人都可以在任何部门内发展,社会调节着整个生产,因为使我有可能随我们自己的心愿今天干这事,明天干那事,上午打猎,下午捕鱼,傍晚从事畜牧,晚饭后从事批判,但这并不因此就使我成为一个猎人、渔夫、牧人或批判者。② 这与我们今天互联网时代的自由职业者的生活是何等相似。

我们研究学习思想史需要特别留意学者的观点并不是一成不变的。同一个人在 30 岁时的思想与其 80 岁时的思想总会有变化。一般来讲,越到晚年,作品越具有深邃的思想。恩格斯晚年在一封致约瑟夫·布洛赫的信中进一步评论了历史经济论。他宣布把每个和全部的历史事件都归因于经济力量的作用是迂腐的,尽管他和马克思把经济因素选作唯一的决定因素,但是他仍然坚持认为历史过程中的决定因素归根到底是现实生活的生产和再生产,他承认其他因素特别是政治因素和那些存在于人们头脑中的传统也有他们要起的作用,不过他不认为这些是最终的决定性因素。③

出生于 1883 年(马克思逝世那一年)的熊彼特不接受马克思关于生产条件决定社会结构的论断,他认为二者是互相影响的。在熊彼特之前,奥地利经济学派已经发展了基于效用的价值理论,这撼动了马克思基于"劳动价值"的理论基石。

熊彼特在经济学研究方法论上非常开放,他的著作不限于较早的奥地利学派所耕耘的纯粹理论的一种类型,而是更为广阔地涵盖了数理经济学和以数量

---

① 参见亨利·威廉·斯皮格尔:《经济思想的成长》,中国社会科学出版社,1999 年。
② 参见马克思:《德意志意识形态》,人民出版社,2013 年。
③ 参见《马克思恩格斯选集》第四卷,人民出版社,2012 年,第 477—478、479 页。

为导向的经验研究。熊彼特著作的核心思想是强调企业家的经营对于变化以及增长对于经济周期和对于资本主义的生存所具有的重要性。其代表作《经济发展理论》阐述了经济发展的根本理论。主要观点是阐明企业家行为中的战略性因素是创新，创新会打破均衡的经济循环流，并且在较高的收入水平（新的均衡位置）上实现经济发展。在这种类型的经济动态中会出现利息，熊彼特将它解释为银行家因为扩张信用而对企业家征收的某种税。

马克思在《资本论》中通过设想一个理想国来阐明自己的社会发展思想，熊彼特在《经济发展理论》中却是从设想一个"没有发展"的假想社会来阐明自己的经济思想。传统的庸俗经济学，从不涉及生产方法的变更，而他们所说的"经济发展"，主要甚至完全是指人口、资本、工资、利润、地租等等在数量上的逐渐变迁。而熊彼特的"创新理论"，则在于用生产技术和生产方法的变革来解释资本主义的基本特征和经济发展过程，力图把历史的发展和理论的分析两者结合起来。熊彼特描述了经济中所谓"循环流转"的"均衡"状态。在这种情况下，不存在"企业家"。没有"创新"，没有变动，没有发展，企业总收入等于其总支出，生产管理者所得到的只是"管理工资"，因而不产生利润，也不存在资本和利息。生产过程只是循环往返，周而复始。这实际上是一种简单再生产过程。

按照马克思的分析，即使在简单再生产的条件下，资本家照样能获得利润，掠取剩余价值。可是在这里，熊彼特却否认了资本主义简单再生产的情况，以及在这种情况下所存在的剩余价值剥削及其转化形式利润和利息。熊彼特从"动态"和"发展"的观点分析了"创新"和资本主义。所谓"创新"，就是"建立一种新的生产函数"，也就是说，把一种从来没有过的关于生产要素和生产条件的"新组合"引入生产体系。在熊彼特看来，作为资本主义"灵魂"的"企业家"的职能就是实现"创新"，引进"新组合"。熊彼特批判了传统经济发展理论，将"创新"和经济发展的研究提升到新的认识水平。

所谓"经济发展"也就是指整个资本主义社会不断地实现这种"新组合"。企业家推动的"创新"是将原来的生产要素重新排列组合为新的生产方式，以求提高效率、降低成本的一个经济过程。能够成功"创新"的人便能够摆脱利润递减的困境而生存下来，那些不能够成功地重新组合生产要素的人会最先被市场淘汰。熊彼特所说的"创新""新组合"或"经济发展"，包括以下五种情况：（1）引进新产品；（2）引用新技术，即新的生产方法；（3）开辟新市场；（4）控制原材料的新供应来源;(5)实现企业的新组织。按照熊彼特的看法,"创新"是一个"内在的因素","经济发展"也是"来自内部自身创造性的关于经济生活的一种变动"。

熊彼特还分析了"企业家利润"及"利息"的产生。按照熊彼特的观点,只有在实现了"创新"的发展情况下,才存在企业家,才产生利润,才有资本和利息。这时,企业总收入超过其总支出;这种"余额"或"剩余",就是"企业家利润"。在熊彼特看来,这是企业家由于实现了"创新"或生产要素的"新组合"而"应得的合理报酬"。关于"利息"的形成,熊彼特提出了三大要点:第一,利息实质上来自"剩余价值"或"余额价值"。在正常的经济生活里,除了上述"余额"或"剩余"外,没有别的东西能产生利息。而这种"余额"或"剩余",如前所述,乃来自"创新"所引起的"经济发展"。因此,在"循环流转"的情况下。也就是在没有"经济发展"的情况下,就不会有利息。第二,"发展"带来的"余额"或"剩余"价值,一般分为两类。一类是企业家利润,一类是同"发展"本身相联系的结果。显然,利息不能来自后者,因此,利息只有来自也必须来自"企业家利润"。利息便是从这种报酬中支付的,如同对利润的一种"课税"。第三,在一种通行"交换经济"也就是"商品经济"的社会里,利息不是暂时的,而是一种永久现象。

熊彼特在《经济周期》一书中对经济周期现象做出了解释。模仿者和投机家跟随创新潮流会造成周期性的经济运动,经济按照三种节奏有规律地跳动。"景气循环",也称"商业周期"(business cycle),是熊彼特最常为后人引用的经济学主张。根据其说法,类似"景气循环"的主张早在 19 世纪 30 年代就被英国经济学家托马斯·图克(Thomas Tooke)采用其时代的经济学术语提出过了,后来在重要的经济学家著作中也都约略地提到过这个概念,比如在李嘉图、马歇尔、庞巴维克、马克思等人的著作中。熊彼特认为自己只不过是将景气循环的定义与作用明确地展示出来而已。熊彼特以发现者的名字命名这些周期,即为期 3 年的基钦周期,9 年的朱格拉周期和 59 年的康德拉梯耶夫周期。

当景气循环到谷底的同时,也是某些企业家不得不考虑退出市场或是另一些企业家必须要"创新"以求生存的时候。只要将多余的竞争者筛除或是有一些成功的"创新"产生,便会使景气提升、生产效率提高,但是当某一产业又重新变得有利可图的时候,它又会吸引新的竞争者投入,然后又是一次利润递减的过程,回到之前的状态。所以说每一次的萧条都包括一次技术革新的可能,这句话也可以反过来陈述为:技术革新的结果便是可预期的下一次萧条。

在熊彼特看来,资本主义的创造性与毁灭性是同源的。但熊彼特并不认为资本主义的优越性便是由于其自己产生的动力将不停地推动其自身发展,他相信资本主义经济最终将因为无法承受其快速膨胀带来的能量而崩溃。新的一连串的"创造性破坏"会在有限的时间内消除垄断权力。经济中的驱动力是"首创精神"而不是公共政策。这一观点直指凯恩斯学派的政府干预的主张。

熊彼特认为创新将企业家精英的命运与社会发展联系起来,会最终将资本主义社会转变为民主主义社会。与马克思的模式不同,熊彼特认为这不是资本主义失败的结果而是胜利的结果。资本主义繁荣起来,毁灭了其根植于其中的社会基础。企业的规模变大和非个人化,创新转型为一种管理性日常规则。这一规则由拿薪酬的经理人而不是拿利润分成的企业家来执行。垄断权力对于创新的企业家而言,是激励性的和适宜的报酬。

熊彼特阐述了"资本主义的创造性破坏"的逻辑。一种社会经济模式在本质上作为经济变动的一种形式或方法,它不仅从来不是,而且也永远不可能是静止的。资本主义是一个动态的过程,开动它的发动机,并使它继续运动的基本推动力是创新——新的生产或运输方法,新市场,新的组织方式。即使在垄断竞争的经济体系中,竞争仍然占主要地位,而这种竞争主要表现在对新商品、新技术、新供给来源、新组织类型的竞争,这种竞争所打击的不是企业的利润,而是打击企业的基础,危及它们的生命。

为资本主义发动机提供推动力的创新,不断地从内部使这个经济结构革命化,不断毁灭旧的,又不断创造新的结构。资本主义在经济上的成功使它在制度方面发生一些变化,从而为资本主义的灭亡埋下了祸根。首先是企业家职能的陈废:一种情况是人们欲望都满足了,或者技术不能更加进步,这个经济社会处于静止的停滞状态,人类的精力不需要耗费在企业上;另一种情况是人们的欲望仍未完全满足,但是工商业管理的机械化和自动化,不再需要企业家去推动。其次是保护阶层的毁灭。资产阶级的合理主义和非英雄主义特征,需要其他阶层在政治上的保护。但是资产阶级在建立资本主义的过程中扫除了它前进的障碍,也拆除了阻止它崩溃的支柱——保护阶层。最后是资本主义体制的毁灭。一方面,资本主义过程不可避免地打击了小生产者和小商人的经济立足点。另一方面,资本主义发展过程中破坏了两种最主要的制度:财产制度和自由契约制度。作为资本主义体制重要组成部分的财产制度和自由契约制度退居幕后导致了资本主义社会体制的最后崩塌。熊彼特描述的"创造性破坏"的过程都是市场的理性推动的,既不是政府行政推动的,也不是暴力推动的。

熊彼特的创新定义与经济发展理论开辟了一个新的时代。可以说美国以及欧洲等国家在今天的社会发展方面所取得的成就,受益于熊彼特多年致力于经济发展理论研究与强调创新与企业家精神的重要性。当时的经济学家中,只有熊彼特注意到了企业家及其对经济的影响。经济学家大都承认企业家的重要性和影响力。但是,对传统经济学家来说,企业家精神往往是"超经济的"事物,它深刻地影响而且的确引导着经济,而它本身却不是经济的一部分。对经济学家而言,科技亦是如此。换言之,经济学并没有解释为什么19世纪末出现了那种企业家精神,而且似乎它又开始再度出现在现今社会,也没有解释它为什么只限于个别国家或一种文化。确实,解释为什么企业家精神变得如此有效用的诸多原因可能本身都不属于经济范畴,它们一般都是价值观、认知和处世态度的改变,也可能有人口的变化、机构和教育的变化。

在当代学界,东西方的学者又将经济学拓展到了道德哲学、心理学、信息科学等学科领域。这其中最具代表性的人物有赫伯特·西蒙,厉以宁,阿马蒂亚·森和林毅夫。

赫伯特·A.西蒙的研究领域很广,包括经济学、社会科学、信息科学、应用数学等学科。他凭借其有限理性理论获得诺贝尔经济学奖,同时被认为是人工智能领域的创始人。西蒙对决策理论的研究是开创性的,其代表作《管理行为》被经济管理界广为传习,其理论已经成为现代企业经济学和管理学的理论基石。西蒙管理决策理论的核心概念和根本前提是"有限理性"原则,这是西蒙决策理论的重要基石之一。在西蒙以前,西方古典经济学理论的基本命题是完全理性与最优化原则,认为决策者趋向于采取最优策略,以最小代价取得最大收益。但西蒙从现实出发,认为事实上这是做不到的。西蒙认为现实生活中作为管理者或决策者的人,是介于完全理性与非理性之间的"有限理性"的"管理人"。由于现实生活中很少具备完全理性的假定前提,人们常需要一定程度的主观判断,才能进行决策。也就是说,个人或企业的决策都是在有限度的理性条件下进行的。

经济社会是由一个个具体的决策者构成的。有关决策的合理性理论必须考虑人的基本生理限制以及由此而引起的认知限制、动机限制及其相互影响的限制。从而所探讨的应当是有限的理性，而不是全知全能的理性；所考虑的人类选择机制应当是有限理性的适应机制，而不是完全理性的最优机制。所以说，西蒙的决策理论，纠正了此前经济学中理性选择设计的完美性偏差，从而拉近了理性选择预设条件与现实生活理性局限间的距离。

西蒙从有限理性出发，提出了满意型决策的概念以代替最优化准则。完全理性会导致人们寻求最优型决策，有限理性则导致人们寻求满意型决策。以往的人们研究决策，总是立足于最优型决策，但在现实中，可能会有受人类行为非理性方面的限制、最优选择的信息条件不可能得到满足、在无限接近最优的过程中极大增加决策成本而得不偿失等情况，因此最优决策是难以实现的决策准则。

西蒙的有限理性学说实际是强调世上没有一成不变的绝对理性标准。西蒙的令人满意的行为准则就是在决策时，确定一套标准，用来说明什么是令人满意的、最低限度的替代办法。即满意型决策需要满足两个条件，一是有相应的最低满意标准，二是策略选择能够超过最低满意标准。如果考虑中的替代办法满足或者超过所有这些标准，那么这个替代办法就是令人满意的。西蒙指出，按照令人满意的行为准则进行选择时，有时进行选择的标准本身也可以加以变动，不像封闭决策模型那样是一成不变的。

西蒙的另一主要思想是"人工科学"。一门学科能够被广泛称为科学，需要先经过知识界的承认，还要接受社会公众的认同。这通常是一个漫长而充满障碍的过程。在西蒙的时代，自然科学盛行，而"设计""管理""医学"这些活动并不被承认为是一门科学，而今日这些学科已经被大学所承认。从这里我们就可以看出西蒙思想的前瞻性。他首先定义了"人工科学"。

　　自然科学是关于自然物体和自然现象的知识。我们问，是否可以有一种"人工"科学呢？即关于人工物体和人工现象的知识。不幸的是，"人工的（artificial）"这个词被贬义的气氛笼罩着，我们必须先驱散这种气氛方能继续前进。我的词典将"artificial"定义为"由人工而不是由自然产生的；不真实的或不自然的；矫揉造作的；与事物的本质无关的"。该词典提供的同义词有：矫揉造作的，虚假的，虚构的，假装的，虚伪的，冒充的，假造的，捏造的，不自然的。列举的反义词包括：事实上的，真的，诚实的，自然的，现实的，真实的，真挚的。我们的语言似乎反映了人

们对自己的创造物的强烈不信任感。我不打算评价这种不信任是否站得住脚,也不打算探索其可能存在的心理根源。但是你们必须知道,我在使用"artificial"这词时尽可能用其中性意义,义为与"自然的"一词相对立的"人造的"。①

西蒙的理论引入了"合成(或综合)"与"人工物"这两个基本概念,实际上是进入了工程学领域。工程与"综合"和"设计"有关,科学与分析有关。合成物或人工物,特别是具备人们所需特性的未来的人工物,是工程活动与工程技巧的主要目标。工程师(更广义地说,设计师)所关心的是事物应当如何,即为了实现目标,为了具备功能,事物就应当怎样。"人工物"具备四个方面的特征:第一,人工物是经由人综合而成的(虽然并不总是或通常不是周密计划的产物);第二,人工物可以模仿自然物的外表而不具备被模仿自然物的某一方面或许多方面的本质特征;第三,人工物可以通过功能、目标、适应性三方面来表征;第四,在讨论人工物,尤其是设计人工物时,人们经常不仅着眼于描述性,也着眼于规范性。

在研究方法上,西蒙提出了一个重要的关于规范性与描述性的命题:当我们从自然现象转向人工现象、从分析转向综合时,还能够(或应该)继续排除规范性吗?在西蒙的思想中,经济社会本身是一个"人工物",因而是可以"设计"的。经济系统不再是只能依靠"看不见的手"来管理控制的自由市场,而是能够被人所设计的复杂系统。而这种设计本身又是基于人的有限理性这样的前提条件。这样,经济学、心理学与人工科学的密切关系就被建立起来了。

在所有社会科学中,经济学以最纯粹的形式表现了人类行为中的人工成分。它是在三个或更多的层次上表现的:个别活动者的层次(经济人或企业),市场层次,整个经济的层次。在三个层次上,外部环境都是由现有的技术,由其他经济活动者、其他市场或其他经济的行为所确定的。内部环境由系统的目标,由系统表现出合理的、适应性的行为的能力所确定。②

① 赫伯特·A.西蒙:《人工科学:复杂性面面观》,上海科技教育出版社,2014年,第4页。
② 赫伯特·A.西蒙:《人工科学:复杂性面面观》,上海科技教育出版社,2014年,第24页。

西蒙的思想突破了传统学科对经济学研究的限制,为经济学与管理学开辟了崭新的天地。其实,将经济学限定在理性人假设与市场的边界之内是西方学术界早期的做法,而东方的道德哲学与经济学从未真正分家。在西方经济学界为市场"看不见的手"与政府管制"看得见的手"而争论不休的时候,中国的哲学界、经济学界、社会学界的专业人士一直没有停止探讨政府、市场与道德调节对社会经济的影响。厉以宁在其代表作《超越市场与超越政府》中系统论述了道德力量在经济中的作用。他特别提出学术界对习惯与道德调节的探讨不够,而且在社会经济生活中(包括交易领域和非交易领域),人们对习惯与道德调节的重视程度也远远不够。需要让习惯与道德调节的作用发挥得更加充分。

厉以宁明确提出了习惯与道德调节是经济发展中的"第三种"力量。这种力量在经济发展中产生至关重要的平衡作用。习惯与道德调节是介于市场调节与政府调节之间的。市场调节被称作"无形之手",政府调节被称作"有形之手",习惯与道德调节介于"无形之手"与"有形之手"之间。在习惯与道德调节的约束力较强时,它接近于政府调节;而在其约束力较弱时,又接近于市场调节。

在市场尚未形成与政府尚未出现的漫长岁月里,那时既没有市场调节,也没有政府调节,习惯与道德调节是这一漫长时间内唯一起作用的调节方式。不仅远古时期的情况是如此,即使在近代社会,在某些未同外界接触或同外界接触不多的部落里,在边远的山村、孤岛上,甚至在开拓荒芜地带的移民团体中,市场调节不起作用,政府调节也不起作用,唯有习惯与道德调节才是在社会经济生活中起作用的调节方式。因此,完全有理由把习惯与道德调节称作超越市场与超越政府的一种调节。

在市场调节与政府调节都能起作用的范围内,由于市场力量与政府力量全都有局限性,所以这两种调节之外会留下一些空白。当然,在某些情况下,政府调节可以弥补市场调节的局限性;在另一些情况下,市场调节也可以弥补政府调节的局限性。但政府调节是不可能完全弥补市场调节的局限性的,正如市场调节不可能完全弥补政府调节的局限性一样。一个明显的例子就是:由于人是"社会的人",人不一定只从经济利益的角度来考虑问题和选择行为方式,人也不一定只是被动地接受政府的调节,所以市场调节与政府调节都难以进入到人作为"社会的人"这个深层次来发挥作用。市场调节与政府调节留下的空白只有依靠习惯与道德调节来弥补。从这个意义上说,习惯与道德调节是超越市场与超越政府的一种调节。

社会生活是一个广泛的领域,其中一部分是交易活动,另一部分是非交易活动。在交易活动中,市场调节起着基础性调节的作用,政府调节起着高层次调节的作用。而在非交易活动中,情况便大不一样了。由于这些活动是非交易性质的,所以不受市场规则的制约,市场机制在非交易活动中是不起作用的。至于政府调节,则只是划定了非交易活动的范围,使它们不至于越过边界,而并不进入非交易活动范围之内进行干预。这样,非交易活动就要由市场调节与政府调节之外的道德力量来进行调节。①

从经济史的角度,社会发展中各个领域处在动态变化之中。围绕交易的市场,围绕权力的政府,以及围绕习惯与道德的社会都在生成与演化。今天的政府不再是熊彼特时代的政府,今天的国际市场也不再是亚当·斯密时代的市场。如果忽视了这三个领域的变化并存,特别是习惯与道德领域在社会经济当中的作用机制,不可能解释清楚社会经济的许多现象的本质。

历史上,在生产力发展水平极低的时候,交易领域几乎不存在,那时非交易领域几乎覆盖全部社会经济生活。以后,随着生产力的发展,交易领域逐渐扩大,非交易领域则相应地逐渐缩小。而在生产力发展水平大大提高以后,非交易领域在社会经济生活中所占的比例又会逐渐增加。也就是说,在经济高度发展之后,随着人均收入的增长,人们的需要也将随之发生由较低层次向较高层次的转变,人们的价值观念必然相应地发生变化,包括对利益的看法、对职业的看法、对生活方式和生活本身的看法、对家庭和子女的看法、对人与人之间关系的看法、对物质财富和精神享受的看法等,都处于不断变化之中。于是非交易领域的活动也将

---

① 厉以宁:《超越市场与超越政府:论道德力量在经济中的作用》,经济科学出版社,2010 年,第 2 页。

随着国民收入和个人可支配收入上升到一个新阶段之后而增多,非交易领域内的各种关系也会因此而得到发展。这是社会经济发展的必然趋势。习惯与道德调节既然在非交易领域内起着主要作用,那么显而易见,随着非交易领域的不断扩大,习惯与道德调节在社会经济生活中的作用也将越来越突出。

为什么习惯与道德调节的约束力有时较强,有时却较弱呢?这主要取决于两个因素:一是习惯与道德调节是否已经成为一种被群体内的各个成员认同的约定或守则。如果它已经成为各个成员认同的约定或守则,约束力就较强;否则就较弱。比如说,乡规民约是一个群体的所有成员共同约定的,成员们就有遵守的义务,这时,体现于乡规民约中的习惯与道德调节就会有较强的约束力。二是群体的各个成员对群体的认同程度的高低。如果成员对群体的认同程度较高,习惯与道德调节的约束力就较强;否则就较弱。不妨仍以乡规民约为例。乡规民约是某一群体的成员所制定的,如果该群体的成员对群体的认同程度较高,他们遵守乡规民约的自觉性较高,从而乡规民约对成员行为的约束力也就较强。[①]

这是迄今为止东西方学界关于社会经济治理的最全面的论述。厉以宁在习惯与道德调节在经济中的作用这一理论,与西蒙的有限理性理论有异曲同工之妙。同时,这一理论更加明确地解释了文化、习惯、风俗、规范等在社会经济当中的作用原理。沿着这个方向,经济发展当中人力资本与社会资本的演进关系被揭示出来,社会价值观与文化成为经济发展中不可忽视的因素。对于道德在经济中的作用的理论改变了社会对经济发展的价值判断,影响了政府的社会经济政策选择,直至关系到广大人民群众的切身利益和福利需求。

道德在经济发展当中的作用还体现在社会信任上。信任是最重要的社会资本。企业的社会责任不仅在于为社会提供优质产品和优质服务,不断进行自主创新,为社会创造更多的财富和提供更多的就业机会,也不仅在于关心公益事业,帮助穷人,而且还在于坚持诚信原则,以诚信对待客户、对待公众、对待一切

---

① 厉以宁:《超越市场与超越政府:论道德力量在经济中的作用》,经济科学出版社,2010年,第2页。

交易者。背离了社会信任，企业的社会责任就无从谈起，更不必说企业破坏了社会信任，甚至制造了社会信任危机了。

厉以宁特别强调了民主和法制与道德建设的关系。民主与法制是道德建设的保障，要建立民主制度，需要进行有效的政治体制改革，让人民不再是名义上的主人，而要成为真正行使自己权利的主人。尽管这不是迅速就能实现的，但我们必须朝这个方向去努力。在这个过程中，人民自身的民主意识应逐渐增强，对官员的依赖思想也将被克服、被消除。于是就涉及道德重整方面的一项重要内容，这就是：道德重整应包括民主思想的建立，包括人人懂得如何行使自己的权利，选举能为人民服务的人担任人民代表和政府部门的负责人，罢免一切不称职的人民代表和政府部门的负责人；还包括懂得如何评论政治，评论政府的措施，评论政府官员的能力和政绩。把这些内容列入道德重整的范围内，道德重整才是全面的、充分的；否则，假定道德重整只包含个人如何培育进取精神和创业精神，如何树立群体观念，如何自律，如何维护社会公德、商业道德、职业道德，以及如何见义勇为、助人为乐等等，尽管这是必要的，但却无助于民主建设的进展，无助于在民主的基础上推进法治，并使得法治社会、法治国家的设计得以实现。①这一理论深刻地阐明了经济发展与民主和法制的关系。

阿马蒂亚·森是英国剑桥大学的印度经济学家。他在福利经济学、社会选择理论、发展经济学等诸领域做出了贡献。其对贫困和饥荒问题的经济学研究以及独辟蹊径的切入点、并由此得出的关注人的权利和能力的观点以及在经济学研究中价值有涉的观点，使其最终获得了1998年度诺贝尔经济学奖。

阿马蒂亚·森在批判以往福利经济学的基础上，以新颖的视角和方法为福利经济学的发展提供了可能。传统福利主义认为个人与社会福利水平可以通过一揽子生产和消费的商品量来进行衡量。阿马蒂亚·森认为由于不可能获得对于个人福利的完全信息，仅仅通过对收入和财富的比较不可能对社会福利做出一个准确的比较。他对以萨缪尔森为代表提出的社会福利函数理论进行了批判。认为仅用个人效用指标来衡量社会福利也存在着缺陷，功利主义将导致"反公平现象"。据此，阿马蒂亚·森提出了"能力"中心观取代幸福的效用观。社会福利水平的提高来自个人能力的培养和个人能力的提高，而不是以往福利经济

---

① 厉以宁：《超越市场与超越政府：论道德力量在经济中的作用》，经济科学出版社，2010年，第136页。

学关注的财富的增长和效率的提高。

与厉以宁提出的经济中道德作用的观点相近,阿马蒂亚·森提出了价值判断问题。他对福利经济学"价值免谈"的原则也进行了批判。他认为福利主义"价值免谈"的原则对可以运用的信息施加了种种限制,使得一些非经济事件如压迫、剥削等被排除在社会福利函数之外不被考虑,而这些事件对社会福利的影响很大。这就使得福利经济学的信息基础极为薄弱,也使得对社会福利的判断往往极不全面甚至出现许多错误。因此,福利经济学应该把基本价值判断引入研究领域,根据道德和政治等多方面因素来评价福利水平及其变化。

只有满足了基本价值判断,经济福利的改进才能被视为社会福利的增加。他对于贫困与饥荒问题的研究对传统经济学"财富万能"观点提出了挑战。传统经济学认为由于市场竞争所创造的财富必然会解决贫困问题。而阿马蒂亚·森认为人均收入的增加并不必然会带来社会福利的增加。例如,在一些人均收入水平较低的国家,人民的健康水平和人均寿命反而会高于许多人均收入较高的国家,这充分说明以人均收入作为衡量社会进步的标准有其不足。经济增长之所以重要并不是因为增长本身,而是因为增长过程中所带来的相关利益。因此,经济学不应只研究总产出、总收入,而应关注人的权利和能力的提高。他建议经济学家们更多地关注人类最基本的生活保障条件,以提高居民的社会生活能力,如让更多的人拥有食品、住房、接受基础教育和医疗保健等。他为此而界定了衡量贫困的新的、更加令人满意的指数,即"森贫困指数"。

阿马蒂亚·森关注人类发展与自由问题[1],即一方面视自由为发展的首要目的,另一方面也把自由看作是促进发展的不可缺少的重要手段。"发展"这个概念长期以来被不少学者定义为收入(GNP 或人均所得)的提高,这显然是不全面的,因为发展不仅仅是经济层面的问题。森就把发展的目标看作等同于判定社会上所有人的福利状态的价值标准。森认为最高的价值标准就是自由。自由是人们价值标准中固有的组成部分,它自身就是价值。自由促进其他价值目标如经济富足、政治民主、社会平等的实现。森所强调的自由并不限于法律上的自由权利,自由还是人们能够过自己愿意过的生活的"能力"。

森对价值标准的哲理性规范分析犀利而深刻。其方法论的新颖之处是从信

---

[1] 参见阿马蒂亚·森:《以自由看待发展》,中国人民大学出版社,2002 年。

息基础的角度比较各种价值标准,从而论证他的自由观是信息基础更广、包容性更强的价值标准。森曾经对包括印度和中国在内的发展中国家的各类问题作过广泛的研究,因而他可以用发展的各个方面和发展过程的各个阶段的经验事实,来进一步阐发、支持他的规范分析。也许是由于森出生在印度这样一个贫富差距极大的国度和他幼年时经历过大饥荒,森对于道德、伦理的关怀始终贯穿他的学术生涯。森指出,伦理与经济学并不矛盾,道德在每个人的行为里都起了很大作用,每个人都不可能脱离社会的约束来进行自己的选择。

森强调,虽然自由市场机制经常被理解为一种建立在纯粹个人私利之上的制度安排,事实上,它的有效运作取决于一个强有力的价值规范体系。要有坚实的法治基础来支持交易涉及的各种权利,要有普遍遵守的行为准则来保证协议的履行。前苏联及东欧国家转轨过程中遇到的困难,一个非常重要的原因就是缺乏这样的法治基础和行为准则。森的这一分析当然也适用于中国。森提出人们在社会交往中需要的信用,它取决于交往过程的公开性和对信息发布及信息准确性的保证,这正是所谓"民无信不立"。同样的,若政府本身缺乏这种信用,社会就更无法维持正常秩序。所以透明性保证是个人的实质自由的重要部分,也构成了为发展作贡献的手段性自由的重要部分。透明性保证与政治民主紧密相连,是反对官员腐败和错误的法令政策的利器。它也与市场机制密切相关,涉及市场机制的基础设施建设和行为规范的确立。森以囚徒困境为例进行了深入的阐述。两个囚徒在互不信任的情况下,分别采取不合作的策略,其结果比合作要差得多。囚徒困境被用来解释很多现象,比如过度放牧问题,但它解释不了为什么社会中会出现合作。经济学家通过无限次重复博弈找到了囚徒博弈中产生合作的条件。森却指出了一个更直接的条件,即博弈双方互相信任,从而得到一个合作的结果。达到这种信任的一个机制就是伦理教化,伦理常常意味着个人做出一定的牺牲,以保全社会整体的利益。森对亚洲金融危机的分析提供了一个很好的例证。这次危机突出地显示出那些受影响的国家的体制不健全,缺乏民主和公众参与、缺乏信息透明度、缺乏公开的商业运作,很多经济或金融交易不受公共监督,不经正常的市场渠道,却通过裙带关系或宗族联系来完成。①

阿马蒂亚·森与厉以宁各自在西方与东方同时深刻地意识到了道德伦理在

---

① http://zh.wikipedia.org/wiki/阿马蒂亚·库马尔·森。

社会经济中的不可替代的作用。他充分论证了价值判断和价值取向对于社会福利的重要意义,认为提高社会福利水平是政府的主要职责,但又指出政府在制定经济政策时不应只关注其经济激励作用,忽视价值判断,而应看到政策取向对于道德建设的影响和意义。一种重视物质利益轻视价值判断的政策,必然产生诸如商业道德危机、腐败横行、假象丛生的社会,而这必将会影响整个社会的福祉。政策制定者必须重视道德与伦理的构建,才能让社会价值与个人利益和谐发展。

在当代能够贯通东西方经济学的学者不多,而能够将理论与实践紧密结合的更少。林毅夫就是这样一位经济学家。他在旧结构主义和新自由主义的诸多洞见的基础上,提出了一个使发展中国家获得可持续增长,消除贫困,并缩小与发达国家收入差距的理论框架,即"新结构经济学"。该理论强调在经济发展过程中,必须发挥市场和政府的协同作用,同时,政府的政策和各种制度安排必须考虑不同发展阶段的结构性特征,这些结构性特征在很大程度上由各个发展中国家要素禀赋结构及其市场力量所内生决定,而非旧结构主义所假设的那样,是权力分配或其他外生固有刚性因素所决定。新结构经济学强调根据不同阶段的实际情况配置资源,从而实现加速发展。政府在经济发展中发挥协调与基础设施规划建设的作用,从而促进产业升级。

20 世纪 80 年代,以保罗·罗默、罗伯特·卢卡斯和保罗·克鲁格曼为代表的新增长理论认为知识积累和技术进步是经济增长的决定因素,将技术看作是经济系统的一个中心部分。技术进步是"内生"的,并且技术进步可以提高投资的收益,投资又使技术进步更有价值,形成一个良性循环,长期恒定地促进经济的增长。内生的技术进步是经济保持增长的决定因素。知识、技术进步和专业化人力资本都是经济增长的综合要素,不仅能产生递增效益,还能突破增长的极限,从而推动经济增长。虽然土地、机器、资本、资源等都是稀缺的,但是知识与创新是丰富的。当它们扩散时,可以用很低的成本复制。换句话说,在技术进步的经济社会中,依靠外延扩大的方式来增加经济收益的比重将越来越小,即收益递减规律将会弱化,依靠自主创新的经济增长将会突破传统规律,其经济形势将会呈现出这样一种形式:投资促使技术进步,技术进步使得知识产生积累,而知识积累又反过来刺激了投资和技术进步,投资将会持续地增长从而提高经济增长率。他们受 20 世纪 80 年代初兴起的新贸易理论的启发,把内生创新的模式扩张到国际的商品、资本、思想流动:这一研究强调政府贸易政策对世界经济的长期增长具有影响,即政府政策对技术投资结构产生的作用,将会使世界经济的增长状况呈现相应的变化。同时由于知识外溢和边干边学的作用,国际贸易对发达国家和发展中国家的经济增长都有促进作用,并且偶然的主要技术变化的作用可能会导致后进国家的"蛙跳"式增长,实现赶超。

　　发展中国家是否能够通过技术投资引致变化实现跨越式赶超发展?林毅夫提出了企业自生能力这一核心问题。企业自生能力是指在一个开放、竞争的市场中,只要有着正常的管理,就可以预期这个企业可以在没有政府或其他外力的扶持或保护的情况下,获得市场上可以接受的正常利润率。新增长理论体系把企业具有自生能力作为暗含的前提,然而传统计划经济体系却是内生于以优先发展缺乏自生能力的企业为目标的赶超战略。转型中国家和其他许多发展中国家的企业却因政府的赶超愿望,进入不具比较优势的产业从而不具自生能力。当经济中大量企业缺乏自生能力时,实行根据新古典经济学所制定的改革或转型政策,往往达不到预期效果,而且,可能给社会带来巨大痛苦。在开放、竞争的市场环境中,这些企业即使有正常的管理也不能获得市场上可接受的正常利润。为了把这样的企业建立起来,这些国家的政府只好以扭曲价格信号、妨碍市场竞争和干预资源配置的方式来保护、扶持这些企业。结果不仅竞争环境不良、公司治理缺失,而且还会出现寻租、收入分配不公、资源配置效率低下的问题,最后爆发经济危机。因此,以企业具有自生能力为前提的现代经济学来设计的转型政策不管是在前苏联和东欧,还是在中国都不仅不能对症下药,而且,还经常事与愿违。林毅夫主张在分析社会主义经济、转型经济和发展经济问题时,放弃现有的新古典经济学体系中企业具有自生能力的暗含前提,把企业是否具有自生能力作为一个具体的考虑变量。[1]

　　中国改革开放三十多年,已经形成了结合国情实际的"从干中学"的经济发展模式。这种模式是基于对政府与市场的关系的深入理解,以及切实的行动策略。以邓小平为领导的改革者成功地设计了一套经济发展方法,以使得产业变迁的多样化和升级过程更为平滑。新结构经济学的研究证明政策制订者可以找

　　[1]　林毅夫:"自生能力、经济转型与新古典经济学的反思",载《经济研究》,2002年第12期,第15—24页。

到市场机制与政府调控的平衡点,从而保证经济转型过程平顺的方法。

经济"发达"与"落后"是相对不同国家的发展阶段与产业水平而言的。新结构经济学承认政府在协助经济从较低发展阶段向较高阶段提升时所起的积极作用。然而,就政府的目标和干预措施而言,新旧结构经济学却有着诸多根本性的差异。旧结构经济学支持发展中国家的政府采用违背经济体比较优势的发展政策,通过行政手段和价格扭曲措施来优先发展资本密集型产业,而新结构经济学则强调市场对于配置资源的中心作用,并认为政府应在产业升级过程中对企业所面临的外部性和协调问题起到因势利导的作用。

新结构经济学特别强调经济发展是一个连续过程。在这个过程中,每个遵循自身比较优势的国家都有机会在每一个发展阶段调整和改进该阶段的最优经济结构。经济发展当中的各种资源禀赋与思维模式不是刚性的,而是在不断地变化与调整当中。各个国家经济体在竞争中合作,在合作中学习。在全球化不断加深的世界里,参与世界复杂多样的分工正是发展中国家克服不利的历史趋势的机遇,借此可以建立起符合自身比较优势的产业,从而加速经济增长,不断缩小与发达国家之间的差距。

新结构经济学不主张政府对经济进行过度干预,认为通过财税政策或其他扭曲政策来发展并不符合经济体比较优势。发展中国家的产业升级过程,必须与反映物质人力资本积累和要素禀赋结构变化的比较优势变化相一致;只有这样,才能确保新产业中的企业具备自生能力。新结构经济学为政府这只"看得见的手"的功能做出了解释与限定。政府在产业多样化和产业升级过程中的作为应被限制在为新产业提供信息、为同一产业中不同企业的相互关联投资提供协调、为先驱企业补偿信息外部性以及通过鼓励外商直接投资来培育新产业这四个方面。政府必须有效承担起在提供硬性和软性基础设置过程中的领导作用,以降低单个企业的交易费用,促进经济体的产业升级和经济发展过程。

新结构经济学强调增长是新知识和人力资本相互作用的结果,这也是所有那些取得显著经济增长的国家都呈现出科技进步与教育和人力资本训练进步相伴随发生的原因。教育、训练、健康,这三者作为人力资本投资最重要的因素,被认为是经济发展最重要的动力。

新结构经济学超越了新古典经济学关于教育的传统观点,认为发展战略需要包含人力资本投资政策,以对产业升级起到因势利导的作用,并协助经济体充分利用所有资源。经济学的发展更加明确了一个主题:人才是创新之源。判断一个经济的发展潜力,关键是看是否有丰富可增值的人力资本与社会资本。对于人力资本发展,不仅需要进行仔细的政策规划,而且理应让其成为一个国家总体发展战略的重要组成部分。

回顾东西方经济学主流发展的历程,可以明显看到经济思想正在逐渐融合。而在人类经济发展的历史上,恰恰是对创新精神的追求,得以完全充分地利用了那些能够导致文明之发展的力量,并使现代国家获得了史无前例的迅速发展。正如哈耶克所说"那些来自较不发达国家的、承担着向其人民传播理念之使命的人士,在接受西方训练的过程中,所习得的并不是西方早先建构文明的方式,而主要是那些由西方的成功所引发的各种替代性方案的梦想"。并不是西方历史发展的所有成就都能够或都应当被移植于其他文化基础之上;如果人们容许那些受西方影响的地区所生发出来的文明自由生长,而非自上而下地迫使其生长,那么它们就可能以一种更为快捷的方式获致适当的发展形式。西方世界也正在反思其传统的个人主义、享乐主义与财利主义。那种一意提高物质生活,放弃创新精神,而追随财利的做法日益受到质疑。中国在实现现代化之初,明知逐利精神实为中国社会所不易接受,然而必须奋起而引进学习。如今,财利主义的一套精神,亦已弊病百出。正如钱穆所言,西方都已改变了人生与发展的态度,但我们还要勉强学步,则所谓落后,便真成为落后,而无法追上了。以此中国今后最要急起直追者,却不是追随西方,乃在能开辟中国人自有的那一种自创自辟的精神。①

创新理论的新模型

东西方经济发展理论的融合让世界更多人开始认识到了发展中的普世价值与基本规律。市场经济成功的条件是人尽其才,物尽其用,地尽其利,货畅其流。教育、医疗、科技、土地政策、金融政策等软性基础设施的建设是经济发展的重要保证。民主、科学、法治的坚持与贯彻是繁荣的捍卫者。对于中国这样一个经济

---

① 钱穆:《中国历史研究法》,三联书店,2001 年,第 74 页。

快速增长的大国,如何一方面引进西方新科学技术,而又能保持和发扬中国经济社会的道德价值?即保持中国文化向来坚守的人文本位的发展思想与经济政策,同时使新科学技术兴起后的工业化与城市化,仍不致不可持续。创立一种适合东西方社会的新经济思想与政策制度是历史大课题。这有待东西方的经济学家与创新实践者来共同设计,协同实施。

总结中国改革发展的模式,解放思想是创新发展的动力,实事求是是创新发展的根本,改革开放是创新发展的保证。创新与创业永远不会是一帆风顺的。每一种新的发明或发现都会扰乱现状。那些习惯于舒适安逸的人们会觉得,现有的安定生活被动摇破坏了。显然,任何重大发现或伟大的发明创造,任何意欲动摇并取代原有事物统治地位的新生事物,都不容易被人接受。因此任何一个国家的现代化都是以一场思想解放运动为先导的。思想解放是对过时的主流意识的彻底否定。推动现代化的中坚人物必须解放思想,用新的思维去观察这个纷繁多变的世界。如果继续禁锢在旧的思维方式中,就会成为历史的悲剧。① 如果离开了开放包容的文化,东西方科学与文化不能交流共融,那么今天中国的创新发展将无从谈起。

创新就是创造和实现价值,价值的源泉来自哪里?在过去相当长的一段时间,经济发展的"技术进步说"的解释被相当多的人所接受。新古典经济学提出,技术进步而不是储蓄和政府政策促进经济增长。技术进步一直是经济增长理论关注的对象。美国经济学家西蒙·库兹涅茨给经济增长下了一个经典的定义:"一个国家的经济增长,可以定义为给居民提供种类日益繁多的经济产品的能力长期上升,这种不断增长的能力是建立在先进技术以及所需要的制度和思想意识之相应的调整的基础上的。"大多数发展经济学理论将基于科学实验的技术发明和创造作为经济发展的主要源泉。他们认为对处于世界科技前沿的发达国家而言,这种技术发明方式的变革使得其能够通过对研发领域的投资而加速技术进步,技术发明和创新也由此内生于经济发展。随着研发投入的增加,技术进步加快,产业结构得以持续升级,生产率也得以持续提升。然而,发展中国家本身研发技术资源缺少,资本并非充沛,是否就只能等待发达国家技术转移才能实现发展?中国改革开放的实践证明,发展中国家通过选择适宜的改革策略可以发挥资源禀赋的比较

---

① 参见蔡剑、李东、胡钰:《从中国价格到中国价值》,机械工业出版社,2008 年。

优势,通过释放社会中蕴含的企业家精神与创业者能量,能够实现赶超战略。

　　发达国家与发展中国家创新发展的实践,特别是现代社会的新的现象与实践,让人们开始对传统西方经济学理论基础中的三大假设产生疑问。第一是资源稀缺性假设。经济学起源于稀缺性和选择问题,认为资源的有限性和人类需要的无限性导致稀缺,进而导致选择。我们在今天新经济的现实中遇到了不同的情况:一方面,网络社会中出现大量信息产品与服务的过剩;另一方面,人们意识到无限制的消费与环境损耗不可持续,开始主动地控制需求。第二是理性人假设。经济学理论当中长期广泛使用最大化自身利益的概念。博弈论中的参与人是指博弈中选择行动以最大化自身利益(效用、利润等)的决策主体(如个人、厂商、国家)。典型的纳什均衡不仅要求博弈的所有参与人都是理性的,而且要求每个参与人都了解所有的其他参与人也是理性的。然而,中国古代文化当中"人之初性本善"的思想,以及我们前面提到的西蒙"有限理性",森的"社会选择"理论都已经证明人的非经济动机的存在。人在相当多的决策中不具备完全理性的条件。第三是非对称信息。非对称信息是指市场上买方与卖方所掌握的信息是不对称的,一方掌握的信息多一些,另一方掌握的信息就少一些。非对称信息被认为会导致逆向选择与败德行为。随着互联网与信息技术的普及,大数据与云计算让几乎每家企业与每个人的网络行为都变得可以追溯与监督。政府机构与上市公司被要求实现其决策与绩效的透明化。当经济主体的行为普遍透明时,非对称信息就不能作为一个经济决策当中的基本假设存在了。

　　在这三个基本假设不成立的情况之下,我们如何能够用旧的理论解释经济发展当中的创新问题?技术发明与科技创新是否还是社会发展的根本驱动力?如何重新认识和理解资源、稀缺、信息、理性这些概念在现实当中的相互作用?这就需要我们以创新实践作为基础与依据,发展出创新理论的新模型。

　　经济发展过程不但是一个能量与资源通过生产转化为消费品的过程,更是一个社会关系不断变换和创造能力不断升级的过程。这一过程当中不但有熊彼特所描述的商品生产、交换、消费的循环往复,而且存在森与厉以宁所描述的道德与价值的社会关系。整个社会经济系统是物质世界、符号世界、精神世界之间的思维运动。尽管技术发明与科技创造能够引起公众直观上的重视,但经济系统当中蕴含着更多的变化与运动规律。整个经济价值转化大循环包括资源、资产、资本、资信之间的相互转化与运动(图2-1)。在这个大的发展循环当中,政府、市场与道德都扮演着不可或缺的作用。一个健康的经济发展模式是在整个循环过程当中不断降低协同代价与管理成本。这就需要在资源形成资产时政府按照其比较优势制定制度;在资产形成资本时,企业能够建立其自生能力;在资本形成资信时,社会有核心价值与健康的社会资本。

图 2-1　经济价值转化大循环:资源、资产、资本、资信

在经济价值转化大循环中,我们首先还要界定资源、资产、资本、资信这几种事物的转化关系。人们通常所讲的创业是要"挣钱"。这里的"钱"是指货币,流动性最好,可直接作为媒介用于交换,并同时又是市场交换的结果。货币是价值符号,但是其本身不是价值载体。具有价值的事物我们称为"资源"。资源可以是"东西",也可以是人。货币是把"东西"卖掉之后的价值符号。而"东西"交易的前提是有"产权证",这就成为了"资产"。资产是广义的货币,是与具体的"东西"相对应的产权。资产中有固定物理形状的叫有形资产,而没有物理形状的叫无形资产。这就是我们一般意义上说的财富。财富既包括流动的价值,也包括不流动的价值,即死的价值物和活的价值物。"资产"作为财富随着时间会有价值上的变化。"资本"就是活的价值,也就是能够产生价值的价值。在英文中,"资本"的词根"capita"原意是指牲口的头数。能够生小牛的牛就是资本,能够"生钱"的"钱"也是资本。能够让资本增值,就需要将资本运用到高回报的地方。那些能够让资本增值的机构和个人必须获得资格和信用,这就是"资信"。

资源是对人有用的事物,稀缺是一个特定时间与空间的相对的概念。经济发展的开端是从资源占有与分配开始的。最初围绕着资源的资产化,总是伴随着占有、掠夺、争斗,这在人类历史上从来就没有停止过。马克思在《资本论》中很形象地描述了英国当时的土地资源的使用情况:

　　凡是自然力能被垄断并保证使用它的产业家得到超额利润的地方（不论是瀑布，是富饶的矿山，是盛产鱼类的水域，还是位置有利的建筑地段），那些因对一部分土地享有权利而成为这种自然物所有者的人，就会以地租形式，从执行职能的资本那里把这种超额利润夺走。至于建筑上使用的土地，亚当·斯密已经说明，它的地租的基础，和一切非农业土地的地租的基础一样，是由真正的农业地租调节的（《国民财富的性质和原因的研究》第 1 卷第 1 篇第 11 章第 2、3 节）。这种地租的特征，首先是位置在这里对级差地租具有决定性的影响（例如，这对葡萄种植业和大城市的建筑地段来说，是十分重要的）；其次是所有者的明显的完全的被动性，他的主动性（特别是在采矿业）只在于利用社会发展的进步，而对于这种进步，他并不像产业资本家那样有过什么贡献，冒过什么风险；最后，是垄断价格在许多情况下的优势，特别是对贫民进行最无耻的剥削方面的优势（因为贫民对于房租，是一个比波托西银矿对于西班牙，更为富饶的源泉），以及这种土地所有权所产生的巨大权力，这种土地所有权，在和产业资本结合在一个人手里时，实际上可以使产业资本从地球上取消为工资而进行斗争的工人的容身之所。在这里，社会上一部分人向另一部分人要求一种贡赋，作为后者在地球上居住的权利的代价，因为土地所有权本来就包含土地所有者剥削土地，剥削地下资源，剥削空气，从而剥削生命的维持和发展的权利。[①]

　　资源的占有被予以命名，就出现了资产。资产清晰可以降低社会当中人与人暴力相争的可能性。国家、城市等公共机构将资源与占有者的名字关联起来，并通过符号凭证的方式向社会证明这种资产所有权，这在经济发展当中是一个伟大的文明进步。只有合法的资产的交易才能受到制度的保护。然而问题远非那么简单，不同个体在不同地区，对不同性质的资源取得合法的占有的权力，并能够相互交易转让。这是一个异常复杂的系统。因此制度经济学当中关于产权的研究文献可谓汗牛充栋。例如，中国"小产权"案例讨论就很能说明资源成为资产的麻烦程度。在中国房地产权是分离的，也就是说地是集体的、房是私人的。

---

① 马克思：《资本论》第三卷（下），北京出版社，2007 年，第 872 页。

"小产权"房实际上是盖在集体土地上的农民私人房产,是可以买卖的。土地使用性质没有改变而土地之上的房产却可以买卖并受到私人财产保护,这样就出现了各种纠纷与问题。

资本是货币潜在的根源,但我们很容易忘记"资本"的最初含义。马克思说过,你必须超越物理学的界限,去接触那只"下金蛋的母鸡"。亚当·斯密认为,你必须"从虚无中创造出一条"抵达那只母鸡的"道路"。资产如果不能形成资本,那就是没有生命力的"财物",而不能创造财富。市场经济与商业的价值就是让资产活起来,成为流动的资本。资产要形成资本,至少需要三个条件:市场、货币与契约。比方说,如果土地是国有的,就不能被买卖,在这里,土地是资源,但不是资本。如果土地是私有的并且能被买卖,那么土地就能够在市场上变成资本和货币。当然,即使私有土地可以买卖,除了直接出售之外,土地还不一定能转换成资本。如果土地的占有与交易没有法律的保护也不能成为资本。也就是说,只有在产权保护制度和契约权益保护相对可靠的情况下,土地即使不卖掉,也可以被抵押转换成资本。这时,土地的"产权证"就最重要,"产权证"的流动性使土地权成为资本。土地本身作为资源不能移动,而作为资本却在市场上流动起来。

因此,信息化与符号化对于资本的形成是关键的。如果没有信息处理设备、数据库、电子交易软件,整个国际资本市场不可能发展到今天的规模。还有一个必要条件就是市场机制,债券、基金、股权等可以在市场上交易的金融产品都需要资产证券化。比如,一个企业的未来收入是财富,但是如果没有金融工具把未来收入做票据化、证券化变现,那也顶多是可以感觉到但不能交易的财富资产,而不是资本。通过将部分未来收入以"股权"形式流动起来,未来收入流才能成为资本。一个国家的自然资源并没有增加多少,但是市场化程度提高,不断将各种资源资产化,将各种资产资本化,这个经济价值转化大循环转得越快,创造财富的能力就越强。只要金融票据、证券、货币是相对于实在的资产价值而发行的,金融化在增加价值载体的流通性的同时,本身并不必然导致通货膨胀或经济危机。但是,如果发行的时候超过了实际价值,甚至人为弄虚作假,这就会引起市场的混乱。因此,掌握"点石成金"的资本化能力的人,一定要求他有资信。

资信是法律与道德所保障的经济社会信任。资信一方面降低市场风险不确定性,另一方面让资本敢于投入创新事业。一个人人有资信的社会,其人力资本与社会资本会实现最大化。对于重大的资源的开发利用,需要政府作为公共资源配置的决策者。政府通过制定法律与公共政策来界定资源的权属与资产化的规则。在这个过程当中，按照公平原则，不能够以机构或个人所拥有的资产多少作为资源配置的原则，而应以其是否具有合理利用资源的信用为评价标准。这就是说，资信又反过来影响到资源的开发。在这样一个经济价值转化大循环当中，从物质世界的资源到精神世界的资信，每一级转化上升都是一个创新的步骤。政府承担着资源资产化必不可少的产权确立与契约合法化的职能，市场成为配置资产成为资本的主体，而道德与习惯是形成并维护资信的条件。

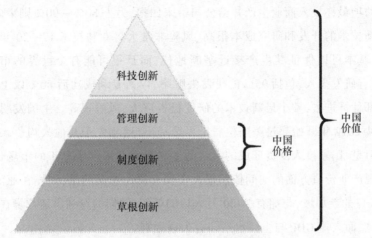

图 2-2　四层创新金字塔模型

在经济价值转化大循环中，科技创新具有标志意义且容易得到社会的关注，是四层创新金字塔的塔尖（图 2-2）。从结构变迁的角度来看，如果没有新技术，就不会有新的、附加价值比较高的产品、产业。工业革命以后，新产业不断出现，比如汽车行业是原来有的产业，因为有技术变迁，新能源汽车的能源效率更高，如果把资本、劳动力转移到新能源汽车设计生产上来，附加值就比较高。又如后来出现的电子、通信、互联网、新媒体，都是新技术引发的结果。因此，要判断一个社会的经济发展或生产力发展的潜力，关键要看其技术创新的可能性有多大。

从国家层面来讲，技术创新在不同的发展阶段其来源可以不一样。对于发达国家，其企业在生产上所用的技术已在最高的水平，它的技术创新就只能来自于新的技术发明，不投入资金、人力去从事研究和开发（R&D）发明新技术，就不可能有技术创新。对于发展中国家，一方面可以和发达国家一样，投入非常多的资金、人力来研发新技术以取得技术创新；另一方面，可以从比自己发达的国家引进已有的，但比自己现在用的更新、更好的技术来达到技术创新。这样，发展中国家的技术创新可以有两种选择，发明或引进，到底哪种方式好，这要看哪一种方式成本比较低，收益比较大。

发展中国家在实施技术创新赶超战略的时候，容易出现在技术创新中重视数量而轻视价值的问题。技术发明专利本身是无形知识资产，但是从资产形成资本需要一个有效的市场与诚信体系。离开了资本转化机制与企业自生能力，发明创造就容易成为面子工程。即使在发达国家，申请专利的技术产品中十项仅有一两项最终投入商业生产并给公司带来回报，另外 80%—90% 则束之高阁。这说明新技术的开发和研究成本很高、风险非常大。专利技术 17—20 年左右的保护期，基本可以保证其生产接近垄断地位，而且很可能有全世界的市场。但是，将所有研发投入、包括 95% 的研发失败率、申请专利成功后 80% 以上市场失败率全部计算进去，整个最新技术的研发投资巨大，风险很高。中国发明专利申请数量从 2012 年开始超过美国位居世界第一，遥遥领先于其他人均收入接近的国家。但是，国家投入巨资形成的大量的专利技术并未产生真正的市场价值，在专利实现产业价值方面的空间依然很大。具有对比意义的是，同样在亚洲，拥有 543 万人口的新加坡，与拥有 2 400 万人口的朝鲜，它们的专利申请数量在世界排名接近，然而人均 GDP 与生活水平却有天壤之别。

为了降低技术创新的成本与风险，发展中国家可以通过技术模仿、引进来获得新技术创新，很多技术模仿、引进不需要花费成本，因为超过专利保护期 17 年的技术引进根本不需要购买成本。即使 17 年之内的技术，引进成本也不高。研究表明，引进技术越新，成本越高，而引进在 12 年、13 年期的专利技术，成本相对低一些。总的来讲，技术引进购买的成本大约相当于新技术发明成本的 1/3。因为大部分技术的基本理论并不复杂，重要的是如何将基本理论变成商业、生产可行的生产方式，这是要素、流程的组合。发明之前要进行许多尝试错误，一旦发明出来就很容易学会。在这方面制药最明显，比如新药的发明，要经过无数次尝试错误，之后进行临床试验，成本相当高；一旦发明，生产的成本非常低。所以，从技术的层面来说，如果采用引进与吸收策略，后发者具备更大的潜力，只要有快速的技术变迁，就会对经济增长产生极大的加强作用。

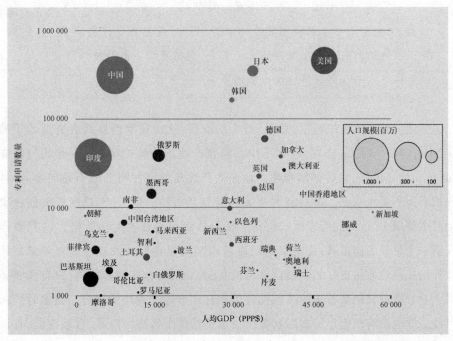

图 2-3 世界各国(地区)专利申请数量与人均 GDP 及人口规模(2011)[①]

　　事实上,高科技的发展是在组织与部门之中进行的。真正发挥价值的并不是这个"新技术"和"新发明"本身,这些仅仅是"创新"的形式与手段。技术之间的竞争只是间接的,直接竞争是在运用竞争技术的组织之间进行的。组织进行创新的效率与效果,体现在其"管理创新"之上。管理得好的技术创新,才能实现资本的持续增值。从资本积累的角度来看,如果技术不创新,资本不断积累,就会碰到投资报酬递减,资本的回报和积累的意愿就越来越低。所以,除非保持技术创新的效率,否则就不会有一个很高的资本积累。要维持组织高效率的技术创新速度,就需要在管理创新上下功夫。如果说技术创新是发明家和工程师的职责,那么管理创新则是企业家与经理人的必要素质。

　　发明家擅长科学发明和创造,他们具有超强的工程科学背景与设计思维。但是发明家未必具有企业家所必备的经济思维与美学思维。发明家爱迪生是典型的代表。他是 19 世纪最成功的发明家,他把发明转

① http://globalpatents.ca/blog/wp-content/uploads/2011/08/Filings_country_GDP.png。

化成一门学科。不过,他真正的野心是创建一个企业,成为一个大亨。但是,他完全不善于管理他建立的企业,因此,最后为了挽救事业,他不得不从他的所有企业中抽身出来。如今,仍然有许多高科技公司是以爱迪生的方式——更准确地说是管理不善——来管理的。

管理创新涉及组织态度、思想、行为的改变,这比技术创新具有更高的不确定性与风险。即使在硅谷,也有不少高科技产业走传统的模式——开始闪耀夺目,继而快速扩展,然后突然殒落。创始人仍然是社会发明者而不是创新者,是投机者而不是企业家。高科技并不意味着创新成功。今天,不乏高科技创业家仍然主要以 19 世纪的管理模式运作。他们依然信奉富兰克林的格言:"只要你发明一个更好的捕鼠器,你的家将门庭若市";可是他们并没有想过要弄清楚什么样的捕鼠器才是更好的? 而且是为谁发明? 当然,也有许多特例,只有那些懂得企业家精神和创新管理的高科技公司才有在市场上成功的机会。很多时候高科技企业也没有产生足够多的就业机会来重振整个经济。但是,有系统的、有目的的、用企业家精神管理的科技含量低的企业却做到了这一点。

管理创新的核心价值是实现了人力资本与社会资本的增值。卢卡斯提出通过"干中学"获得人力资本积累的模型。边干边学获得的人力资本属于外部效应,而通过学校教育所获得的人力资本则属于内部效应。他认为,专业化的人力资本是经济增长的内生变量,而专业化的人力资本由工作人员和受过专门教育的学生组成,正是这种专业化人力资本的不断积累在促使经济保持长期增长。

制度创新是管理创新的基础。资产在形成资本的过程当中,存在一系列的交易成本。各类资产在市场当中都需要评估其价格,才能形成交易,小至针头线脑,大到世界 500 强企业,都需要进行评估界定方可交易。将土地、劳动和资本这些投入转换为产品和劳务产出是要花费资源的,而那种转换不仅决定于使用的技术,也决定于制度。因此,制度是影响生产成本的重要因素。① 服务经济当中,将专利、技术、品牌等无形资产投入转化成为服务产出更为复杂,亦需要有法律制度的规范方可转换。进行评价界定与保护财产权以及执行合约是要花费资源的。产权的界定与约束需要法律与制度的保障,市场的交易规则与诚信也需要

---

① 参见道格拉斯·诺斯:《制度、制度变迁与经济成就》,格致出版社,2008 年,第八章。

制度的支持。所以说,制度、管理和技术一并决定了交易成本。

新制度经济学近二十年来对这个问题有不少研究。有两个基本的结论:其一,制度是重要的。在任何国家,制度安排对经济绩效、资源配置、激励机制都会有影响。其二,制度是内生的。其含义是最优的制度内生决定于一个经济当中的很多因素,由于各个经济体许多因素的不同,因此,并没有一个"放之四海而皆准"的最优制度。

制度对于经济发展是重要的,但是一个最优的制度安排实际上与国家发展阶段及历史、文化等有关系。不同国家的很多制度,如宪政体制、货币制度或市场制度,都没有哪一个是普遍最优的。不同时空环境与不同的经济发展阶段适宜不同的制度。因此制度需要不断地改革调整,以适应资源、资产、资本、资信的发展状态。中国改革模式采取渐进的双轨制方式来改革经济,一方面让没有自生能力的企业仍然可以继续获得政府的扶持,一方面让有自生能力、可以充分发挥比较优势的企业得到发展的机会。随着有自生能力的企业在经济中越来越多,市场在资源配置上的作用越来越大以后,才将双轨制并为市场单轨制,这种改革方式既能保证经济的稳定也能实现经济的快速发展,比休克疗法更为优越。

制度蕴含在大众的社会文化与关系之中,离开了草根阶层的理解与支持,制度少有不失败的。所以说草根创新是制度创新的源头。真正的创新并不仅仅是注意到一种机会,而是将新产品或新方法的设想进行实践。创新往往是逼出来的,不能指望公共部门或者是具有垄断地位的国有企业能够极大地推动创新。期望自上而下的规划事先便设想出知识与技巧的所有组合形式,无疑是极为困难的。因此,只有从实干当中,人们才能发现真相并以事实检验新的做法,进而为人们普遍接受。但是,在实践中,恰恰是平凡大众在面对变化不定的环境处理其日常事务的过程中所采取的无数微不足道且平实一般的小措施,产生了种种为人们所普遍接受的范例。这些小措施的重要性并不亚于得到明确公认并以明确的方式传播于社会的重大的知识创新。

1978 年中国改革开放的开端,就是先从农村突破的。在这一年,安徽凤阳小岗村农民多年没有脱离贫困,不得已自发实行"大包干"。18位农民以"托孤"的方式,冒着极大的风险,立下生死状,在土地承包责任书上按下了红手印。在大包干协议书上,明确写明:"收下粮食后,首

先交给国家,保证国家的,留足集体的,剩下都是自己的;如果队干部因为分田到户而蹲班房,他家的农活由全队社员包下来,还要把小孩养到18 岁"。事实正如他们想的一样,关于大包干对与错的争论一直争论了多年。1982 年中央一号文件中指出:"目前实行的各种责任制,包括小段包工定额计酬,专业承包联产计酬,联产到劳,包产到户、到组,包干到户、到组,等等,都是社会主义集体经济的生产责任制。不论采取什么形式,只要群众不要求改变,就不要变动。"这个文件对包产到户、包干到户是社会主义经济的界定,彻底地解决了人们对包产到户、包干到户的后顾之忧,促进了"双包"制在全国的广泛推行。

草根创新需要营养与环境,也需要体制的承认。如果个人缺乏主动创新的精神,就绝不可能发展出任何有生命的文明。如果一个社会真的缺失个人主动创新的精神,那么,首要的任务则当在催醒或开启这种精神。① 然而要做到这一点,必须依靠创新的社会体制。传统文化、家庭观念和创新需要付出的代价等都可能在草根创新生长之前让其湮灭。保守的人才政策是阻碍创新最大的根源。创新应该是在社会每个角落或者每个岗位都可能自发发生的事件,并不是由少数精英或者政府干部就可以做到的。因此,放弃市场竞争的选拔,只是一味地部门认定、资格审查、政府补贴的方式为草根创新设置了不公平的门槛。国有企业对创新机会的垄断也是一个影响草根生态环境的因素。在科技研发当中,基于行政而不是市场的奖励与补贴,在监管缺失的情况下容易引发官学勾结、学风败坏。因此,创新型的经济体系一定会将反垄断、反腐败与创业权益保护作为维护创新生态环境的必要条件。

社会不但要通过广泛的教育与文化氛围极大推动草根创新与大众创业,更重要的是要给予草根创新以公平的市场环境。草根创新与大众创业最缺的资信,也就是融资与开展创新业务的入场资格。在中国需要通过大幅度地调整银行融资安排,使得大量的资金能够基于纯粹的商业和利润基础来进行借贷,这样方能够极大地促进草根创新与大众创业。

文化和社会资本,包括信念、价值、偏好和信任,这些会影响人们对于财富、

---

① 哈耶克:《自由秩序原理》,三联书店,1997 年,第 3 页。

职业、创造力以及合作的态度。有利于草根创新的制度可以激励人们更加努力开辟事业,通过学习与实践进行人力资本的投资。有利于草根创新的制度让一个国家实现动态增长,实现共同富裕。相反,不利于草根创新的制度无法激励人们做有利于经济增长的事情,如果一个国家的制度不佳,就会陷于贫穷和经济停滞。创新需要公平开放的社会环境,需要一个财富和政治力量分配的公平制度。经济机会归根到底是大众创造的。必须不断改革释放红利,激励人们进行人力资本、物质资本和技术的投资,进而使中国经济得以维持长期的增长和繁荣。

新时代的创业方式

我们正进入一个人人皆能创业的时代。创业就是以创新的方式开辟一番事业。创造一款新产品,创立一家企业,创新一项业务,创办一个组织,这些都是创业。为什么大众创业是现代社会发展的必然趋势?时代发展的关键特征体现于其社会思维模式。社会思维模式反映了历史当中人们的思维方式、社会关系、科技水平与精神信仰。费希特将人的"世间生活"分为五个时代:第一,理性无条件地受本能支配的时代;第二,理性的本能变成外在的强制的权威的时代;第三,解放的时代;第四,理性科学的时代;第五,理性艺术的时代。到了理性艺术时代,音乐家必须创造音乐,画家必须绘画,诗人必须写作,否则他们就无法让自己真正淡泊宁静。是什么人就会想做什么事,我们把这种需要称为自我实现需要,它是指人对自我满足的欲望,即把潜在的自我变为真实自我的倾向:想成为自己有能力成为的人。

我们目前在第三时代到第四时代的转变中,人们内在的实现理想的愿望与外在的社会创造价值的要求相结合,建立了适应社会环境与市场条件的创业方式。发展中的创业方式主要有四种:基于发明创造的"实验创业";基于企业管理的"商业创业";基于认知活动的"精益创业";基于价值共享的"协同创业"。基于发明创造的"实验创业"是工业化时期的产物。当时社会中首先意识到并且有条件进行创业的主要是一些科学家与发明家。他们通过实验与研究,设计和发明新的技术与产品。发明家首先找到现实当中存在的未解决的问题,在技术实验成功之后,获得一种新技术或者新产品,然后通过专利技术转让或者与企业家合作的方式将产品推向市场并获得回报。典型的一项实验创业是20世纪初的泰勒推动的科学管理,其根本目的是谋求最高劳动生产率,最高的工作效率,以使雇主和雇员达到共同富裕。他主张用科学化的、标准化的管理方法代替经验管理。

泰勒在米德维尔公司时,为了解决工人的怠工问题,进行了金属切削实验。他自己具备一些金属切削的作业知识,于是开始对车床的效率问题进行研究。在用车床、钻床、刨床等工作时,要决定用什么样的刀具、多大的速度等来获得最佳的加工效率。这项实验非常复杂和困难,最初预定为6个月的实验实际却用了26个年头,花费了巨额资金,耗费了80多万吨钢材。最后在巴斯和怀特等十几名专家的帮助下,取得了重大进展。这项实验还获得了一个重要的副产品——高速钢的发明,并取得了专利。1906年,泰勒向美国机械师协会递交了题为《金属切割艺术》的论文,这是他进行了26年实验的结果。他的实验中用工具将重达80万磅的钢和生铁切割成片,实验纪录大约为3万次,写出报告300多份,费用高达15万美元。同时,他还积极参加"工程教育促进会"的活动,强烈支持钢铁大王卡内基所倡议的大学教育应当包括一年的工业实践的观点。

泰勒的科学管理思想相信很多东西都是科学的,组织是分阶层的,地位较低的人应该由比他们地位高的人严格管理。工业化时期的创新是面向工具与产品的,通过大量的研究与实验,或者积累发现一批经验规律,或者创造发明一些新的方法工具,而实验与测试中充满了试错与偶然机会。不可否认,后来的历次管理革命都包含了泰勒科学管理的核心思想,即工作能用科学的方法进行研究,并能通过严格的实验手段予以提高。然而,尽管我们的生产能力远远超过了过去,尽管我们已经能够制造出几乎所有的产品,产能足以满足全世界人口衣食住行的基本需要,但是还是有数以亿计的人生活在极端贫困之中。即使在发达国家,人类健康与生态环境问题也没有根本的改观。这个问题不能完全靠科学与标准化的管理来解决。这个时代的核心问题并不是我们能不能设计制造出产品,而

是我们到底需要什么样的生活方式与人生价值。如果仍然将一百年前泰勒的机械化的科学管理作为思考的方式，就会让人变成与机器人差不多。我们必须重新发现蕴含在每个人身上的智慧和主动性，并把这种自发的创造性与适应能力在创业中发挥出来。

基于企业管理的商业创业是伴随着资本市场繁荣与企业家精神的盛行而兴起的。商业创业的发展得益于三个要素：市场对新技术与新体验的要求，资本市场的繁荣，经营人才的培养。传统观念认为当公司变得更大时上司才能够放心。其实，企业管理创新面临的主要问题是学习如何在满足现有顾客要求与寻找新顾客之间取得平衡。企业管理者要管理现有产品线，开发新的业务模式，并且同时执行任务。

企业家通过有计划地开展创业活动，让企业的管理和运营形成了一种模式。这种模式以面向市场和顾客为特征，通过对产品与服务的设计与规划，对商业经营投入产出回报进行系统财务分析，以及对经营手段与方法进行详细规划。商业创业的成功极大地推动了风险投资对新创企业的关注与持续支持。金融资本领域的众多基金开始系统地配置资本开展支持商业创业的风险投资业务。这又进一步加快了商业创业方式的普及。

专业企业管理培训机构与商学院的建立以及商业知识和技术作为正规教育学科的传播加快了管理人才的培养效率。在工业化完成之后，美国、以色列、北欧等国家和地区突然间涌现一大批人愿意长年拼命地为自己工作，宁愿创业或选择有高风险的小公司而不愿去安全的大公司。企业家的出现不仅是经济和技术现象，而且也是文化和心理现象。随着各类公司的大量兴起，企业管理成为了一门"有用的知识"，一种技术。德鲁克在他的《创新与企业家精神》一书中阐述了创新与创业是可以训练的这一基本观点。他认为周密分析、勤奋而系统化地工作所产生的有目的的创新是可以作为创新实践加以讨论和展示的。与其他领域一样，卓越的创新实行者只有靠训练，并真正掌握它才会取得成效。

创新与创业训练的核心的原则是什么？其中有几个"做"——指必须要做到的事情；还有几个"不能做"——指要尽量避免做的事情；另外还有一些需要说明的条件。必须要做到的事情：① 有目的、有系统的创新从分析机遇着手；② 创新既是概念的，又是感知的，因此创新第二个

要做的事情是出去多看、多问、多听;③ 创新若要行之有效必须简单而专一;④ 有效的创新都是从不起眼处开始的;⑤ 成功创新的目标是获得领导地位。创新的禁忌:① 不要太聪明;② 不要过多花样,不要分心,不要一次做过多事情;③ 不要只为未来进行创新,还要为现在进行创新。最后还有三个条件:① 创新是工作,它需要知识,而且往往需要大量的聪明才智;② 要想成功,创新者必须立足自己的长项;③ 创新是经济与社会双重作用的结果。①

以德鲁克为代表的管理学家从实践中总结提炼出来的创新原则与创业方法被越来越多的经理人与创业者广泛接受。这让商业创业有了系统的方法论,直接推动了创业活动的兴盛。

基于认知活动的精益创业是一种适应互联网时代速度与规模化要求的创业方式。虽然处在全球创业的空前兴盛时代,但无数创业公司都黯然收场,以失败告终。精益创业代表了一种不断形成创新的新方法,它源于"精益生产"的理念,提倡企业进行"验证性学习",先向市场推出极简的原型产品,然后在不断地试验和学习中,以最小的成本和有效的方式验证产品是否符合用户需求,灵活调整方向。如果产品不符合市场需求,最好能"快速地失败、廉价地失败",而不要"昂贵地失败";如果产品被用户认可也应该不断学习,挖掘用户需求,迭代优化产品。② 为提高创新的成功概率,精益创新提出了五项原则。① 创业者无处不在。在创新型组织工作的任何人,都算得上是创业者。所谓的新创企业就是在充满不确定性的情况下,以开发新产品和新服务为目的而设立的个人机构。② 创业即管理。新创企业不仅代表了一种产品的问世,更是一种机构制度,所以它需要某种新的管理方式,特别是要能应对极端不稳定的情况。③ 经证实的认知。新创企业的存在,不仅仅是为了制造产品、赚取金钱、服务顾客,他的存在更是为了学习了解如何建立一种可持续的业务。创业者们可以通过频繁的实验检测其愿景的各个方面,这种认知是可以得到验证的。④ 开发—测量—认知。新创企业的基本活动是把点子转化为产品,衡量顾客的反馈,然后认识到是应该改弦更张还是坚守不移,所有成功的新创企业的流程步骤应该以加速这个反馈

---

① 参见彼得·德鲁克:《创新与企业家精神》,机械工业出版社,2009 年,第十五章。

② 参见埃里克·莱斯:《精益创业》,中信出版社,2012 年。

循环为宗旨。⑤ 创新核算。为了提高创业成果并让创新者们负起相应责任，需要关注那些乏味的细枝末节，如何衡量进度，如何确定阶段性目标，以及如何优先分配工作。这需要为新创企业设计一套新的核算制度，让每个人都肩负职责。①

精益创业将管理的核心放在人上。新创企业是一系列活动的组合，很多事件会同时发生，因此，保持因势利导的灵活性要比严丝合缝的精确性更加重要。传统企业组织中的科层制，行政主管层层下达命令，基层工人层层报告进度，这种规范管理的模式常常导致机构臃肿，流程繁复，反应迟钝。新创企业是在极端不确定的情况下开发新产品和新服务，如果以严格定义的职能部门，比如市场销售、信息技术、人力资源来组织公司，在创业过程当中得到的反馈会很慢。在僵化的组织结构中团队成员也很难在各自擅长的领域发挥自主性。

精益创业管理的核心是加快反馈，可谓"胸怀大志"，"独孤求败"的策略。创业的组织将客户或者作为潜在客户的用户放在第一位，而不是以股东和上级为第一位。在管理当中放弃经理人的个人喜好与市场分析，而直接尽早向顾客求得证实。新创企业有一个清晰的方向，这就是企业的愿景。为了实现这个愿景，企业制定战略，包括商业模式、产品方案计划、对合作方和竞争对手的看法以及顾客定位。产品在优化的过程当中不断改变，有时候可能需要改变战略。但是总的愿景却很少变化。创业者都有志达成目标。每次挫败就是一个了解如何到达既定彼岸的机会。创业者的挑战在于平衡产品、市场营销运营甚至战略等各个环节。规范管理与精益创业的区别见图 2-4。

新时代的创业方式进入了一个"以人为本"时期。企业文化建设是习惯与道德调节的表现，也是习惯与道德调节作用的结果。企业文化对微观意义上的资源配置的影响首先表现于对企业中每一个成员的精神状态的影响。在资源中，人力资源是最宝贵的。人力资源不仅由人力的数量来表示，而且也由人力的素质来表示，人力的素质体现在技术水平、知识面、体质、精神状态等方面。在人力数量既定的条件下，人力的素质越高，越能反映人力资源的充裕。人们常问道：什么是经济发展、企业发展最重要的因素？当然，资本、技术、信息都很重要。但资本是靠人来筹集和运用的，技术是靠人来改进和操作的，信息是靠人来收集和

---

① 参见埃里克·莱斯:《精益创业》,中信出版社,2012 年。

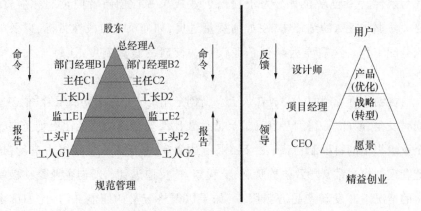

图 2-4　规范管理与精益创业的区别

加工的,而人的精神状态在资本的筹集和运用、技术的改进和操作、信息的收集和加工方面所起的作用尤其重要;否则资本、技术、信息的作用也就发挥不出来。因此,经济发展、企业发展的最重要因素是富有进取精神、开拓精神的人。如此,人力资源成为"人才资本",人才成为创新与创业的关键要素。如果社会的物质财富被破坏了,但只要人还存在,体现在人的身上的进取精神、开拓精神仍然存在,那么很快就会有新的物质财富来代替被破坏的物质财富。如果失去的是进取精神、开拓精神而不是物质财富的话,那么财富将会枯竭,社会将陷于贫困,经济将一蹶不振。[①] 就一个企业来说,企业能否兴旺发达,同企业人力素质的高低、企业成员是否具有进取精神、开拓精神有着直接的关系。企业的进取精神、开拓精神体现于企业的每一个成员身上。这种素质可能在某些人身上较为明显,而在另一些人身上则可能不明显。企业文化建设的成绩主要是使进取精神、开拓精神在企业各个成员身上都能强烈地表现出来,并形成一种精神上的动力。

随着人类思想的发展演进,基于价值的文化成为新时代创业的主流。人类总是在追求其生命价值。好的管理机制让人们在实现其价值当中互相促进,而差的管理机制让人们产生彼此冲突。制度文化是社会文化的一部分。东西方经济、科技与文化的交融让我们看到了创新文化已经汇聚起来,包括集中精力于绿色与健康的"生命"文化;集中精力于文字和思想的"知识"文化;集中精力于发明与创造的"技术"文化;集中精力于人才和工作的"经营"文化;集中精力于社交和

---

① 厉以宁:《超越市场与超越政府:论道德力量在经济中的作用》,经济科学出版社,2010 年,第15 页。

互动的"网络"文化。这些成为广泛价值的文化得以覆盖全球的网络并相互共融,于是超越民族国家的政治经济组织以及超国家的、实际上是跨国的制度开始出现。

章节小结

在这一章我们系统回顾了近现代以来有代表性的经济发展理论中的创新思想。学习了新的经济大循环的转化理论与分层创新模型。社会创新发展是历史的必然,创业需要理解经济发展与财富创造的实质,创业者运用新世代的创业方式将超越前人。

思考问题

1. 熊彼特的创新理论依然适应今天的社会吗?

2. 创业者需要具备哪些素质与能力?

3. 互联网时代草根创新需要什么样的体制创新?

拓展阅读

1. 熊彼特:《经济发展理论》,商务印书馆,1990 年。

2. 赫伯特·A. 西蒙:《人工科学:复杂性面面观》,上海科技教育出版社,2004 年。

3. 彼得·德鲁克:《创新与企业家精神》,机械工业出版社,2007 年。

4. 厉以宁:《超越市场与超越政府:论道德力量在经济中的作用》,经济科学出版社,2010 年。

实战训练

寻找身边的企业家，建立伙伴关系

你认为企业家需要具备什么样的特质？在"创新学堂"（安装及使用介绍见附录）网络社区中，找到你认为最有企业家特质的三个人，关注 TA 的各项服务指数与需求。根据目前的学习对创新与创业的理解，在"创新学堂"中更新个人介绍。争取 TA 也关注你，邀请 TA 成为你的创新创业伙伴。

第三章

价值设计与发现机会

学习目标

- 理解价值创造的原理和过程
- 掌握并熟练应用价值设计图方法
- 理解并学会使用价值金字塔理论进行价值创造实践

知识要点

- 价值创造和价值冲突
- 价值设计图
- 价值金字塔
- 价值曲线

价值创造原理

时代更替发展,世界的万般变化都离不开创新这个"宗"。创新是以人为本的活动,其价值在于服务于人。大部分人终其一生都在追求更美好的生活与更高层次的生命体验。价值创造是一个文明发展的过程。组织是价值创造活动相互合作协同的机制,组织的存在本质是因为其能够以有价值的方式活动:企业的价值在于创造顾客,学校的价值在于培养人才,医院的价值在于治病救人,政府的价值在于实现国泰民安。组织的创新力在于其能否在变化的世界中保持平衡而不断进步发展。组织价值不但体现在其成员的一言一行当中,而且体现在组织形成的知识和文化当中。创新就是创造和实现价值。① 创新的本质是提升人的生命价值。大千世界,纷繁复杂,凡事皆可为,未必皆有益,判断事物的价值成为一个难题。在发展过程中,事物的价值是如何创造的? 创新思维又将如何影响价值?

世界的运动是精神、物质与符号世界的相互关系与相互作用的状态。价值反映了人在三象世界中的思维和行动相互间的和谐关系。人的价值体现了人性的根本与生命的意义。人为价值本体,人的自我实现是价值目的,人的行为是价值源泉,人的发展为价值结果。事物的是非、善恶、爱恨、多寡取决于人的价值判断。价值判断取决于人对于世界的认识,体现于人与人在三象世界的活动。理解价值必先理解人与人的互动方式。

这里需要强调的一点是,人们在进行价值互动的过程中遵循时间价值规

---

① 参见蔡剑、李东、胡钰:《从中国价格到中国价值》,机械工业出版社,2008 年。

律。具体地讲,在互动服务的过程中,由于服务和被服务这种同时存在的双重关系,我们定义两种时间价值:"出口价值"代表一个人服务他人的付出时间价值;"进口价值"则代表一个人得到服务的时间价值。"出口价值"体现了一个人的对外服务能力,其值越高,说明这个人的服务能力越强;"进口价值"体现的则是一个人的"采购"或"吸引"服务能力,其值越高,说明这个人获取服务的能力越强。另外,一个人所服务的对象越多,这些服务对象的"进口价值"越高,则这个人的"出口价值"越高;同理,服务一个人的对象越多,这些对象的"出口价值"越高,这个人的"进口价值"越高。在此之前我们对人们价值的理解的很多误区便在于混淆了这两种价值的概念。比如,对于课堂教学活动,老师的"出口价值"应该高于学生,而学生的"进口价值"则可能高过老师。学生们为了进一步提高其"进口价值",则会多选课,且多选"好"(即出口价值高)老师的课;同样的,老师也会选择学生,他们也往往更倾向于教育那些"进口价值"高的上进学生。

价值的存在有三个条件:获得的意愿,交换的可能,供给的有限。人对事物没有意愿,不会有"心动"亦难有行为;人之间不能相互影响和互动,各自意愿亦不会得到满足;如果事物可以无限获得,亦不会觉得宝贵。

对于企业来说,其核心价值来源于其对客户需求的满足。对应于上文提到的价值存在的三个条件,企业价值存在也可以从这三个方面进行理解:

首先,企业提供的产品或者服务一定是要有市场的。如果市场上没有人对一个企业提供的产品或服务有需求或者感兴趣,这样的企业显然是没有价值的。这个道理听上去似乎很简单,但事实上对于某些初创企业或者推出新产品服务的企业来说,有时是很难把握的。在过去,企业家除了偶尔做一些调查问卷之类的市场调研以外,很多时候都是靠自己的商业直觉去感性地做出决策,这样做的风险是很大的。但在互联网时代的今天,预售与众筹这一新兴的商业模式有效地解决了这一个问题。众筹是指用团购+预购的形式,向网友募集项目资金的模式。众筹利用互联网和社交网络系统 SNS 传播的特性,让小企业、艺术家或个人对公众展示他们的创意,争取大家的关注和支持,进而获得所需要的资金援助。现代众筹指通过互联网方式发布筹款项目并募集资金。相对于传统的融资方式,众筹更为开放,能否获得资金,项目的商业价值也不再是唯一标准。只要是网友喜欢的项目,都可以通过众筹方式获得项目启动的第一笔资金,为更多小本经营或创作的人提供了无限的可能。

优秀的企业总是会优先考虑如何满足客户需求。阿里巴巴推出天猫是企业对客户到商家的进一步管理,也是优质管理,即优化了对客户的管理,促进客户关系更上一个层次。天猫的推出使商家分离开来,一部分仍停留在淘宝网上,而那些信誉度高、服务好、愿意承担风险的商家则获准进入淘宝天猫。虽然在一开始的时候天猫的成立遭到了商户的强烈反对,甚至一度出现了一系列不和谐的事件,导致商户与阿里巴巴的关系僵化,但是这是互联网发展过程中不可避免的。阿里巴巴这样做是为了加强对商户的管理,此举更是对消费者认真负责的态度的表现。把天猫商户的入驻门槛提高一个档次,把优质客户隔离出来给他们新的空间,并提供良好的制度帮助他们发展。这也是对卖家的一种负责任的态度。这样提高了卖家的层次,使消费者更加放心。从长远意义来看,这也是一种品牌的创立,同样达到了买卖双方的共赢。

其次,企业的产品与服务一定要让广泛的顾客通过很低的交易成本即可获取。事实上,在今天,这一获取服务的成本往往是零,比如很多互联网产品,谷歌、Facebook、微信等等,客户单纯地使用这些产品和服务是无需任何费用的。科斯等一批经济学家早已指出,企业存在的一个重要作用便是降低市场中的交易成本。而互联网的出现将这一成本几乎降低为零,移动互联网和可穿戴设备的兴起更是颠覆了人们获取信息和享受服务的方式。

最后,供给的有限体现在企业价值层面则是个性化甚至定制化的产品和服务。只有让每个用户都觉得这种产品或服务是专门针对他设计的,企业才能够得以可持续的发展。这一点在过去的工业时代是难以想象的,那时的人们普遍认为只有规模经济才能带来效益,个性化和定制化产品高昂的成本使得企业望而却步,但反观今日,似乎一切产品和服务都可以定制了,你可以根据自己的需求在网上定制西服、钻戒,甚至汽车。例如,宝马的 mini cooper 几乎能够满足你所有的个性化需求,从颜色、形状、性能、装饰等各个方面。

价值设计方法

价值设计图

创造一个新产品,一个新的企业管理软件,一个新流程,一个新的大型集团组织,或者一个新的银行业监控体制,其本质都是设计,而其根本则是组织的价值设计。没有科学的设计,人类不能到达月球;而没有高价值的设计,组织就不能获得竞争力。

今天,"核心竞争力"这个概念已经被泛化了。通常大家认为一个组织比竞争对手做得好的地方就是其核心竞争力。问题是在很多情况下我们很难去判断企业做得好到底是由于其管理卓有成效,还是更大程度来自于运气和过去的积累。其实,核心竞争力概念最初提出时并不是一种通用的战略概念①,而是讲研发型企业可以靠独门绝活形成系统的产业竞争力。20 世纪 80 年代末期,一些美国学者通过研究对比日本企业(例如 NEC,佳能) 和美国企业(例如 GE,3M) 的产品创新的不同效果之后,证明了根植于企业中的"独到研发和设计能力"和企业绩效的关系。所以就其原本的用意,与其说"核心竞争力"是一个普遍应用的管理思想,不如说是一种针对美国科技企业赶超日本企业而推出的战略概念。后来,这种"独到研发和设计能力"创造竞争优势的概念被草率地推广到各个地区和各个行业,直到今天成为了"万金油"管理名词,任何组织的独特能力都可以被认为是其核心竞争力。这也是管理学界的一个有趣的现象,随着一个管理概念的影响力扩大,往往其含义也会发生变化。在今天,中国企业处于和当初日本和美国企业差别很大的竞争环境中,我们需要重新审视"核心竞争力"这个概念,尤其应当在中国企业特有的发展背景下去思考价值设计的问题。

现代设计的基本思想是相通的,可以用于组织机构设计、流程设计、产品设计和制造系统设计。② 从本质上讲,设计是在我们要达到什么和我们要如何达到

---

① 有关核心竞争力的概念,最早见于 Hamel G. and Prahalad C. K. (1990) The Core Competence of the Corporation. *Harvard Business Review*, May-June, 79—91.

② 参见 Nam Pyo Suh:《公理设计》,机械工业出版社,2004 年。

它之间的互动。因此,价值设计必须自一个明确的价值需求("我们要做什么")开始到一个清楚的价值实现("我们将如何做")结束。

对组织来讲,这是一个高难度的互动过程。好的管理就是高价值的设计,能够多快好省地找到价值需求对应的价值实现,而不好的价值设计是浪费资源的,限制组织功能的,而且是事与愿违的。和工程设计的缺陷导致航天飞机坠毁一样,价值设计的缺陷导致组织发展迟滞,绩效低,甚至是完全失效。因此,我们总是习惯于将很多问题归因于我们科学知识的缺乏和组织人员的贪污渎职,但其实很多问题来源于对企业价值系统的不良设计。

即使在科技运用最多的工程领域,设计错误产生的主要原因也往往是由于设计依然采用基于试错法的经验做法。更不用说在管理领域,更是缺乏规范和方法。这并不是某个国家或者某个公司的特例,而是管理中存在的普遍问题。因此,价值创造不能停留在经验的阶段,而应该有一定的章法。长期来看,组织的价值创造和绩效管理应该从艺术范畴发展到艺术和科学结合的范畴。

在价值设计方法中,决定一个组织的战略行动是否能够成功要看四个方面(图3-1):第一是价值主张,组织的价值观是否将这个行动视为优先于其他选择;第二是价值需求,组织是否理解了这个行动的关键需求;第三是价值实现,组织是否拥有或能动员进行此战略行动所需要的资源和能力;第四是业务流程,组织的流程是否能有成效且有效率地执行战略行动?

在此所指的"价值主张"有特别的含意,价值主张并非是一个公司认为道德上可接受的东西,而是利益相关者的目标和要求的体现,也是组织在决定优先要务时所考虑的标准。价值主张是组织运行中的动机和考虑标准,即组织的价值主张会左右此组织将应对哪些威胁与机会,以及不理会哪些威胁与机会。检视其营收组合、成本结构、绝对规模、最重要的客户、过去的投资决策纪录等,有助于了解其管理阶层认为哪些策略与投资是有利的,哪些则不具吸引力。对于企业来讲,虽然绝大多数管理阶层都会把最具财务吸引力的机会摆在最优先的位置,但这不一定是符合其价值主张的决策。

价值需求是明确客户需求与诉求。组织的功能和目的要围绕价值需求开展。价值需求明确了组织目标和优先顺序,是组织价值主张在具体业务中的体现。价值需求能否反映组织真实的价值主张是保证整个价值设计质量的关键。

价值实现的重点不在于此组织拥有什么资源和能力,而是能不能取得必要的资源和能力,也就是说组织的业务是否能够满足价值需求。成功的企业家有能力在其直接掌控的范围以外取得并利用资源,但是企业的业务模式都是要为满足价值需求而设计的。

业务流程是员工为把投入资源转化成产品、服务或其他价值更高的资源,所进行的互动、协调、沟通与决策形式。当组织必须重复解决相同的问题时,会发展出制式与非制式流程,以便迅速且有效地执行相同的工作,并降低失败风险。因此,流程界定了一个组织的技能与长处,也辨识出此组织需要改进的业务。

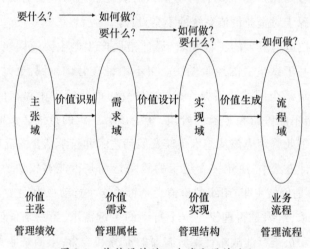

图 3-1　价值设计的四个域和设计流程

价值设计包括下面几个一般的步骤:

第一,确立组织为谁而存在,明确顾客、股东、公众等权益人是谁,也就是组织的价值主张。

第二,定义客户的需求以及要满足他们需要所要解决的关键问题,也就是组织的价值需求,这是价值识别的过程。

第三,通过资源整合找到高效率与低成本价值实现方式,这些实现方式在组织的约束环境下能够满足价值需求,这就是最关键的价值设计。

第四,对价值实现的解决方式进行分析和优化,形成业务流程,保证价值生成。

最后,检查整个价值设计的方案,看看这个系统是否真地满足了权益人的需要。

价值设计分析出来了组织的一系列"手段—目的"链条,就是包括从实际行动到行为产生的价值在内的一系列有因果关系的要素。一条"手段—目的"的链条就是将某种价值同实现该价值的情境联系在一起,然后再将这些情境与产生这些情境的行为联系在一起的一系列预期。① 这一链条上的任何要素既可以充当"手段",也可以作为"目的",这取决于管理者关注的是价值端(目的)的关系,还是行为端(手段)的关系。链条上的中间目的可以充当价值指标,利用这些价值指标,我们不需要完全了解各方案内在的最终目的(或者价值),就可以对各行动备选方案进行评价。很多时候难以把价值和事实鲜明地区分开,因为一件事情可能具有多种价值,可能同时属于多个"手段—目的"链条。因此,管理者的重要工作是把握各个部门多个相互作用的个体价值观与其共同行为所产生的结果之间的关系。

价值金字塔模型

价值创新是一个企业生命力的源泉。在国家强调自主创新的大环境下,新产品、新技术、新工艺日益受到企业和政府的重视。然而,我们不能忽视的一点是,在中国发展的特定阶段,新观念、新思维、新管理方法、新制度的影响更为深远。事实上,创新不等于"发明",它是技术课题,也是经济课题。从管理的角度看,技术的创新或者新的设计并不算是完整的创新。最终被顾客认可的不平凡的成功才算是创新。对政府和企业来讲,创新是为了创造价值,如果只重投资和经营,不重创新,一个组织只能小步成长,不足以创造卓越的成绩,而只重创新,不重价值提升,则易使组织为新奇的技术和巧思所陶醉,不能获得顾客的青睐和取得经营的绩效。历史经验证明,在国家发展的重大转型期,如果没有创新的思想和管理模式的变革,要将新技术和发明转换成生产力和管理的绩效是异常艰难的。

价值创新的本质应该是让企业以一种新的方法思考和实施战略,从而改变市场竞争的游戏规则,占领新的价值域,成为价值网络上的领导者。只有当企业把技术创新与管理创新、思维创新、观念创新整合为一体时,才有价值创新。要实现价值创新,企业可以用超越竞争对手的方式来创造价廉物美的产品和顾客更加青睐的服务,进而获得更多市场份额;企业也可以独辟蹊径,绕过竞争对手,创造新的需求,并由此开辟暂时无人争抢的市场。不论采用何种策略,企业管理者都需要将注意力放在全力为顾客和企业自身创造卓越价值上。

---

① 赫伯特·A.西蒙:《管理行为》,詹正茂译,机械工业出版社,2013年。

　　企业如果能够率先找到新的价值元素并系统化地创造其价值域,就能够实现组织在管理上的升级。企业要能够创造并占据价值域,就必须建立一种机制,能够从整个系统的角度重新设计其业务,从而实现整个供应链的价值优化。虽然从理论上讲每个企业在进行决策时,必须考虑到对整个供应链绩效的影响,但是为什么很多企业没有能力也没有精力去顾及供应链价值提升的问题?因为,供应链是一个整体网络,包括供应网络、核心生产企业、销售网络三个部分,其结构的复杂性远远超过单个企业。物流、信息流和资金流在各个环节交叉流动,同时供应链上分散在不同国度、不同类型和不同环节的自主实体之间的竞合关系、契约关系、业务关系也在动态变化。只有在价值链中的核心企业能够拥有系统的管理资源,能够协调和控制供应链各方之间的信息流、物流、资金流,并占领广阔的价值域。因此,企业要通过管理供应链创造更多价值,就要成为价值链的核心企业,把供应链上的各个企业及企业内部各个环节作为一个整体来考虑,不是追求系统中某些环节上的优化,而是所有环节上的整体优化。这是一个对跨越多个企业的供应链的设计、选择、优化和管理的过程,它的本质是一种基于系统观点的管理思想和方法。企业在制定战略的时候,要知其可为而为之,不能知其不可为而为之。而且更进一步,企业需要有选择和辨别的能力,知其可为而不为。因此,善于把握机遇的企业,能够设计出强有力的制胜模型来管理供应链。

　　通过研究不同行业的价值型企业和价格型企业的管理方式和发展历程,我们发现存在一种简单的模型,能够去描述和解释组织的价值创造机理。价值的意义是能够创造并获得竞争优势,一个企业,一个政府部门,甚至是个人,要能够在激烈竞争中脱颖而出,要遵循一定的创造准则和方法。

　　价值创造模式可以由价值金字塔模型(图3-2)来描述,金字塔的高度代表价值的高低。企业所期望的金字塔的高度是由企业价值观决定的,价值金字塔实际高度代表企业所创造的价值。金字塔的容积越大,价值成果的产出量越大,企业的绩效越好。构建企业的价值体系,价值金字塔的底座由四个方面的竞争要素构成:对竞争环境和机遇的把握,创造制胜的价值模型,以人为本建立领导力,用绩效管理保证价值创造。这四个方面的能力越强,企业所能够实现的价值域就越大,在同样价值(高度)下,整个金字塔的稳定度也就越高。

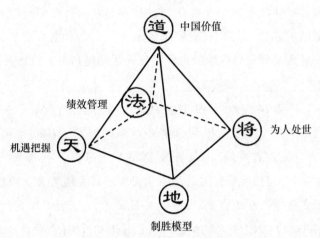

图 3-2 价值金字塔模型:企业创新力的五要素

价值金字塔的原理和《孙子兵法》的基本思想异曲同工。战争胜负的关键在于五个要素,一曰"道",二曰"天",三曰"地",四曰"将",五曰"法"。"道者,令民与上同意也",道就是价值,国家、组织和顾客和谐同心,"以为人民服务"作为管理的价值诉求,这是决定组织竞争胜负的根本。"天"就是系统外部的大竞争环境和自然条件,组织需要能够把握"天时"。"地"就是组织可以利用的资源的条件,所谓制胜模型就是"地",代表了价值创造的业务模式。"将"就是组织的领导力,是否擅长为人处世。"法"是组织中为了执行战略所设定的规章制度,类似我们所说的绩效管理。如果组织能够在这五个要素间形成优化,就可以在竞争中立于不败之地。

价值金字塔的模型说明,在其他价值能力不平衡的情况下,片面强调某一个方面的价值并不能够提高整个价值金字塔的高度。例如,位于供应链中间的很多企业的低价格优势是依靠控制企业成本来保证的,这种企业一般拥有较强的绩效管理能力,但是如果缺少能创造高价值的制胜模型,这样的企业就不能在WTO之后根据竞争情况把握竞争机遇,单纯突出绩效管理,其实现的价值就会萎缩。这就像"短板效应",一个木桶的容水量是由最短的那块板决定的,而不是由最长的那块板决定的。

价值金字塔作为一种战略思路与工具,它本身并不是战略。管理者只有具备了高度的管理思维才能制定出正确的、长期的战略,而且必须有精确、有力的执行才能保证战略的成功。在实际管理中,管理者面对各种各样的决策问题,价值金字塔作为一种帮助管理思维的原理模型能够帮助提高决策的效果。

阿里巴巴2014年9月19日在纽交所成功上市,引起了全球的关注。我们就来看看阿里巴巴的价值金字塔。"道":在20世纪末的中国,改革开放的红利得到了全面释放,国内市场需求巨大,马云凭借其在商务部工作的经验,大胆预测到了企业间电子商务的巨大市场。"天":在马云创立阿里巴巴之前,国内并没有形成产业,而此时欧美式的电子商务,以eBay的C2C(个人卖给个人),亚马逊的B2C(企业卖给个人)模式为典型。"地":在创业之初,马云便将阿里巴巴聚焦在了中国80%的中小企业领域,并为他们量身打造了B2B的模式;"将":马云作为一个商业领导奇才自不必说,其团队也受其影响,有着极强的凝聚力。在创业之初马云曾对大家说过"我给你们三个选择,第一,你们去雅虎,我推荐,雅虎一定会录取你们,而且工资会很高;第二,去新浪、搜狐,我推荐,工资也会很高;第三,跟我回家,只能分800块钱,你们住的地方离我5分钟以内,你们自己租房子,不能打出租车,而且必须在我家上班。你们自己做决定。"但最终大家都留了下来。"法":阿里巴巴的商业模式的核心便是搭建中小企业之间的桥梁,在创业初期,没有资金和技术的情况下,另辟蹊径、先发制人是一种最有效的方式。而作为一种桥梁的理念,是一种很快累积人气的方式。套用一句马云的话来说,"你让人赚了50元,人家很愿意给你5元的。"

蓝海战略的价值曲线模型

蓝海战略(Blue Ocean Strategy)最早是由W. 钱·金(W. Chan Kim)和勒妮·莫博涅(Renée Mauborgne)于2005年2月在二人合著的《蓝海战略》一书中提出。蓝海战略认为,聚焦于红海等于接受了商战的限制性因素,即在有限的土地上求胜,却否认了商业世界开创新市场的可能。运用蓝海战略,视线将超越竞争对手移向买方需求,跨越现有竞争边界,将不同市场的买方价值元素筛选并重新排序,从给定结构下的定位选择向改变市场结构本身转变。

　　蓝海战略中一个重要的分析工具便是战略布局图(图3-3),其横轴显示的是产业竞争和投资所注重的各项元素,其纵轴反映了在这些竞争元素上买方各得到了多少,或者说企业在此元素上投入了多少。表现在价格方面,当然就是纵向坐标值越大,价格就越高。将这些元素点连成一条曲线,通过这样一条曲线我们就能了解这个企业的战略轮廓。这条曲线就称为价值曲线(value curve)。战略布局图既是诊断框架也是分析框架,用以建立强有力的蓝海战略。通过绘制出来的战略布局图,你能捕捉到已知市场的竞争现状,使你能够明白竞争对手正在把资金投向何处,在产品、服务、配送等方面产业竞争正集中在哪些元素上,以及顾客从市场现有的相互竞争的商品选择中得到了些什么。

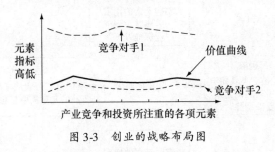

图 3-3　创业的战略布局图

　　《蓝海战略》一书中提出可以用四步框架塑造全新的价值曲线。所谓四步动作框架(图3-4),即为打破差异化和低成本之间的替代关系,创造新的价值曲线,找出四个核心问题来挑战行业现有的战略逻辑和商业模式:哪些行业中被认为理所当然的因素应该被剔除?产品或服务中哪些因素的比重应该减少到行业标准以下?产品或服务中哪些因素的比重应该增加到行业标准以上?哪些行业内从未提供过的因素应该被创造?第一个问题促使企业考虑剔除在行业长期竞争中攀比的因素。这些因素通常是想当然的,但其实已不再具有价值,甚至降低了价值。有时候,购买者所重视的价值发生了变化,但公司只顾相互竞争,而没有采取任何行动应对变化,甚至对变化毫无察觉。第二个问题促使企业考虑产品或服务是否过度设计。如果公司提供给消费者的超过了消费者实际所需要的,那就是徒然增加成本却没有任何收益。第三个问题促使企业发现和消除消费者不得不做出的妥协。第四个问题帮助发现购买者价值的新来源,以创造新的需求,改变行业的战略定价标准。

　　前两个问题(剔除和减少)可以帮助企业将成本水平降低到竞争对手之下。

我们的研究发现,在习惯于攀比竞争的因素方面,企业经理们很少会系统性地尝试剔除和降低投资。结果是成本不断增加,商业模式也日趋复杂。与之相对,后两个问题启发我们如何提升购买者的价值,创造新的需求。总的来说,这四个问题帮助我们系统地探索如何超越现有行业边界,重组购买者价值因素,向购买者提供全新的体验,同时又将成本结构保持在低水平。特别重要的是剔除和创造这两个行动,它们将公司推上了超越现有竞争,追求价值最大化的轨道。它们驱使企业改变要素因素本身,从而使得既有的竞争规则变得无关紧要。当将这四步动作框架应用到行业战略布局图时,就可以对原先认定的实施策略有全新的认识。

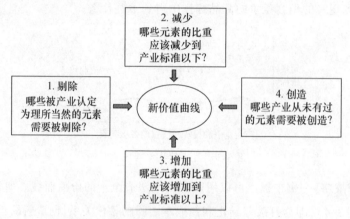

图 3-4　四步动作框架进行战略布局

　　美国西南航空公司,通过对汽车旅行经济、便捷等元素兼收并蓄,实现价值创新,再造了美国短途航空业,从而实现了巨大的价值飞跃。他们打破了顾客在飞机的速度和汽车旅行的经济和便捷之间所必须做出权衡取舍的现状,向顾客提供高速低价的航运服务,在起飞班次上频繁而灵活,票价对买方大众也具有吸引力。西南航空与传统航班相比减少了餐饮标准、档次,减少了候机室的档次、规模、面积(同时因为频繁的点对点直航,使顾客减少了候机时间);剔除了中转枢纽,代之以点对点直航,剔除了豪华舱等可供选择的多种座舱等级,代之以统一的经济型座舱;增加了价值内涵中的友好服务、速度;创造了点对点直航的飞行模式。这样,通过剔除—减少—增加—创造,西南航空成功地再造了核心价值:经济、快捷,相应的剔除减少了其他一些非核心元素,如餐饮、候机室、多种坐舱等级、中转枢纽等,创造了点对点直航模式,降低了成本,提高了便捷性、灵活性,从而开创了美国短途航空业的巨大蓝海,实现了价值飞跃。

创业机会发掘

创新机遇与顾客创造

创业难,发掘创业机会更难。有一些人将创业点子的产生,归因于机缘凑巧,所谓"无心插柳柳成荫"。不过,研究创意的专家以为,创意只是冰山上的一角,没有平日的用心耕耘,机缘也不会如此地凑巧。所谓的机缘凑巧或第六感的直觉,主要还是因为创业者在平日培养出侦测环境变化的敏锐观察力,因此,能够先知先觉,形成创意构想。发掘创业机会的做法,大致可归纳为以下六种方式:

第一,分析矛盾现象。例如,金融机构提供的服务与产品大多只针对专业投资大户,但占有市场七成资金的一般投资大众未受到应有的重视。这样的矛盾,显示提供一般大众投资服务的产品市场必将极具潜力。

诺贝尔经济学奖获得者罗伯特·席勒在其《新金融秩序》一书中提出了一套以保护各国财富为目的的全新风险管理基础架构,而所谓的国家财富其实就是维持着千百亿世界民众基本生活的经济成果。这些成果中的绝大多数都不会成为新闻报道的对象,甚至都不会引起公众的关注,但是它们能增强民众通过辛苦劳动换来的经济安全感,没有这些成果人们就无法感受到经济的发展。

第二,分析特殊事件。有时候,一些突发的事件反而会带来创新的机遇,正如"塞翁失马,焉知非福"。

例如，美国一家高炉炼钢厂因为资金不足，不得不购置一座迷你型钢炉，而后竟然出现后者的获利率要高于前者的意外结果。再经分析，才发现美国钢铁市场结构已产生变化，因此，这家钢厂就将往后的投资重点放在能快速反应市场需求的迷你炼钢技术上。

第三，分析作业程序。例如，在全球生产与运筹体系流程中，就可以发掘极多的信息服务与软件开发的创业机会。

福特 T 型车的梦想成功，在于福特先生偶然看到的底特律乡下屠宰场的吊装分割，并从中得到启发。在这之前的汽车生产与组装是车不动人动，几名熟练的技工围着一辆车敲敲打打，那情景就像我们现在看到的街边无照汽车维修摊点，小伙计满身油污地翻修二手旧车。福特先生的贡献是彻底改革了汽车的生产方式，他研制了一种类似屠宰场的悬空吊链，改为人不动车动，半成品的汽车沿着吊链滑行，每完成一道工序，吊链吊着汽车往前滑行一段距离。这种改革将高级技工的经验与组装技艺分解，从而每人只需负责一小部分。由于员工培训成本及生产效率的提高，使得 T 型车的成本大幅度下降，并最终催生了汽车轮子上的美国。T 型车的生产模式后来被形象地比喻为流水线，影响了美国及全球工业生产模式。

第四，分析产业与市场结构变迁的趋势。例如，在国营事业民营化与公共部门产业开放市场自由竞争的趋势中，我们可以在交通、电信、能源产业中发掘极多的创业机会。在政府刚推出的知识经济方案中，也可以寻得许多新的创业机会。

> 虚拟运营商正是因为电信技术更新、发展和用户对于电信业务需求的不断增加及电信业务种类的激增,导致电信运营商角色的改变而出现的。虚拟运营商的出现,改变了以往电信运营的模式。

第五,分析人口统计资料的变化趋势。例如,单亲家庭快速增加、妇女就业的风潮、老年化社会的现象、教育程度的变化、青少年国际观的扩展等,必然提供许多新的市场机会。

> 2010 年 10 月 20 日,学而思教育在纽约证券交易所正式挂牌交易,成为国内首家在美国上市的中小幼课外教育培训机构。学而思以"给孩子受益一生的教育"为使命,秉承"激发兴趣、培养习惯、塑造品格"的教育理念,不仅关注学生学习成绩的提高,更关注学生学习兴趣的激发、学习习惯的培养和思维模式的塑造。为满足孩子多元的教育需求,学而思开展小班、1 对 1、网校等多种形式的教育服务,旗下拥有摩比思维馆、学而思培优、学而思网校、智康 1 对 1、E 度教育网五个子业务品牌,在各自细分领域都处于领先地位。

第六,分析价值观与认知的变化。例如,人们对于饮食需求认知的改变,造就美食市场、健康食品市场等新兴行业。

虽然大量的创业机会可以经由有系统的研究来发掘,不过,最好的点子还是来自创业者长期的观察与生活体验。

章节小结

在本章节,我们首先系统地介绍了价值创造背后的科学原理和逻辑。创新是以人为本的活动,其价值在于服务于人。价值创造是一个文明发展的过程。组织是价值创造活动相互合作协同的机制,组织的存在本质是因为其能够以有价值的方式活动。组织的创新力在于其能否在变化的世界中保持平衡而不断进步发展。组织价值不但体现在其成员的一言一行当中,而且体现在组织形成的知识和文化当中。创新就是创造和实现价值。创新的本质是提升人的生命价值。价值的存在有三个条件:获得的意愿,交换的可能,供给的有限。

其次,我们全面地介绍了价值设计图、价值金字塔和价值曲线三个价值设计和分析方法。我们要求同学们不但理解这些概念和理论,还要通过实践,熟练地掌握这些方法,真正应用到大家的创新实践当中去。

最后,介绍了创新机会发掘这一大家普遍关心的重点问题,从六个方面介绍了发觉创业机会的思路,并着重分析了互联网时代的创新机遇和规律。在互联网快速发展的今天,尤其是移动互联网的出现和普及,不但我们的生活方式正在发生前所未有的巨变,而且互联网时代的创新也给我们带来了巨大的挑战和机会。在理解互联网创新规律的基础上,如何能够适应和推进社会文明或技术的进步将成为这个新时代创新的基础。

思考问题

1. 从创意到满足最终需求经过哪些过程?

2. 价值理论如何解释创新?

3. 如何分析社会重大问题和发现需求?

4. 如何发现和识别客户?

5. 如何确立组织的价值主张?

6. 结合自身的经历,你有哪些基于互联网或者移动互联网的创新想法和创业项目?它们的商业模式是怎样的?如何创造顾客和价值?

拓展阅读

1. 席勒:《新金融秩序》,中信出版社,2013 年。

2. 蔡剑、李东、胡钰:《从中国价格到中国价值》,机械工业出版社,2008 年。

3．W.钱·金、勒妮·莫博涅著:《蓝海战略》,吉宓译,商务印书馆,2005 年。

实战训练

用价值设计创新一个项目

- 选择一个组织,例如学校,公司,社团,家庭,球队。

- 用价值设计图描画你的组织,其四个方面的主要活动是什么,这些活动是如何关联的?

- 这个组织现有的模式是否实现了价值原则和真理原则的统一?

- 用价值曲线图分析自己的创新项目,提出改进这个组织价值设计的建议。

第 四 章

商业模式设计与开发

学习目标

- 理解商业模式的概念
- 学会商业模式的模型
- 掌握设计商业模式的方法

知识要点

- 商业模式的发展阶段和构成
- 商业模式画布
- 价值网络建模
- 服务蓝图设计
- 开发设计商业模式的创新方法

什么是商业模式

商业模式是企业创造和实现价值的方式,是价值金字塔模型当中的"地"。好的商业模式必须接地气,能够创造真正的价值。企业家和创业者的使命是将其价值战略转变成商业模式进而改变商业规则。企业为实现客户价值最大化,需要把能使企业和组织运行的内外各要素整合起来,形成一个完整的高效率的具有独特核心竞争力的运行系统,并通过最优实现形式满足客户需求、实现客户价值,同时使系统达成持续赢利目标。

如果将新创企业比作一部"影片",商业模式就像是剧情,商业计划就像社会剧本,创业者就像是演员,企业家就像是导演。商业模式包括的内容涵盖了企业从资源获取、生产组织、产品营销、售后服务到研究开发、合作伙伴、客户关系以及收入方式等几乎一切经营活动,涉及面十分宽泛。商业模式不但包括价值战略定位,还包括经营策略。价值战略定位指一个企业在动态的环境中怎样改变自身以达到持续创造顾客的目的。经营策略指一个企业立足市场开展运营的机制。简单讲,商业模式就是企业做生意的方法,企业生存的模式,以及企业收入的模式。

从商业生态来看,商业模式是企业经营的核心,是企业为客户、股东、社会利益相关者创造价值的决定性来源。在企业所处的社会结构与价值网络当中,商业模式实现了价值创造、价值营销和价值提供,以产生有利可图且可以维持收益流的客户关系资本。从商业组织来看,商业模式是资本流、资产流、资源流的混合体。商业模式包括一个组织在明确外部假设条件、内部资源和能力的前提下,用于整合组织本身、顾客、供应链伙伴、员工、股东或利益相关者来获取超额利润的一种战略创新意图和可实现的结构体系以及制度安排的集合。从商业系统来看，商业模式实际确定了企业现在如何赚钱和未来长期如何规划，它包括客户价值、规模、收入来源、定价、关联活动、整合运作、各种能力、持久性等部分以及各部分之间的连接环节和系统的"动力机制"。成功的企业必须围绕着战略实施独特的商业模式方能在激烈的市场竞争中取得胜利。

在华为崛起之前，电信业是技术驱动的产业，企业投入巨资研发新产品，然后定高价，赚取高额利润，回收研发成本，再投入开发新产品；当产品量产、跟随者大量进入后，开始降价，产品生命周期快速进入末期，于是开始向市场推广新产品，赚取高额利润，周而复始，形成良性循环。互联网泡沫以后，华为敏锐地发现，电信业已由技术驱动转变为客户需求驱动，因为技术的发展远远超过了目前的客户需求，新技术越来越难以被市场证明。华为将自己定位为量产型公司而非技术创新型公司。华为进行了商业模式创新，新产品投入市场即以两三年后量产的模型来定价，虽然一开始是亏损的，但是，西方竞争对手由于在成本上的劣势，往往要丢掉市场份额。2008 年中国电信 CDMA 投标，华为 7 亿元的跳水价令业界惊愕。其实 1998 年竞标接入网时，UT 卖 1 800 元每线，华为率先推出 600 元每线，UT 消失了，而华为占领了 70% 的接入网市场份额。华为亏了吗？事实证明，在整个产品生命周期华为赢了。如果华为是上市公司，就要对每季度的业绩负责，就不能站在一个产品 5 年或者更长时间能不能盈利的层面来定价，从而去占领市场。华为拓展国际市场也是如此，从 1998 年开始拓展巴西市场，连续 8 年亏损，直到 2013 年收入达到 20 亿美元。如果华为是上市公司，可能在第三年就砍掉了巴西分公司，就不可能有今天的国际市场的业绩。

商业模式需要对一个公司的消费者、顾客、结盟公司与供应商之间关系角色的叙述，这种叙述能够辨认主要产品、信息和金钱的流向，以及参与者能获得的主要利益。商业模式描述了企业通过寻找商业机会创造价值的交易内容、结构和管理。商业模式的模型包括企业和供应商、合作伙伴、顾客创新的重点关系和价值创造的关键来源。具体的，商业模式的模型包括产品、服务和信息流的结构体

系,包括对于不同商业活动参与者以及它们在整个商业运作过程中所扮演的角色、潜在收益以及收入来源的描述。商业模式必须具有以下两个特征:第一,商业模式是一个整体的、系统的概念,而不仅仅是一个单一的组成因素。如收入模式(广告收入、注册费、服务费),向客户提供的价值(在价格上竞争、在质量上竞争),组织架构(自成体系的业务单元、整合的网络能力)等,这些都是商业模式的重要组成部分,但并非全部。第二,商业模式的组成部分之间必须有内在联系,这个内在联系把各组成部分有机地关联起来,使它们互相支持,共同作用,形成一个良性的循环。

商业模式概念的发展经历了三个阶段:价值链模式,供应链模式,价值网络模式。价值链的商业模式起源于工业化时代的生产与商业需求。这种商业模式概念采用系统方法定义商业模式的结构,将商业模式看作是由企业的产品、服务和信息构成的有机系统,并把商业模式定义为一个产品、服务和信息流的框架,其中包括对企业基础性活动与支持性活动及其作用的描述、对不同商业参与者潜在利益的描述、对收入来源的描述(图4-1)。

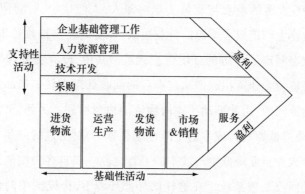

图 4-1　企业价值链模型

价值链导向的商业模式没有考察到市场中的外部利益相关者与竞争对手的因素,因此不能揭示外部利益相关者之间的价值实现过程,也没有考虑到价值链运行所需要的市场制度与环境。这大大地制约了这一概念对现实的指导作用,影响了对具体的商业模式可行性的评估。

改革开放后,中国的乡镇企业发展一直提倡"一村一品",每个村镇围绕着一个产品打造一条价值链。虽然"一村一品"给农村带来了经济发展的动力,但有些是处于自发状态,在缺乏市场机制的条件下,农业产业在区域间的合理分工格局尚未建立,部分地区存在低水平重复现象。很多地方的"一村一品"还停留在农业生产环节,产品加工程度不高,缺乏龙头企业带动,加工企业规模较小,技术装备落后,产业发展水平偏低。一些地方"一村一品"主导产品的市场竞争优势尚未形成,参与国际市场竞争的能力还不强。

管理者认识企业与商业是从内到外的。企业的运营管理视野从彼得·德鲁克提出的"经济链",而后经由迈克尔·波特发展成为"价值链",之后演变为"供应链"。早期大家理解的典型的供应链结构由围绕着商品的研发、设计、采购、生产、分销、零售等环节的单位或者企业构成。这个时候的供应链模型的特点是单向而且开放的。商业模式的理解与设计也是围绕着从原材料到商品在供应链上的增值过程。

随着可持续发展的理念与政策法规的深入,人们认识到循环供应链体系的重要性。工业化生产造成了资源的日益短缺,环境废弃物排放量不断增加,越来越多的国家政府制定了严厉的环境保护政策。其中,废弃物处理和产品回收方面的政策法规迫使企业承担起产品废弃后的回收处理责任。产品回收处理过程涉及大量的物流问题,由此推动了逆向物流的快速发展。另外,资源供求矛盾越来越突出,企业降低原材料成本的空间也越来越小,对用过的产品及材料进行循环再利用逐渐成为企业降低生产成本的可行之路。来自客户端的压力也迫使企业建立自己的回收处理系统。在这样的外部环境下,传统的单向供应链模式不再符合产业面临的现状。

在绿色可持续发展的趋势下,企业不得不重新审视原有的供应链物流体系,考虑如何实现前向物流与逆向物流的无缝连接,如何将逆向物流纳入到供应链管理的范畴进行统一规划和决策。正是这种思考促进了循环供应链的产生。可以说,"循环供应链"模型就是在这样一种追求循环经济和重视环保的社会思潮中孕育而生的。它是在传统的前向供应链的基础上,考虑资源节约、环境保护及其与企业自身经济利益的协调统一,构建产品回收—再处理—再利用—再分销的逆向供应链,并与前向供应链紧密结合,实现物料的循环再利用,以求最大限度地节约资源、减少废弃物排放。循环供应链并不是前向供应链与逆向供应链的简单拼接,两条链上的物流并非相互独立,而是呈现"从源到汇、再由汇到源"的循环特征。循环供应链的模式不仅企业能够运用,政府在提供公共服务与管理当中更应当考虑到整个循环供应链如何治理与运营。典型的循环供应链结构如图 4-2 所示。

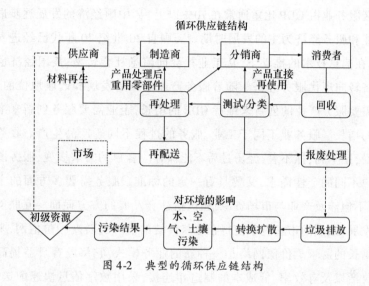

图 4-2 典型的循环供应链结构

台北市在环境治理当中成功地运用了循环供应链管理模式。首先"垃圾不落地"政策规定,居民要先把垃圾分成五类,再装入政府规定的垃圾袋里,然后定时、定点地把垃圾送到环保部门派来的垃圾车上。投放垃圾时会有专人抽样检查居民的垃圾袋,如果发现没有按规定分类,会被罚款 1 200 元到 6 000 元新台币。由于措施得力,现在所有台北市民养成了自觉将垃圾分类的习惯。垃圾袋收费实际是运用经济杠杆促使垃圾减量。在台北市,居民如果不购买规定的垃圾袋,是不可以投放垃圾的。在垃圾费征收方面,垃圾费随袋征收,即市民弃置的垃圾越少,缴纳垃圾费越少。"垃圾不落地"政策实施以后,家居垃圾量减少了67%,每天约 1 009 吨。还有就是垃圾分类后的资源化措施。台北市在2000 年进一步推进"垃圾零掩埋"计划,实现了垃圾的资源化回收利用,废玻璃被磨成粉用来修马路,废塑胶被重新生产成各类纤维、毛毯,餐厨垃圾通过微生物菌分解成有机肥,焚化烧完的灰烬和底渣通过水洗除去重金属后被用作铺路的基材。整个体系让台北市节约了大量的土地与政府开销。

全球一体化发展的今天，服务业已经成为世界经济增长的重要组成部分。服务业占一国经济比重越大，则经济发展的质量越高。根据统计数据结果，发达国家和地区服务业占 GDP 比重通常在 70% 以上。[①] 中国经济的发展逐步进入了以第三产业和服务经济为主的发展时期。美国自 20 世纪 70 年代已经进入服务经济时代，在信息技术的推动下，从工业社会向信息社会转型，美国经济也从传统服务经济转向现代服务经济。随着服务产业的日趋发展和产业地位的上升，各国政府需要服务产业的创新来维持 GDP 的增长，企业需要服务创新来维持收入和利润的增长。服务业不同于工业，服务的过程不同于产品生产。服务在人心里的感受，摸不到，抓不着，经历过后不能保存。客户的需求多变，服务既要保证满足客户不同的个性需求，又要具有一定的标准。服务需要多方面的主体协同与配合，不但涉及产业与市场资源，还包括社会发展的方方面面。互联网和信息技术的发展，激烈的市场竞争使得企业将传统的供应链转变为价值网，来满足顾客不断增长的需求。价值网络是一种新的业务模式，它将顾客日益提高的苛刻要求和灵活以及有效率、低成本的制造相连接，采用数字信息快速配送产品，避开了代理费用高昂的分销层，将合作的提供商连接在一起，以便交付定制的解决方案，将运价提升到战略水平，以适应不断发生的变化。

价值网络是指公司为创造资源、扩展和交付服务与商品而建立的合伙人和联盟合作系统。价值系统包括与公司相关的不同权益主体，政府、产业、学校、科研、投资方、中介、媒体、市场等各种权益相关者共同构成了价值网络（图 4-3）。企业处于价值网络之中，其存续必须维持外部服务与内部贡献的平衡。外部的服务主要体现于顾客的购买与消费，内部的贡献主要体现于员工的创造与劳动。因为企业不是封闭的，其行为会产生外部性。作为创造价值主体的企业不但需要为顾客负责，还需要对自己的行动所造成的社会影响承担责任。价值网络的概念将企业作为一个社会关系主体来看待，更能够反映企业经营的实际。

---

① 2007 年《中国服务业发展报告——中国服务业体制改革与创新》。

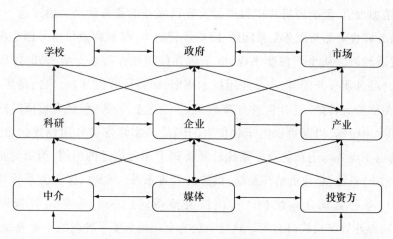

图 4-3 价值网络模型

企业动态战略调整日趋频繁,传统供应链模式的预测与管控已经不能适应市场的高速变化。客户、供应商及其合作伙伴、信息、资金都在价值网络这个动态的网络中流动,其动力正是客户的实际需求,而信息技术正是连接这些网络实体的桥梁和保证。与传统的供应链相比,价值网络具有以下特质:第一,与顾客更近的连接。通过信息网络缩短与顾客之间的间隔,实现直接连接。第二,跨行业协作。价值网络中的企业关注的是整个网络成员共同效率的提高,通过联盟与外包等开展跨行业的合作。第三,信息分享。通过价值网络各方的信息分享与沟通协调提高协作的效率。在有效的市场环境中,价值网络在动态的调整中不断地形成更优的资源配置效率,进而提高资本回报率。

价值网络在市场上体现为产业联盟、产业聚集和虚拟规模。判断一种产业的虚拟规模是否具有高价值,核心要看这种模式是否有管理创新,能否为顾客创造额外的满足。管理者要从新角度看待成本和规模的关系。从传统理论上讲,企业的竞争力取决于成本,而不是规模;但在供应链中,当成本难以降低时,企业的竞争力反而取决于规模带来的议价能力和抗风险能力。产业聚集要形成虚拟规模,就要有完整的产业链条作为基础,还需要整合能力强的领头企业作为组织者。

网络技术与信息化加快了商业模式的创造和价值网络整合过程,网络电子商务成为了一类重要的商业模式。电子商务活动包括通过通信网络进行的生产、营销、销售和流通活动,它是指所有利用电子信息技术来解决扩大宣传、降低成本、增加价值、创造商机和销售产品及提供服务的商务活动。通过这一应用，电子商务解决商品与服务交易问题、降低经营成本、增加商业价值并创造新商机从而发展经济。从企业角度来说，电子商务包括商务信息交换、售前售后服务（提供产品和服务的细节、产品使用技术指南，回答顾客意见）、广告、销售、电子支付（电子资金转账、信用卡、电子支票、电子现金）、运输（包括有形商品的发送管理和运输跟踪，以及可以电子化传送的产品的实际发送）、组建虚拟企业等。常见的电子商务与信息化业务系统已经得到了相当广泛的应用，例如企业资源管理（ERP）系统、企业进销存系统、供应链管理系统（SCM）、客户关系管理系统（CRM）、办公自动化系统（OA）、决策支持系统（DSS）、企业绩效管理系统（BPM）、商业智能系统（BI）等。这些系统为企业创造了一种新的不受地域、时间和计算机本身约束的信息交流、共享和协作方式。

电子商务发展逐渐趋于成熟，其商业模式大致可以按照交易对象分为五类：商业机构对商业机构的商业模式 B2B，商业机构对消费者的商业模式 B2C，商业机构对政府管理部门的商业模式 B2G，消费者对政府管理部门的商业模式 C2G，以及消费者对消费者的商业模式 C2C。随着移动网络的普及，一些更新颖的模式如个人对个人模式（P2P）、互服务模式（S2S）已经出现并加速发展。可以看出，商业模式的运用已经从企业内部转移到企业之间和消费者之间。正所谓"兵无常势，水无常形"，商业模式没有固定模式。唯一不变的是企业创造顾客的根本目标。

在实践当中，商业模式的实施需要哪些要素的保证？商业模式从目标成为现实需要有团队的执行机制与业务的运行机制的保证。执行机制关注的是通过企业中人的管理将企业的战略通过执行机制形成业绩。运行机制关注的是将企业产品与服务的定位通过企业中流程的管理形成价值。魏炜与朱武祥（2009）在研究中提出了商业模式执行机制与运行机制的构成（图 4-4）。因为没有企业是完全独立的，我们需要在其模型当中增加外部环境因素。执行机制需要依靠政策环境与社会文化，由组织结构、管理控制、企业文化和人力资源管理等因素构成。运行机制需要遵守政策法规与社会规范，由业务系统、关键资源能力、盈利模式和现金流结构等因素构成。

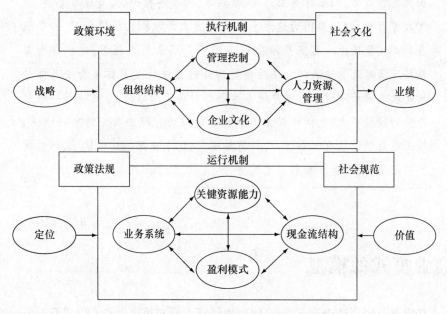

图 4-4　商业模式的构成①

执行机制是运行机制的保障,执行机制完善,运行机制的协同代价就会低,执行机制欠缺,运行机制的协同代价就会高。可以说,运行机制是商业模式的"形",执行机制是商业模式的"神"。企业的运作需要由人来实施完成,而人的因素是不确定的。因此在商业模式中必须要重视企业文化、道德习惯等软性因素的作用。企业商业模式要长期持续,必须坚持正确的价值观与建立社会责任意识。

海底捞的员工很少从社会招聘,大部分是现有员工介绍来的亲戚朋友。在大家彼此都熟悉的环境里,无论好的还是坏的,都容易蔓延和生长。公司从创立之初就在极力推行一种信任平等的价值观。有一段时间一些门店发现酒水的管理不够完善,晚上盘点时发现时多时少。有人提议应该加大对相关员工的惩罚力度。公司负责人觉得这事可能是客人要酒,服务员太忙,忘了;后来客人再要的时候,服务员为了避免客人不满,来不及在系统里下单,就直接从吧台提酒了。如果不问原因,一律

---

①　参见魏炜、朱武祥:《发现商业模式》,机械工业出版社,2009 年。

加大惩罚力度,那么对员工来说,很简单,为了不被惩罚,就照章办事,让客人等着呗。"不要因为这点小事情把员工的积极性给挫伤了,一个服务员的积极性比一瓶五粮液值钱多了!"公司负责人相信,这种事大多是员工偶然疏忽造成的。最后确定的处理办法还是具体事情要具体分析处理。基于一切以为客户服务为重和对员工的信任,海底捞给一线服务员的授权很大,包括可以为客户免单的权力。每个员工都有一张卡,员工在店里的所有服务行为,都需要刷卡,记录在案。这种信任,一旦发现被滥用,则不会再有第二次机会。①

商业模式的模型

在创业与创新过程中,首先要明确地将商业模式呈现出来。所谓商业模式的模型是一种用来描述商业模式、可视化商业模式、评估商业模式以及改变商业模式的通用语言。商业模式的模型可以用不同的形式与工具来表达。典型的商业模式的模型有商业模式画布、价值网络建模和服务蓝图设计。商业模式画布描画了商业模式的整个全景,价值网络建模细化了商业模式中各种利益相关者的价值关系,服务蓝图设计定义和分析商业模式所需要的活动。这三个模型从抽象到具体地对商业模型进行构建。

商业模式画布

商业模式画布是一组战略管理和创业工具,能够描述、设计、质疑、发明和定位商业模式。② 商业模式画布是一个通用的描述商业活动的参考模型。对于企业家与创业者来说,这个由四百多位实践者共同开发的设计模板简单易用。③ 用商业模式画布描述商业模式,首先要回答五个问题,然后设计九个要素。商业模式首先要回答的五个问题是:为谁提供商品或服务? 提供什么商品或服务? 如

---

① 黄铁鹰:《海底捞你学不会》,中信出版社,2011 年。

② http://www.businessmodelgeneration.com/。

③ A. Osterwalder, Yves Pigneur, Alan Smith, *Business Model Generation*, self published, 2010.

何提供服务？收益多少？成本多少？

商业模式画布中有九个关键要素（图4-5）：

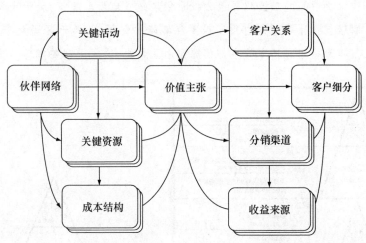

图 4-5　商业模式画布的九个关键要素

第一，客户细分：用来描述一个企业想要接触和服务的不同人群或组织。顾客目标群体即企业所瞄准的使用服务或购买产品的消费者群体。这些群体具有某些共性，从而使企业能够针对这些共性创造价值。定义消费者群体的过程也被称为市场划分。商业模式从为谁做开始。先要明确我们正在为谁创造价值？谁是我们最重要的客户？

不同的市场具有独有的特征。"大众市场"的价值主张、渠道通路和客户关系全都聚集于一个大范围的客户群组，客户具有大致相同的需求和问题。"利基市场"的价值主张、渠道通路和客户关系都针对某一瞄准的市场的特定需求定制。这种商业模式常可在"供应商—采购商"的关系中找到。"区隔化市场"各细分群体之间客户需求略有不同，所提供的价值主张也略有不同。"多元化市场"经营业务多样化，以完全不同的价值主张迎合完全不同需求的客户细分群体。"多边平台或多边市场"服务于两个或更多的相互依存的客户细分群体。

咖啡的市场分为家庭DIY与商业开发两大类。其中商业开发类部分的顾客不像家庭DIY顾客将咖啡作为生活中不可或缺的一部分。商业开发类客户又可分为习惯喝咖啡的与偶尔喝咖啡的。对偶尔喝咖啡的顾客，他们需要快捷便宜的咖啡，因此咖啡成为快消品。在便利店、

KA 卖场、自动售货机提供方便便宜可携带的咖啡受到顾客的欢迎。同样的思路可以用来分析豆浆市场的顾客。传统豆浆面向的是多元化市场。作为快消品的工业化豆浆大批量供应批发市场与超市,属于大众市场。酒店与餐厅等地方的顾客需要现磨即饮型豆浆,属于区隔化市场。将豆浆作为早餐与辅食的主妇需要家用豆浆机,这属于利基市场。

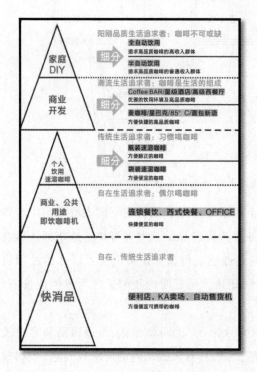

图 4-6　一个咖啡与豆浆的客户细分图

第二,价值主张:用来描绘为特定客户细分创造价值的系列产品和服务。价值主张就是企业通过其产品和服务所能向消费者提供的独特价值。价值主张确认了企业对顾客的实用意义。客户定位清晰后,需要回答关于价值主张的一系列问题。我们该向客户传递什么样的价值?我们正在帮助我们的客户解决哪一类难题?我们正在满足哪些客户需求?我们正在为客户细分群体提供哪些产品和服务?

顾客在购买产品与服务的时候依赖其思维判断。顾客存在于社会当中,其思维判断不但取决于其本身愿望,还受到所处环境与社会关系的影响。虽然有时顾客会明确表达其需求,但有时顾客需求是只可意会不可言传的。在构建价值主张的时候,我们从顾客五色思维的角度分析需求特性,特别是内心深处的需求特性,进而推出满足特定时空的顾客最在意的需求的产品或服务价值(见表4-1)。

表4-1 从用户五色思维导出价值主张

思维	需求特性	产品或服务的价值
生命思维	健康	有利于人的身心健康发展
	尝试	满足顾客从未感受和体验过的全新需求
	可持续	能源资源节约与环境友好
	低风险	帮助顾客抑制风险也可以创造顾客价值
批判思维	真实	依据事实进行判断与决策
	改变	不断改善产品和服务性能
	颠覆	对旧有模式的根本改变
设计思维	新颖	形式活泼而有活力
	简单	外观与形式简单明快、功能易用
	设计	产品因优秀的设计脱颖而出
	便利性	方便易用,可以创造可观的价值
	可用性	易于获得和使用
经济思维	回报	能够帮助顾客获得更高回报
	价格	以更低的价格满足顾客需求
	成本低	帮助顾客削减成本是创造价值的重要方法
	可达性	把产品和服务提供给以前接触不到的顾客
美学思维	感人	能够让顾客产生感动与共鸣
	定制化	以满足顾客个体或细分群体的特定需求
	品牌	顾客通过使用和显示某一特定品牌而展示身份
	自然	产品服务自然并让顾客感觉舒适亲切

创立之初,海底捞生意并不好。冷冷清清几天过后,终于迎来了第一拔客人。没想到的是,结账时客人竟然一致评价:味道不错。等客人一走,张勇品尝了一下自己做的火锅,发觉底料中放入了过多的中药而味道发苦,简直难以下咽。这样的火锅也能得到客人的好评?张勇反复思考后恍然大悟:原来是优质的服务弥补了味道上的不足。认定了这一点,张勇更加卖力,帮客人带孩子、拎包、擦鞋,无论客人有什么需要,他都二话不说,一一满足。其独创的招牌接待动作:右手抚心,腰微弯,面

带自然笑容,左手自然前伸作请状,今天在海底捞仍随处可见。凭借一腔热情和体贴入微的服务,几年之后,海底捞在简阳已经是家喻户晓。在海底捞,顾客能真正找到"上帝的感觉",甚至会觉得"不好意思"。甚至有食客点评,"现在都是平等社会了,让人很不习惯。"但他们不得不承认,海底捞的服务已经征服了绝大多数的火锅爱好者,顾客会乐此不疲地将在海底捞的就餐经历和心情发布在网上,越来越多的人被吸引到海底捞,一种类似于"病毒传播"的效应就此显现。

第三,分销渠道:用来描绘企业是如何沟通接触其细分客户且传递其价值主张。分销渠道即企业用来接触消费者的各种途径。分销渠道阐述了企业如何开拓市场,涉及企业的市场和分销策略。通过哪些渠道可以接触客户细分群体?如何接触他们?渠道如何整合?哪些渠道最有效?哪些渠道成本效益最好?如何把渠道与客户的例行程序进行整合?

一般来讲,商品渠道可以分为自有渠道与合作伙伴渠道。自有渠道分为直接渠道(自建销售队伍,在线销售),非直接渠道。合作伙伴渠道包括合作伙伴店铺与批发商等。

蒙牛按照不同的品类进行划分,常温液态奶、低温液态奶、冰品、奶品由不同的经销商负责,经销商经营不同类别的产品需向不同的事业部申请,按照分销商种类的不同,分销商分为两类,一类是分公司,蒙牛以参股的形式成立的公司;另一类是独立的分销商,在北京、上海、福州等直辖市和省会城市建立分公司,而在其他大城市一般采用经销商制,蒙牛采用了三层渠道的分销结构,即生产商—分销商—二级批发商—零售商。这遵循了传统的乳品分销结构,每个事业部分别负责本部旗下的分公司和经销商,经销商负责二级批发商、组织购买者以及大型的零售终端,二级批发商负责中小型零售终端,包括中小型超市、仓储式商店、西饼屋等。分公司下设渠道组织与经销商制下设组织一致。蒙牛一反"水到渠成"的传统做法,巧用"渠成水到"的逆向思维,先做市场,再做产品。在宏观层面上,蒙牛首先占领深圳、北京、上海、香港四大全国性市场,在一线市场已成气候之时,二、三线市场也不攻自破。从点到线,再到最后的面,从而有序而迅速地建立了全国的分销渠道的方式,由简到繁,由易到难,由小到大。先做小区小店,再到小区超市,然后触及中型超市,最终攻进大型超市,从而使产品得到了重要城市消费者的认可。

第四,客户关系:用来描绘企业与特定客户细分群体建立的关系类型。客户关系即企业同其顾客群体之间所建立的联系。良好的客户关系是企业立足的根本。企业在商业模式当中必须明确如何建立诚信的客户关系的问题。我们每个客户细分群体希望我们与其建立和保持何种关系?哪些关系我们已经建立了?这些关系成本如何?如何把它们与商业模式的其余部分进行整合?如何在客户中提升企业产品和服务认知?如何协助客户购买特定的产品和服务?如何提供售后支持?

根据不同的客户细分、市场定位与价值主张,客户关系有不同的形式。客户沟通是基于人与人之间的互动,也可以通过呼叫中心、电子邮件或其他销售方式等个人助理手段进行。"专用个人助理"为单一客户安排专门的客户代表,通常是向高净值个人客户提供服务。"自助化服务"整合了更加精细的自动化过程,可以识别不同客户及其特点,并提供与客户订单或交易相关的信息。"社区"是利用用户社区与客户或潜在客户建立更为深入的联系,如建立在线社区。"共同创作"是与客户共同创造价值,鼓励客户参与到全新和创新产品的设计和创作之中。

美国商业创新咨询机构IDEO在创新设计当中采用了"共同创作"方式。美国最大的医疗保健组织Kaiser Permanente于2003年制定了一个既能吸引更多的病患又可以减少开支的长期发展计划。Kaiser拥有上百家医疗机构和医院,并且认为他们应该对其中绝大部分进行大力重建或修整。Kaiser向加州的IDEO设计公司求助,Kaiser并不知道它即将踏上一个有趣的自我发现的旅程。这全靠IDEO的新奇方法。从一开始,Kaiser的护士、医生、设备操作人员与IDEO的社会学家、设计师、建筑师、工程师组成一个观察小组来观察病人在接受医疗检查时的状况。有时候他们甚至自己扮演病人角色。他们共同的观察有着某种令人惊讶的洞察力。IDEO的建筑师指出,由于排队等候过于漫长并且侯诊室并不舒适,病人与家属往往在接受检查之前就已经变得相当烦躁。另外,Kaiser 的医生和助手座位分开得太远。IDEO 的认知心理学家指出,有些病人,特别是老人、儿童以及外国移民往往在就医时身边有家属或者朋友陪同,但陪同者经常不被允许留在病人身边,这样使得病人感到痛苦、害怕和担忧。IDEO 的社会学家指出,病人讨厌这里的检查室,因为他们必须在到处是可怕的针头的环境里一个人半裸着躺上超过 20 分钟不可以做任何事情。IDEO 和 Kaiser 最后总结出,即便病人离开这里时恢复健康,但就医的经历确实是糟糕的。通过整整 7 周和 IDEO 的共同研究,Kaiser 意识到这个长期发展计划并不需要花费重金建设大规模的建筑,而真正需要的是调查研究病人的体验。Kaiser 从 IDEO 学到,就医应该像购物一样——是一种可以和他人分享的社会体验。所以提供更舒适的候诊室和有着明确的指示牌的休息大厅;更大的可以容纳更多人的检查室,且配上可以保护隐私的窗帘,这样可以让病人感到舒适;为医护人员设计专用的走廊,以提高其工作效率。"IDEO 让我们知道了我们要设计人的体验,而非建筑。"Kaiser 的手术室主任 Adam D. Nemer 说,"这些不需要很大的资金投入。"随着很多公司不断增强与顾客的接触,IDEO 的服务需求量不断增长。一方面,经济环境上由数量经济到选择经济转变;另一方面,大量市场分裂,品牌忠诚消失,这时候提升顾客体验变得比以往更为重要。经过数十年的市场调查和群体研究,一些企业意识到他们仍然没有真正了解他们的顾客,或者说怎样最好地与他们产生联系。

第五,收入来源:用来描绘企业从每个客户群体中获取的现金收入。什么样的价值能让客户愿意付费? 他们现在付费买什么? 他们是如何支付费用的? 他们更愿意如何支付费用? 每个收入来源占总收入的比例是多少?

经济价值转化大循环的模型,将收入来源分为三个方面:

一是从资源到资产。租金收费,出让资源一定时间排他性使用权而产生的费用。资源销售,作为原材料等资源的销售收费。使用收费,通过特定的劳动力与服务等资源收费。

二是从资产到资本。资产销售,销售实体产品的所有权。订阅收费,销售重复使用的服务。授权收费,知识产权授权使用。

三是从资本到资信。认证收费，提供对产品与服务的认证并收取费用。经济收费，提供中介服务收取佣金。广告收费，提供广告宣传服务收入。金融担保，保证金融合同的履行，保障债权人实现债权，而以第三人的信用或特定财产保障债务人履行债务的行为。

阿里巴巴在上市时披露的主要收入来源于六个方面，都属于从资本到资信阶段的信息服务收费模式。第一，中国零售收入(淘宝，天猫，聚划算)。包括：① 在线市场营销收入。其中 P4P 收入(pay-for-perform-ance)：在淘宝搜索页的竞价排名，按照 CPC 计费；展示广告(display marketing)：按照固定价格或 CPM 收取广告展示费用；淘宝客项目(taobaoke program)：按照交易额的一定比例向淘宝和天猫的卖家收取佣金；促销页面(placement services)，卖家购买聚划算的促销页面费用。② 交易佣金(commissions on transaction)。天猫和聚划算的卖家，对于通过支付宝的每一笔交易，需要支付交易额的 0.5%—5% 不等的佣金。③ 店铺费用(storefront fees)。对于淘宝旺铺，每月收取固定费用，同时店铺软件也提供收费工具以帮助店铺升级。第二，国内批发商收入(1688.com)。包括：① 会员费收入以及增值服务收入；② 在线推广收入：包括 P4P 收入以及关键字竞价。第三，国际商业零售(Aliexpress)：按照通过支付宝交易的交易额的 5% 收取佣金。第四，国际商业批发(Alibaba.com)。包括：① 会员费收入以及增值服务收入；② 在线推广收入：包括 P4P 收入以及关键字竞价。第五，云计算以及互联网基础架构。主要通过按时或按使用计费获得收入，包括弹性云端运算(elastic computing)，数据库服务，大型计算服务等。第六，其他诸如微金融等。①

第六，关键资源。用来描绘让商业模式有效运转所必需的最重要的因素。我们的价值主张需要什么样的核心资源？我们的渠道通路需要什么样的核心资源？关键资源是企业具备的市场相对稀缺的资源，也是未来增值性高的资源。

关键资源包括企业的实体资产、人力资源、知识资产、金融资产等。实体资

---

① http://www.alibaba.com。

产包括生产设施、不动产、系统、销售网点和分销网络等。在知识密集产业和创意产业中,人力资源至关重要。知识资产,包括品牌、专有知识、专利和版权、合作关系和客户数据库。金融资产包括金融资源或财务担保,如现金、信贷额度或股票期权池。在市场化环境下,各种要素资源流动转化,没有哪一种关键资源是一成不变的。

尽管关键资源是核心竞争力的基础和保证,但是单有关键资源还不能形成核心竞争力,还需要关键能力。首先,核心竞争力应该有助于公司进入不同的市场,它应该成为公司扩大经营的能力基础。其次,核心竞争力对创造公司最终产品和服务的顾客价值贡献巨大,它的贡献在于实现顾客最为关注的、核心的、根本的利益,而不仅仅是一些普通的、短期的好处。核心竞争力是一个企业能够长期获得竞争优势的能力,是企业所特有的、能够经得起时间考验的、具有延展性,并且是竞争对手难以模仿的技术或能力。核心竞争力是企业竞争力中那些最基本的能使整个企业保持长期稳定的竞争优势、获得稳定超额利润的竞争力,是将技能资产和运作机制有机融合的企业自身组织能力,是企业推行内部管理性战略和外部交易性战略的结果。现代企业的核心竞争力是一个以知识、创新为基本内核的企业某种关键资源或关键能力的组合,是能够使企业、行业和国家在一定时期内保持现实或潜在竞争优势的动态平衡系统。关键能力是要靠关键业务活动来实现的。

第七,关键活动:用来描绘为了确保其商业模式可行,企业必须做的最重要的事情。关键活动构成核心能力,即企业执行其商业模式所需的能力和资格。我们的价值主张需要哪些关键业务?我们的渠道通路需要哪些关键业务?我们的客户关系呢?收入来源呢?

企业的活动与业务众多,那么如何判断什么是企业最重要的事情呢?德鲁克在《管理:任务、责任、实践》这本书中提出了企业的八个基本职能:市场推销,创新,人员组织,财务资源,物质资源,生产率,社会责任,利润要求。① 由于企业的目的是创造顾客,因此有两项——而且只有两项——基本职能:市场营销和创新。市场营销和创新产生出经济成果,其余的一切都是"成本"。在这些关键领域制订出目标以后,使我们能够做五件事:能用简单表述来组织和解释整个企业的各

---

① 参见彼得·德鲁克:《管理:任务、责任、实践》,华夏出版社,2008 年。

种现象;在实际经验中检验这些简单表述;预测企业的行为;在企业的决策尚在拟订过程的时候对它们进行评价;使各级管理人员能分析自己的经验,从而可以提高其工作成绩。

---

eBay 的经营模式是典型的基于价值网络的商业模式。公司成立之初就建立一个"自由市场"——客户对客户(C2C)模式,"让用户自己来决定要卖什么。"因此,eBay 商业的建立是一个自发的过程。它的基本商业模式由以下几方面构成,分别是规则、监管制度、教育体系、信用机构、自由交易观念等。eBay 进行商业运作的基础是它制定的关于交易的规定和准则,如让买卖双方就每一次交易进行相互评估的反馈制度等。如果这种规则不能解决问题或者出现了冲突,eBay 的监管制度就开始派上用场,监管部门对登记的交易者进行审查,找出欺诈者,并且将他们清除出去。为了帮助用户更好地使用互联网工具,eBay 专门建立了一套教育体系,在美国各地教授人们如何使用 eBay,并且开发了专门的课程。eBay 甚至还建立了类似于银行的部门,为此它在 2002 年以 15 亿美元的价格专门收购了 PayPal(一家支付处理公司),这使得买主得以对没有条件设立商业信用账户的卖方进行电子支付。eBay 是一个全球性网站,为了适应不同国家的互联网特点和经济特点,各国 eBay 网站费用都不大相同。eBay 的基本费用有开店费、登录费与成交费。以中国市场为例,由于同类网站"淘宝"的竞争,2005 年已取消了开店费,并调低了登录费,物品登录费按物品的起始价或一口价乘物品数量得出总金额后的一定比例收取,从 0.05 元—3.00 元不等,成交费按物品在网上成交金额的一定比例收取。除此之外,还有一些可选功能使用费,如底价设置费、橱窗展示费、首页推荐位、易趣图片服务费、卖家工具使用费等。①

第八,伙伴网络:让商业模式有效运作所需的供应商与合作伙伴的网络。合作伙伴网络,即企业同其他企业之间为有效地提供价值并实现其商业化而形成的合作关系网络。这也描述了企业的商业联盟范围。谁是我们的重要伙伴? 谁

---

① http://www.ebay.com.

是我们的重要供应商？我们正在从伙伴那里获取哪些核心资源？合作伙伴都执行哪些关键业务？

企业选择合作伙伴的时候应以共同的理念与价值观作为考量。合作伙伴网络可增加市场渠道，优化顾客关系。合作伙伴渠道还能够减少经营当中的不确定性，降低竞争环境的风险。伙伴网络有利于商业模式优化和规模经济优化。规模经济的伙伴关系通常会降低成本，而且往往涉及外包或基础设施共享，以及特定资源和业务的获取。

创新型企业看到了未来的科技与经济发展的大趋势，在开放市场当中经常是竞争与合作并存。合作伙伴可以在非竞争者之间建立战略联盟关系。企业可以通过外包等方式依靠其他企业提供特定资源或执行某些业务活动来扩展自身能力，或者为开发新业务而构建合资关系。企业也经常为降低市场运营风险而选择与提供可靠供应的购买方合作。

合作伙伴网络的成功取决于能否分享价值。不是所有的合作伙伴网络都能实现高价值。缺乏战略的虚拟规模仅仅是实现了商家的位置聚集(co-location)，而不是分工合作(collaboration)，很难实现供应链创新，不能提高绩效。这样扎堆在一起的企业，重局部而无力把握供应链全局；重短期利益而忽视长期效益；力图降低个体风险，但却引发了整个供应链的风险。在供应链的不同阶段，生产商、代理商、零售商和顾客感知的价值是不同的。

中关村传统市场 IT 零售业的"菜市场"方式，看似规模庞大，但却不能为顾客提供更高价值的服务，商家也在重复着低价值的劳动。这种模式难以与电子商务模式竞争。在中关村购买过 IT 产品的顾客都会有这样的经历：与 20 年前在农贸市场买菜类似，数码城里拥挤着上千家 5 平方米的小柜台，销售人员就是租用柜台的小老板，一般会根据顾客是否是行家来报价。如果你要购买一款计算机内存，随便问一家柜台都说有货，但柜台上往往仅放一两件样品，经常没有顾客需要的那一款。于是销售先是打电话给附近熟悉的商家问是否有货可以借，如果没有，顾客要等半小时，从附近的仓库用自行车取货过来。这种市场的服务收费很低，但供应链效率低下。如果顾客有耐心，可以等半天时间，找一个柜台免费组装一台计算机，而商家可能仅从硬件差价里赚三五十元。半年之

后顾客回来维修,很可能已经记不得是在哪家柜台购买的产品。这样的模式在中关村为什么活不下去了? 当顾客对效率和服务的需求超过对价格的要求时,扎堆的中小厂商如果再用价格战和人海战术的方式经营,便再也没有出路了。①

第九,成本结构:运营一个商业模式所引发的所有成本。高价值与低成本策略是可以同时进行的。价值驱动专注于创造价值,增值型的价值主张和高度个性化服务通常是以价值驱动型商业模式为特征的。成本驱动专注创造和维持最经济的成本结构,采用低价的价值主张、最大程度自动化和广泛外包。成本结构要回答几个基本问题。什么是我们商业模式中最重要的固有成本? 哪些核心资源花费最多? 哪些关键业务花费最多?

企业的成本是有不同属性的,基本上可以分为工厂的生产成本,市场的交易成本,行政的管理成本三类。不同的成本如何形成与转换,这里面大有学问。企业的商业模式中不但要考虑生产成本,还要非常重视交易成本与管理成本。商品交换与服务交换的交易成本的结构就很不同。商品经济当中,交易活动与生产活动一般是分工不同的人开展的。商品的产成在劳动之后,其凝结的劳动量已经形成而不能被改变。所以,物质商品的市场,其价格由双方的供需决定。一手交钱一手交货是普遍的情况。在服务市场,所交易的可以是已经发生的劳动,也可以是未来发生的劳动,也可能是当下发生的劳动。但总的来说,以交易谈判为起点,服务交换价格的形成时间与物质商品的交换价格的形成时间相比是更接近未来的。例如,餐饮服务的结账一般是在用完餐的时候。如果服务本身需要购买者和售出者都花费同样的时间,但是双方有可能并不是都认同这项活动需要用最短的时间完成。因此,活动的时间越长,不确定性越高,交易成本增多的风险越大。②

因此,相对于商品交易,服务交易的标准化与计量成本更高。将生产型企业的成本结构套用在服务业行不通。服务的成本与有形产品不同,在服务消费之前服务价值很难量化和被顾客感受到。首先,服务是无形的,对服务总成本的核算并不能像有形产品那样对原材料、生产设备等进行精确的统计计算。另外,服务中的人力成本与商品成本有很多是不易看到的。其次,服务是由价值互动主

---

① 蔡剑、李东、胡钰:《从中国价格到中国价值》,机械工业出版社,2008 年,第148—149 页。
② 蔡剑:《协同创新论》,北京大学出版社,2012 年,第162 页。

体共同参与构成的过程,服务提供所花费的时间往往构成服务成本的主要部分,然而,对不同的人,其相对时间价值会有很大的差异。

为什么说信任是重要的社会资本?因为服务的标准化与计量的成本更难,服务市场中存在更高信用风险与交易成本。甚至在有些情况下人的自身因素和交易环境共同作用造成市场失灵的结果,导致交易无法进行。投机主义的欺诈导致最终市场上充满互相猜忌的氛围,交易双方在每次交易过程中必须寻求第三方的监督和担保,不惜为此支付额外费用,形成交易成本的制度化。这额外付出的监督成本成为了保证交易顺利进行的制度成本。所以说建立诚信的市场对于普遍降低企业的成本有重要的作用。

价值网络建模

商业模式的业务模式是指在商业模式环境下,商业模式表现出特有的不同于传统形式的运作机制,它直接、具体地体现了商业模式的生存状态和生存规律。通过对商业模式的分析研究,我们可以总结出企业在商业模式中创造价值的规律所在,这也是商业模式存在与发展的核心。商业模式建模是研究商业模式的一个重要角度,是企业认识商业模式运作规律的一个出发点。商业模式表述的时候需要有一个完整的产品、服务和信息流体系,包括每一个参与者和其在其中起到的作用,以及每一个参与者的潜在利益和相应的收益来源和方式。在分析商业模式过程中,主要关注同类企业在市场中与用户、供应商、其他合作伙伴的关系,尤其是彼此间的物流、信息流和资金流。互联网由注意力经济向购买力经济意识的转变带动了整个领域的创新。特别是社交媒体与电子商务网站的蓬勃发展和盈利极大鼓励了创业热情。随之而来的盈利模式的创新问题成为新的发展课题。如何使线上线下的资源及服务相互结合成为关注的焦点。企业需要通过价值网络设计整合资源并构建高回报的商业生态。价值网络建模就成为一个有力的商业模式开发工具。

价值网络建模(e3-value)是一套从价值观点出发来描述分析商业模式体系结构的方法。[1] 它通过基于价值网建模的可视化工具创建参考模型,可清楚地描述企业价值创造和转移的过程。价值作为其中的一个核心概念,联结着模型的

---

① http://e3value.few.vu.nl/。

各个组成部分。模型的主要目标是回答谁向谁提供什么，并期望得到什么样的回报，即创造了什么样的价值。模型所呈现的是一个商业模式的价值视角，能够描述出谁（哪个参与者）做了什么以及为什么做，但是不涉及怎样做（过程视角）。它对参与者之间经济价值交换的商业活动进行解释，并且兼顾所有参与者的经济价值。在构建价值模型、明确价值交换条件和数量关系的基础上，通过 e3-value 工具能够按设定的条件和变量对结构化模型进行仿真运算，获得相应的收益计算表，从而在数值上说明一定商业模式的盈利性和生存性，并有助于寻找更优化的商业模式。目前，e3-value 方法在国外商业模式设计和评价等多个领域都有成功运用。

　　e3-value 参考模型中把创新因素定义为价值活动、价值端口和价值界面三个元素，认为某种商业模式的创新分析可以从这些价值元素的解构着手，包括：角色、价值对象、价值端口、价值接口、价值交换、价值界面和市场群体等元素。

　　角色：角色指的是独立的经济实体。角色通过一定的价值活动盈利或者增加效用。也就是说，商业模式中的每个角色都应该具有获得收益的能力。

　　价值对象：角色交换价值对象。价值对象是提供给一个以上角色的服务、产品、金钱或者体验。

　　价值端口：角色通过价值端口向其他角色提供价值对象，或者向其他价值对象提出价值交换请求。

　　价值接口：角色有一个以上的价值接口，按照不同的价值端口划分为组。价值接口表示角色通过价值接口的一个价值端口可以以自己愿意交换的价值对象与另一价值对象进行交换。

　　价值交换：价值交换连接两个价值端口。它表示两个价值端口之间价值对象的潜在交易。

　　市场细分：市场细分是指将整个市场划分成各个具有相同属性的客户群。实际上，e3 value 方法中市场细分的概念是指具有相同价值接口和价值对象的一系列角色的集合。

　　价值活动：角色通过价值活动产生利润或增加效用。

　　以最简单的商业交易价值模型为例（见图 4-7）：超市和单个的顾客都是参与这一价值交换过程的角色，多个顾客组成了市场细分。超市和顾客通过价值接口进行价值交换，每一个方向上的价值交换都要经过该方向上的价值端口。超市为顾客提供商品，这是超市提供的价值，同时顾客以商品的价格作为交换。图

4-7 为最基本的价值交换模型,以此为基础可以对复杂商业系统建模。例如电子商务当中多个企业间流量置换与信息服务的收费模式可以清晰地描画出来。

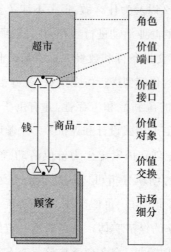

图 4-7　超市商业模式的价值网络建模图

　　通过价值网络建模可以看出奇虎和访问者之间形成了一个虚拟社区,但是从更广泛的角度来看,奇虎实际实现了一个更大的虚拟社区,所有从奇虎上查看其他虚拟社区帖子的人都是这个更大虚拟社区的参与者。奇虎通过其"蜘蛛计划"为众多的虚拟社区提供免费的搜索技术和搜索用的服务器,从而把其他社区的帖子聚集到奇虎,提供给访问者一个信息的整合平台。奇虎不对它的访问者直接收费,它的收入也是间接收入,来自于广告或其他。同样,奇虎对其他社区提供的搜索服务也是免费的,通过广告等的收入来补偿。访问者通过奇虎链接到其他虚拟社区,浏览其他虚拟社区提供的信息,并为其他虚拟社区提供间接收入。奇虎通过搜索服务整合其他的虚拟社区,实现横向整合。通过奇虎提供的搜索服务和整合平台增加了虚拟社区的易用性,用户可以更加方便地获取奇虎及其整合的虚拟社区的信息,提高了奇虎对于用户的吸引力,同时,通过使用奇虎的搜索服务增加了用户对于奇虎的忠诚度。

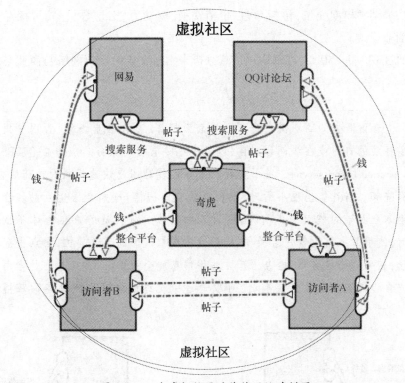

图 4-8　一个虚拟社区的价值网络建模图

基于 e3-value 分析的基本步骤包括：

（1）识别角色，即明确商业模式中的各个角色及其所起的作用。

（2）明确商业模式中角色的价值主张，清楚表达所创造的价值是产品、服务，还是一种体验。

（3）明确价值的创造者及其接受者。在特定的商业模式中，价值的创造应有相应的接受者，亦即价值创造的认同者，它将提供价值创造的经济回报。

（4）明确价值交换的细节，包括价值交换的条件及数量关系。

（5）确定商业模式运行的驱动力，即说明在整个商业模式构成的价值网络中，哪个角色将使得整个商业模式运作起来，以及商业模式运作的先后逻辑。

（6）按设定的条件将相关参数输入模型，对商业模式进行试算仿真，可得到相应的收益计算表，从而在数值上说明一定商业模式的经济可行性。这一可行性分析基于该模式的盈利性和生存性评价，意味着模型中的所有参与者能否都获得收益或者增加经济效用。该方法主要聚焦于某个商业模式能否使所有参与者获得正的经济价值，而不在于具体利润的计算和预测。

（7）调整模型变量，包括角色、价值交换、驱动力、交易数量等，可探寻更优化的商业模式。

通过 e3-value 模型，可以通过仿真分析来判断企业的价值网络与商业模式可行性。

春雨医生的商业模式是建立疾病数据库，整合医生资源，为用户提供移动的自诊或在线问诊服务，以及医疗健康咨询服务。应用融合 LBS（location based service，基于位置的服务），能让用户快速找到周边药店、医院等。当身体出现不适时，根据症状自诊病情，与知名医生互动。春雨掌上医生的核心业务有两块：自诊和问诊。前者是用户在身体不适时，使用掌上医生客户端操作，比如点击模拟人体的不适部位，再点击症状，相关的病症名称、检查治疗方法等信息就会推送出来；后者则是当用户自诊仍不确定自身疾病时，可以通过手机终端向医生免费咨询获得帮助。

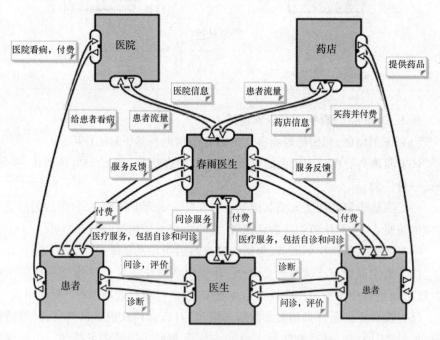

图 4-9　用价值网络建模图分析商业模式可行性

服务蓝图设计

在商业模式实施当中,企业与顾客的互动过程往往是高度分离的,是由一系列分散的活动组成的。这些活动又是由不同的专业人员完成的,因此顾客在接受服务过程中很容易"迷失",感到没有人知道他们真正需要的是什么。为了使服务企业了解服务过程的性质,有必要把这个过程的每个部分按步骤地画出流程图,这就是服务蓝图。但是,由于服务具有无形性,较难进行沟通和说明,这不但使服务质量的评价在很大程度上依赖于我们的感觉和主观判断,更给服务设计带来了挑战。传统的服务流程图实质是"以工作为中心",没有真正"以顾客为中心"。林恩·G. 肖斯塔克(Lynn G. Shostack)注意到建筑设计、工业品设计都用蓝图,启发他将"蓝图"概念运用到服务的设计和开发中。

一个服务系统包括服务营销系统、服务传递系统和服务操作系统(图 4-10),系统中有服务人员与顾客的间接相互作用与直接相互作用。服务蓝图是站在顾客角度,详细描绘服务系统的图片或地图,它包括服务实施的过程、接待顾客的地点、服务中的可见因素等,它是服务系统设计工具之一。服务蓝图可以用于开发商业模式的服务流程。设计者先在纸上对服务进行概念上的创造、研究和检验,可以减少盲目操作带来的资金浪费。服务蓝图也可以用于对已有流程进行细节性分析,有益于改进、交流和对雇员进行培训。

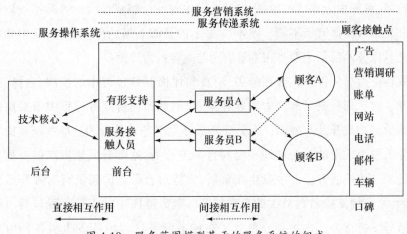

图 4-10　服务蓝图模型基于的服务系统的组成

服务蓝图与其他流程图最为显著的区别是包括了顾客及其看待服务过程的

观点。实际上,在设计有效的服务蓝图时,值得借鉴的一点是从顾客对过程的观点出发,逆向导入工作实施系统。每个行为部分中的方框图表示出相应水平上执行服务的人员执行或经历服务的步骤。四个主要的行为部分由三条分界线分开。第一条是外部互动分界线,表示顾客与组织间直接的互动。一旦有一条垂直线穿过互动分界线,即表明顾客与组织间直接发生接触或一个服务接触产生。第二条分界线是极关键的可视分界线,这条线把顾客能看到的服务行为与看不到的分开。看蓝图时,从分析多少服务在可视线以上发生、多少在以下发生入手,可以很轻松地得出顾客是否被提供了很多可视服务。这条线还把服务人员在前台与后台所做的工作分开。比如,在医疗诊断时,医生既进行诊断和回答病人问题的可视或前台工作,也进行事先阅读病历、事后记录病情的不可视或后台工作。第三条线是内部互动分界线,用以区分服务人员的工作和其他支持服务的工作。服务蓝图的最上面是服务的有形展示。最典型的方法是在每一个接触点上方都列出服务的有形展示。

服务蓝图同时从几个方面对服务进行直观的展示:描绘服务实施的过程、接待顾客的地点、顾客与雇员的角色以及服务中的可见要素。它提供了一种把服务合理分块的方法,再逐一描述过程的步骤或任务、执行任务的方法和顾客能够感受到的有形展示。服务蓝图包括顾客行为、前台员工行为、后台员工行为和支持过程四个主要的行为部分。绘制服务蓝图的常规并非一成不变,因此所有的特殊符号、蓝图中分界线的数量,以及蓝图中每一个组成部分的名称都可以因其内容和复杂程度而有所不同。图4-11显示的是海底捞的服务蓝图,从中我们可以看到其服务的价值主要是在有形展示与顾客行为层面。

顾客行为部分包括顾客在购买、消费和评价服务过程中的步骤、选择、行动和互动。这一部分紧紧围绕着顾客在采购、消费和评价服务过程中所采用的技术和评价标准展开。与顾客行为平行的部分是服务人员行为。那些顾客能看到的服务人员表现出的行为和步骤是前台员工行为,这部分紧紧围绕前台员工与顾客的相互关系展开。那些发生在幕后,支持前台行为的雇员行为称作后台员工行为,它围绕支持前台员工的活动展开。服务蓝图中的支持过程包括内部服务和服务支持行为。这一部分覆盖了在传递服务过程中所发生的各种内部服务、步骤和各种相互作用关系。

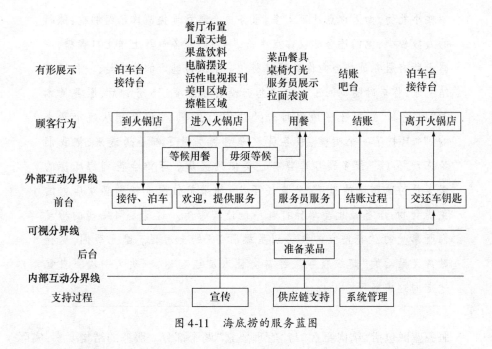

图 4-11　海底捞的服务蓝图

　　为什么很多家海底捞都是一样的情形：等位区里人声鼎沸，等待的人数几乎与就餐的相同。海底捞把等位变成了一种愉悦：手持号码等待就餐的顾客一边观望屏幕上打出的座位信息，一边接过免费的水果、饮料、零食；如果是一大帮朋友在等待，服务员还会主动送上扑克牌、跳棋之类的桌面游戏供大家打发时间；或者趁等位的时间到餐厅上网区浏览网页；还可以享受免费的美甲、擦皮鞋服务。一名食客曾讲述她的经历：在大家等待美甲的时候，一个女孩不停地更换指甲颜色，反复地折腾了大概 5 次。一旁的其他顾客都看不下去了，但为其服务的阿姨依旧耐心十足。待客人坐定点餐的时候，围裙、热毛巾已经一一奉送到眼前。服务员还会细心地为长发的女士递上皮筋和发夹，以免头发垂落到食物里；戴眼镜的客人则会得到擦镜布，以免热气模糊镜片；服务员看到你把手机放在台面上，会不声不响地拿来小塑料袋装好，以防沾上油腻。每隔 15 分钟，就会有服务员主动更换你面前的热毛巾；如果你带了小孩子，服务员还会帮你给孩子喂饭，陪他们在儿童天地做游戏；抽烟的人，他们会给你一个烟嘴，并告知烟焦油有害健康；为了消除口味，海底捞在卫生间中准备了牙膏、牙刷，甚至护肤品；过生日的客人，还会意外得到一些小礼物,如果你点的菜太多,服务员会善意地提醒你已经够吃;随行的人数较少,他们还会建议你点半份。餐后,服务员马上送上口香糖,一路上所有服务员都会向你微笑道别。一个流传甚广的故事是,一位顾客结完账,临走时随口问了一句:"怎么没有冰激凌?"5分钟后,服务员拿着"可爱多"气喘吁吁地跑回来:"让你们久等了,这是刚从超市买来的。""只打了一个喷嚏,服务员就吩咐厨房做了碗姜汤送来,把我们给感动坏了。"很多顾客都曾有过类似的经历。孕妇会得到海底捞的服务员特意赠送的泡菜,分量还不小;如果某位顾客特别喜欢店内的免费食物,服务员也会单独打包一份让其带走。这就是海底捞的粉丝们所享受的,"花便宜的钱买到星级服务"的全过程。毫无疑问,这样贴身又贴心的"超级服务",经常会让人流连忘返,一次又一次不自觉地走向这家餐厅。①

服务蓝图包括"结构要素"与"管理要素"两个部分。服务的结构要素,实际上定义了服务传递系统的整体规划,包括服务台的设置、服务能力的规划。服务的管理要素,则明确了服务接触的标准和要求,规定了合理的服务水平、绩效评估指标、服务品质要素等。以此制定符合客户导向的服务传递系统,首先关注识别与理解客户需求,然后对这种需求做出快速响应。介入服务的每个人、每个环节,都必须把客户满意作为自己服务到位的标准。

服务蓝图提供了一个全局观点,让雇员把服务视为不可分割的整体。将"顾客需要什么"与"我怎么做"关联起来,从而在雇员中强调以顾客为导向。同时,服务蓝图识别雇员与客户之间的互动线,阐明了客户的作用,并表示出客户在何处感受到服务质量的好坏,由此促进被感知服务的设计。服务蓝图的可视线帮助人们有意识地确定出顾客该看到什么及谁与顾客接触,从而促进合理的服务设计。内部互动线显示出具有互动关系的部门之间的界面,可以推动持续不断的质量改进。通过阐明构成服务的各种要素及其关系,可以促进战略性讨论。因为,若不能从服务整体性的角度提供一个基本立场,参加战略会议的各方就容易过分夸大自己的作用和前景。服务蓝图模型为识别并计算成本、收入及向

---

① http://yuedu.baidu.com/ebook/2fb7b058cc7931b764ce1512? fr = a/addin。

服务各要素的投资提供一个基础。它为外部营销、内部营销构建合理基础。同时它提供一种由表及里的提高质量的途径,使经理们能够识别出在一线或支持小组中工作的基层雇员为提高质量做出的努力,并给以引导和支持。创业团队与员工可以设计服务蓝图,从而更明确地应用和交流其对改善服务的经验和建议。

服务蓝图的开发要注意以下六个方面:

第一,识别需要制定蓝图的服务过程。蓝图可以在不同水平上进行开发,这需要在设计出发点上就达成共识。例如制定一份快递蓝图,描述两天的快递业务、庞大的账目系统、互联网辅助的服务,或储运中心业务。这些蓝图都与概念蓝图具有某些共同的特性,但也各有特色。蓝图可以分解,如果发现"货物分拣"和"装货"部分出现了问题和瓶颈现象,并耽误了顾客收件的时间,针对这两个步骤可以开发更为详细的子过程蓝图。总之,识别需要绘制蓝图的过程,首先要对建立服务蓝图的意图做出分析。

第二,识别顾客(细分顾客)对服务的经历。市场细分的一个基本前提是,每个细分部分的需求是不同的,因而对服务或产品的需求也相应变化。假设服务过程因细分市场不同而变化,这时为某位特定的顾客或某类细分顾客开发蓝图将非常有用。在抽象或概念的水平上,将各种细分顾客纳入一幅蓝图中是可能的。但是,如果需要达到不同水平,开发单独的蓝图就一定要避免含糊不清,并使蓝图效能最大化。

第三,从顾客角度描绘服务过程。该步骤包括描绘顾客在购物、消费和评价服务中的选择和行为。如果描绘的过程是内部服务,那么顾客就是参与服务的雇员。从顾客的角度识别服务可以避免把注意力集中在对顾客没有影响的过程和步骤上。该步骤要求必须对顾客是谁达成共识,有时为确定顾客如何感受服务过程还要进行细致的研究。如果细分市场以不同方式感受服务,就要为每个不同的细分部分绘制单独的蓝图。有时,从顾客角度看到的服务起始点并不容易被意识到。在为现有服务开发蓝图时,在这一步骤可以从顾客的视角把服务录制或拍摄下来,这会大有益处。通常情况往往是,经理和不在一线工作的人并不确切了解顾客在经历什么,以及顾客看到的是什么。

第四,描绘前台与后台服务人员的行为。首先画上互动线和可视线,然后从顾客和服务人员的观点出发绘制过程、辨别出前台服务和后台服务。对于现有服务的描绘,可以向一线服务人员询问其行为,了解哪些行为顾客可以看到,哪些行为在幕后发生。

第五,把顾客行为、服务人员行为与支持功能相连。可以画出内部互动线,随后即可识别出服务人员行为与内部支持职能部门的联系。在这一过程中,内部行为对顾客的直接或间接影响方才显现出来。从内部服务过程与顾客关联的角度出发,会呈现出更大的重要性。

第六,在每个顾客行为步骤加上有形展示。最后在蓝图上添加有形展示,说明顾客看到的东西以及顾客经历中每个步骤所得到的有形物质。包括服务过程的照片、幻灯片或录像在内的形象蓝图在该阶段也非常有用,它能够帮助分析有形物质的影响及其整体战略及服务定位的一致性。

开发设计商业模式

商业模式的设计和商业逻辑的分析是企业执行机制的一个组成部分。而将商业模式实施到企业的业务活动及信息系统中去则是运营机制的一部分。日益激烈的竞争和成功商业模式的快速复制迫使所有企业必须不断地进行商业模式创新以获得持续的竞争优势。仅仅选择一个现有市场证明有利可图的行业是不够的,创业者需要设计一个具有竞争力的商业模式。

开发和设计商业模式本身就是一个团队互动学习达成共识的过程。团队在设计商业模式的时候可以采用适宜的创新方法。商业模式开发设计包括发现、头脑风暴、原型、实施四个阶段。在实际创业与创新实践当中,市场环境瞬息万变,因此并没有商业模式开发设计的固定范式。"有心栽花花不开,无心插柳柳成荫"的情形经常出现。一个相对系统化的方法是在四个阶段当中运用各种模型与工具作为载体帮助决策的制定(见图4-12)。首先在发现阶段,以价值设计方法确定价值金字塔(道天地将法)战略的大方向。头脑风暴中运用商业模式画布讨论出九个关键要素。通过价值网络建模明确各利益相关者的关系,并在真实市场当中建立原型。经过不断反馈调整与修改商业模式画布与价值网络模型,找到最佳商业模式,然后是服务蓝图设计,细化服务流程与顾客界面。最后方可进入精益创业的实施阶段。

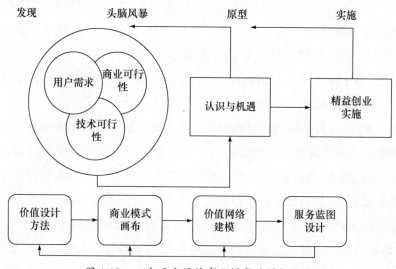

图 4-12　一个开发设计商业模式的创新方法

在发现阶段,最重要的是要保持洞察力,敏锐地观察是创新的源泉。要了解顾客内心当中最真实的需求,不能单纯依靠调查问卷和访谈,关键是要看他们在不同环境下的行为。依靠传统的市场调研不如直接面向源泉本身。不是仅仅依靠专家言论、统计数据,而是要从生活本身、使用者本身来发现问题,从一个最为平凡、朴实的角度来实事求是地分析问题。在项目开展的过程中,有许多热心的行业专家和合作伙伴会时常告诉商业模式设计师们,新产品需要具备哪些功能,或者新的服务需要哪些体验。这些行业专家和合作伙伴可能认为他们理解用户是如何使用产品的,并且非常熟悉用户以及目前的产品。但是,设计师们还需要走进用户使用产品的场所,真实地观察用户是如何使用产品的,然后再进行深入的研究。

在头脑风暴阶段,争取不同专业视角的人才参与,并允许其表达与项目不直接相关的信息。不要一开始就预设立场,或者一开始就批评或争论某些创意,应多鼓励参与者积极发言提出各种各样的点子。首先,可激发参与者的积极性,并检测已完成的讨论的流畅性;其次,是在不跑题的情况下在创意之间进行往复比较。头脑风暴会的主持人很重要,一方面为保持一个好的讨论势头时,提出好的"建设性"的问题,当某一方面的讨论使大家思路逐渐停滞时,提出"跳跃性"的过渡陈述进行思路转变。在讨论过程中,随时用白板、即时帖等工具把创意点子即时记录下来,并展示在大家面前,让大家随时看到讨论的进展,把讨论集中到更关键的问题点上。讨论当中尽量用形象化的方式表达,例如用身边材料制成二维或三维模型或用身体语言演示使用行为或习惯模式,以便大家更好理解创意。集体讨论需忌讳的方式有几种,例如老板先发言,大家按顺序轮流发言,或者只让专家发言。不允许提出古怪、愚蠢想法往往会让大家不愿开口。

在原型阶段,做一件仿真模拟的服务或产品并展示给团队内部和顾客。成功的商业模式不可能是在办公室闭门造出来的。最好根据商业模式对应的产品或服务的实际使用情景制作出仿真的情节剧或录像。展示人们可能会怎样使用产品或服务,然后制作出粗略的模型与客户或使用者沟通,以便参考他们的意见来改进产品。通过大量制作模型和案例,使创新的观点得到展示、交流、检验和提高。通过与真实用户一起对原型的不断反馈与修正,来优化改进商业模式。

在实施阶段,最关键的是团队能否以实现最终价值导向面对不确定性。这就需要在执行计划中保持灵活。特别是新创企业,在按照商业模式设计执行机制与运营机制时,会遇到各种意料不到的问题。对在不确定的严苛土壤中茁壮成长的新创企业来说,传统的管理工具并不适用,因为未来难以预测。顾客面对的选择越来越多,而改变的步伐又日益加速。简单地用大企业内标准的阶段性计划预测方式来实施管理会遇到困难。真正的问题出在领导者和中层管理者身上。保持团队的"因势利导,灵活机动"是至关重要的。关键是让创业团队或创新者有把自己的心血凝结尽快推向市场,让顾客决定而不是让领导做决定的激情。

在许多设计组织里,都是那种等级分明的画室制——一个能量巨大的"大师"和一群徒弟。这种制度存在的问题集中体现在缺乏集体士气、稳定性和连续性。团队合作精神体现了"伟大的思想来自小团队"的真理。在 IDEO,员工们相信那种孤独天才的神话实际上会妨碍一个公司在发明和创新方面的成就,并阻碍个人的发展。IDEO 的员工们可以主动挑选自己团队的领导人,可以选择自己想去的工作室工作,甚至有时可以挑选自己喜欢的项目来做。在项目展开时,各个不同领域的专家被组成一个项目团体,大家互相尊重,共同接受挑战,渡过难关。团队

小组会给每一位小组成员印制带有项目标志的 T 恤,以鼓励大家的士气,在项目成功完成后,团队会获得纪念性的奖品以表达对其所作贡献的嘉奖。

开发设计商业模式是一个不断学习的过程,是一个组织形成士气与凝聚企业家精神的过程。如果创业的根本目的是在极不确定的情况下实现价值,那么创业管理最重要的功能就是学习。为了实现愿景,创业团队必须明确哪些策略是可行的,哪些是过激的,必须了解顾客真正需要的是什么,而不是创业团队说是什么,或者认为顾客应该要什么。创业团队必须认清自己是否朝着可持续的企业之路发展。在精益创业模式中要重建学习的概念,实事求是地认知会让组织当中形成一种快速反应的能力,而且比市场预测或传统的商业计划更快速。

精益创业要求人们用不同的方法去实践。因为新创企业总会时不时弄出一些没人要的东西,即使是开发出来的产品或服务是否在预算之中也并非重点。新创企业的目标在于弄明白到底要开发出什么东西。顾客想要的还得是顾客愿意尽快付费购买的,换言之,精益创业是研究创新产品开发的一种新方式,强调要同时兼具快速循环运作和对顾客的认知,远大的理想以及雄心壮志。如何建立一种健康向上的文化成为精益创业成功的关键。

章节小结

这一章介绍了商业模式的基本概念。商业模式是企业创造和实现价值的方式,是创业成功的关键之一。商业模式有不同的抽象模型,描画了商业模式的不同层面。在实践当中,商业模式画布、价值网络建模、服务蓝图设计等商业模式模型已经得到大量运用。以创新的方法开发设计商业模式本身就是一个团队学习成长的过程。

思考问题

1. 互联网企业的商业模式与传统制造业是否存在根本不同？
2. 生活中有哪些商业模式在未来能够存在百年以上？
3. 中国未来最具价值的商业模式是什么？

拓展阅读

1. 关于价值网络的维基：http://en. wikipedia. org/wiki/Value_network。
2. 亚历山大·奥斯特瓦德、伊夫·皮尼厄：《商业模式新生代》，机械工业出版社，2011 年。

实战训练

开发设计一个真实的商业模式

与创业伙伴一起在一个月内组织召开四次创新实践会议。查询"创新学堂"中的市场真实需求，找到感兴趣的题目并选定一个创业方向。

第一次：设定观察研究方向，分工到社会现场进行观察，并提交会议讨论。

第二次：头脑风暴，一起完成商业模式画布。

第三次：原型设计，完成价值网络模型。

第四次：实施筹备，完成服务蓝图设计。

下一步，在"创新学堂"平台"创意投票"发布自己的商业模式画布，征求客户、同学、教练的建议与反馈。不断根据实际市场情况与竞争对手情况修改商业模式。指导内心确定如何做并且开始行动，让自己的商业模式接受用户与市场的检验吧！

第 五 章

资源整合与
创业融资

学习目标

- 了解创新资源的概念与分类
- 学会创新资源的获取和整合方法

知识要点

- 企业财务分析
- 创业融资渠道
- 天使投资与风险投资
- 创业融资策略

整合创新资源

"资源"一词原指社会生产资料和生活资料的总和,《经济学解说》一书中将"资源"定义为"生产过程中所使用的投入"。① 工业化意义上的资源,通常特指那些能够产生新的价值的客观人力物力财力,而在知识经济时代,资源的内涵有了新的拓展,指在更高维度上的整个经济大循环内所有带来价值的要素,包括时间价值,都是资源的一部分。而对于创新与创业而言的资源,则更加强调资源所能带来的新的技术核心、新的产品构思、新的商业模式和新的运营手段等等。

"资源、机会和团队"是典型的创新,尤其是以创业为目标的创新所需要的三大基本要素。而其中,资源毫无疑问是重中之重。一方面,创新需要大量资源,毕竟巧妇难为无米之炊,没有资源任何创新都是空中楼阁,无法转化为现实生产力;另一方面,初创企业往往又缺乏资源,很多好的想法因为缺乏后续支持而无以为继。因此,对于创新与创业而言,拥有资源并不关键,关键在于控制并利用资源。哈佛大学的斯提芬森就认为:"创业者在企业成长的各个阶段都会努力争取用尽量少的资源来推进企业的发展,他们需要的不是拥有资源,而是控制这些资源"。

因此,创新资源的关键就在于了解掌握自身需求,先列出自身所需的所有资源,然后再通过各种方式获取、利用、整合以及开发这些资源为我所用。换句话说,资源应该以创新为核心,而不是反过来根据已有资源考虑如何基于这些资源

---

① 参见彼得·蒙德尔等著:《经济学解说》,胡代光等译,经济科学出版社,2000 年。

产生创新乃至进行创业,这是一个初始创业者经常会陷入的误区。如果创业过程中一直以资源为导向,一方面创新会被现有资源情况所束缚,从而人为形成瓶颈,阻碍发展;另一方面对于资源的渴求会使得最开始的创新被资源所绑架,过多的人才、过度的资金也只会让创业者迷失方向。因此,创新资源的关键就在于,资源为创新所用。

创新资源的概念与分类

创新资源,顾名思义就是所有对创新项目和创业企业具有支持作用的各种要素的总和。但是这里所指的创新资源,更加强调其中的战略资源部分,也就是具有其独特性的部分。

举个例子,企业都需要办公环境,普通的办公桌椅每个公司都会有,虽然这些物料在企业中也会起到必不可少的支持作用,理所当然是资源的一部分,不过很显然不能算作企业的战略资源。但是,一旦一家初创企业特别关注员工的工作环境,运用精心设计使得员工的工作、讨论、会议、休息等日常行为能够舒适轻松而又快捷高效地完成,同时赏心悦目的工作环境还能改善公司氛围以及调节企业凝聚力,这时办公环境就成为了企业的战略资源,因为它不但满足了基本需求,还带来了额外价值并且难以替代。

典型的战略性资源具有以下三个特点:

(1) 有价值。战略性资源首先必须有自身价值,能够提供给企业发挥一定的功效或者做出一定的贡献,从而提高整个组织的效率或者产出,推进创新项目的进行。

(2) 稀缺性。资源在一定程度上是稀有的,它必须是相对于人类的需要而言总是要少于人们能免费或自由取用时,才能算得上是战略性资源。对于创新项目来说,这种稀缺很少会是类似于土地、淡水这样的物质性稀缺,而往往是经济性稀缺,也就是因为无法付出相应的代价而得不到的资源。

(3) 难以模仿或替代。战略性资源还要求资源不能轻易地被模仿或者替代,因为一旦某种资源能够被简单地模仿或者被其他资源所替代,那么就表明这种资源并不是必需的,而是可选的。那么在选择资源的时候,企业自然地会从所有可选的资源里面挑选对自身要求最低、付出代价最小、获取最简便、效用最大的资源。

这样的界定有助于帮助创业者理清不同资源,从而分清主次。创业项目自始至终无时无刻不在消耗资源,创业人员获取资源的能力自然也是有限的,为了使效用最大化,就应该将资源的主次分清:哪些是自身拥有的战略资源,需要有效利用、合理开发;哪些是必须获取的外部战略资源,需要积极获取、整合;哪些是边缘的非战略性资源,需要有所取舍,统筹安排,既不能遗漏或者忽视这些非战略资源,也不能过度关注以至于影响核心资源。

这样也就自然引出了**内部资源**与**外部资源**的分类。

内部资源来自于组织内部的积累,是创业者自身所拥有的可用于创业的资源,如创业者自身拥有的创业资金、自己的技术、自己所独自观察出的创业机会、自己的合作伙伴和团队,以及创业者自身的知识、经验和管理才能等等。

内部资源的情况将在很大程度上影响创业组织获取外部资源的结果,而且在很大程度上最终决定了创业项目的走向与结果。创业之所以强调创业者精神,就是因为创业者自身作为最原始的内部资源,也是创业项目的核心资源之一。正所谓"打铁还需自身硬",创业者首先应致力于扩展提升自有资源,包括提升自身眼界、学习相关知识、结交志同道合的伙伴、掌握核心技术等等。

外部资源则是创业组织自身所不具有,需要从外部获取的资源。外部资源包括很多,可以是新闻报道的市场变化,新推出产品给出的启发,从亲戚朋友那里借到的初始资金,投资者提供的风险基金,从外部得到的人员、场地、设备或者原材料(这些可以通过外借、租赁或者有偿转让等方式由政府、社会组织或者其他公司那里获得)等等。

外部资源是对内部资源的必不可少的有效补充,对于项目的进行也有着非常重要的影响。创业者在开始创业的时候通常都会面临的一个重要问题就是资源不足,如何有效且低成本地获得外部资源往往是项目存活与否的关键。仍然需要强调的就是,创业者不需要拥有所有资源,而且有些外部资源,例如行业形势变化信息也不可能被创业者独占,他们所要做的是控制这些资源为己用,以实现企业的增长。

如果从另一个角度,根据资源的利用形式和存在状态进行分类,则又可以得到下面的几类资源。

（1）技术资源。对于创新项目，尤其是以创业为目的的创新项目，其最关键的创业核心竞争力就是技术。技术在很大程度上决定了创业的方向、创业产品的市场、获得创业资本的多少以及企业的营利能力等等。技术也是最容易制造壁垒阻止竞争者进入或者造成竞争优势的主要因素。其他创新模式，比如新的产品概念或者新的营销模式，都很容易被人借鉴，而技术资源一旦形成，则或者是有专利保护无法直接模仿，或者需要高额的授权费用使得同行进入的门槛提高，都会对自身形成良好的保护。

但同时需要注意的是，不能盲目偏信技术资源。一项好的技术能否转化为一个好的产品或者服务，除了取决于技术本身，还更加取决于产品和服务所针对的市场、所需的开发和制造成本、后续的营销与品牌管理以及创业资金的融资等等。

（2）人才资本。传统的"人力资源"概念已经被"人才资本"所取代。人力资本除了包括创业者的团队的知识、能力和经验等，也包括整个创业组织的专业性、执行力和团队愿景等，此外还包括创业者的人脉关系网络。在这之中，初始的创业者毫无疑问是最重要的资源，因为创业者自身拥有的资金、技术、经验、管理才能和发掘出的机会等一系列初始资源往往在一开始就决定了项目的走向，而创业者自身的价值观、性格和态度也通常对项目团队的影响很大。

（3）信息资源。创业项目的诞生往往都是基于一些搜集到的信息，即通常所说的"商机"，而创业公司对于商机的探寻和反应能力，往往决定了企业是否能进入并立足于这个市场。对于创业项目来说，从创业之前的项目选择和商业决策，到企业创立之后的运营管理与策略制定，都需要收集大量的相关信息作为决策的依据。这些信息包括市场信息、行业信息、项目信息、政策法规信息等。

（4）社会资源。社会资源包括所有来自创业组织外部的支持资源，目前，主要的社会资源多数来自高校、政府、金融机构以及其他中介机构。我们正处于一个鼓励自主创业的时代，国家为创业提供一系列政策、资金、环境等支持，这些资源有些是特别针对创新项目和初创企业的，仔细搜集、合理利用这些资源可以使得创业项目推进得更加顺畅。

市场中资源的网络化

创新资源是存在于市场中的要素。行政审批权力与价格干预不但不是创新资源,而且会引起创新资源流动性的降低。

市场起源于古时人类对于固定时段或地点进行交易的场所的称呼,指买卖双方进行交易的场所。市场发展到现在,具备了两种意义:一种意义是交易场所,如传统市场、股票市场、期货市场等等;另一种意义为交易行为的总称。即市场一词不仅仅指交易场所,还包括了所有的交易行为。故当谈论到市场大小时,并不仅仅指场所的大小,还包括了消费行为是否活跃。广义上,所有产权发生转移和交换的关系都可以成为市场。

亚当·斯密以"个人满足私欲的活动将促进社会福利"为逻辑起点,推演出市场就是"自由放任"秩序。政府完全不用干预个人追求财富的活动,也完全不用担心这种自由放任将制造混乱,"一只看不见的手"将把自由放任的个人经济活动安排得井井有条。也就是说,亚当·斯密的市场概念重点在于强调限制政府对个人经济活动的干预上。《国富论》也用相当的篇幅去抨击干预个人经济活动、限制个人经济权力(产权)的重商主义政策。之后的古典经济学家也一直坚持自由放任的观点。

新古典经济学在引入边际概念和数学论证的基础上,为"自由放任秩序"建立了形式上"完美"的数学模型:一般均衡模型。在这个模型中,价格是最重要的自变量,这一模型也可以称作价格机制。达到一般均衡的过程,也是社会资源在价格的指引下流动的过程,所以,价格机制调节社会资源的配置。新古典经济学的市场概念除了增加形式上的"完美"以外,实质上并没有给古典经济学理论增加新的思想内涵。而且这种形式上的完美是以牺牲思想上的深度为代价的,精美的一般均衡模型武断地抽象掉了"个人追求满足私欲的活动促进社会福利"的逻辑支撑。

20世纪二三十年代的经济"大萧条"迫使西方的经济理论家反思古典理论对市场的定义。最后的答案是,完全的自由放任是不行的,"看不见的手"有时并不存在,市场会失灵,政府应该对经济活动进行"总量"上的干预,于是"宏观经济学"就诞生了。罗斯福接纳了凯恩斯的建议,实施了政府干预经济的"新政"。

同样面对市场失灵,科斯却给出了截然相反的回答,外部性效用问题无需政府干预,可以通过明确相关产权利用市场来解决。而张五常更绝对,他说根本就不存在所谓的外部效用,只存在不明确的产权状态。如果说古典经济学家阐释了"市场"是"自由放任秩序",那么科斯就回答了怎么去实现"自由放任秩序"或者"价格机制"。

近年来,林毅夫依据其比较优势核心模型构建了系统的"新结构经济学",探索了一条新的介于自由主义经济学和政府干预经济学之间的中间道路。而杨小凯等人提出的新兴古典经济学,将经济学还原至最古老最为本质的专业分工问题,并用非线性规划的超边际分析给出了解决方案。

了解以上这些经济学流派和历史对于我们认识经济和市场,乃至进一步的创新创业都是非常有好处的,从经济学的基础出发,我们将更加深刻地理解价值、收益、分配等诸多问题。

随着互联网信息技术的发展,如今,网络市场,或者叫在线市场成为了交易市场的重心。网络市场是以现代信息技术为支撑,以互联网为媒介,以离散的、无中心的、多元网状的立体结构和运作模式为特征,信息瞬间形成、即时传播、实时互动、高度共享的人机界面构成的交易组织形式。

从网络市场交易的方式和范围看,网络市场经历了三个发展阶段:第一阶段是生产者内部的网络市场,其基本特征是工业界内部为缩短业务流程时间和降低交易成本,采用电子数据交换系统所形成的网络市场。第二阶段是国内的或全球的生产者网络市场和消费者网络市场。其基本特征是企业在因特网上建立一个站点,将企业的产品信息发布在网上,供所有客户浏览,或销售数字化产品,或通过网上产品信息的发布来推动实体化商品的销售;如果从市场交易方式的角度讲,这一阶段也可称为"在线浏览、离线交易"的网络市场阶段。第三阶段是信息化、数字化、电子化的网络市场。这是网络市场发展的最高阶段,其基本特征是虽然网络市场的范围没有发生实质性的变化,但网络市场交易方式却发生了根本性的变化,即由"在线浏览、离线交易"演变成了"在线浏览、在线交易",这一阶段的最终到来取决于以电子货币及电子货币支付系统的开发、应用、标准化及其安全性、可靠性。

随着互联网及万维网的盛行,利用无国界、无区域界限的因特网来销售商品或提供服务,成为买卖通路的新选择,网络市场成为21世纪最有发展潜力的新兴

市场,从市场运作的机制看,网络市场①具有如下基本特征:

无店铺的方式

运作于网络市场上的是虚拟商店,它不需要店面、装潢、摆放的货品和服务人员等,使用的媒体为互联网。如当今非常流行的各种电子商务网站以及基于社交平台的微店代购服务商。

无存货的形式

万维网上的商店可以在接到顾客订单后,再向制造的厂家订货,而无须将商品陈列出来以供顾客选择,只需在网页上打出货物菜单以供选择。这样一来,店家不会因为存货而增加其成本,其售价比一般的商店要低,这有利于增加网络商家和"电子空间市场"的魅力和竞争力。

成本低廉

网络市场上的虚拟商店,其成本主要涉及自设 Web 站成本、软硬件费用、网络使用费,以及以后的维持费用。它的经常性成本通常比普通商店要低得多,这是因为普通商店需要昂贵的店面租金、装潢费用、水电费、营业税及人事管理费用等等。思科在其网站中建立了一套专用的电子商务订货系统,销售商与客户能够通过此系统直接向思科公司订货。此套订货系统的优点不仅能够提高订货的准确率,避免多次往返修改订单的麻烦;最重要的是缩短了出货时间,降低了销售成本。据统计,电子商务的成功应用使思科每年在内部管理上能够节省数亿美元的费用。EDI 的广泛使用及其标准化使企业与企业之间的交易走向无纸贸易。在无纸贸易的情况下,企业可将购物下单过程的成本缩减 80% 以上。在美国,一个中等规模的企业一年要发出或接受订单在 10 万张以上,大企业则在 40 万张左右。因此,对企业,尤其是大企业,采用无纸交易就意味着节省少则数百万美元,多则上千万美元的成本。

无时间限制

虚拟商店不需要雇佣经营服务人员,可不受劳动法的限制,也可摆脱因员工疲倦或缺乏训练而引起顾客反感所带来的麻烦。而虚拟商店一天 24 小时,一年 365 天的持续营业,这对于平时工作繁忙、无暇购物的人来说有很大的吸引力。

---

① 此处对"网络市场"基本特征的描述摘自百度百科"网络市场"词条。

无国界、无区域

联机网络创造了一个即时全球社区,它消除了同其他国家客户做生意的时间和地域障碍。面对提供无限商机的互联网,国内的企业可以加入网络行业,开展全球性营销活动。

精简化

如今顾客的需求不断增加,对欲购商品资料的了解,对产品本身要求有更多的发言权和售后服务。于是精明的营销人员能够借助联机通信所固有的互动功能,鼓励顾客参与产品更新换代,让他们选择颜色、装运方式、自行下订单。在订制、销售产品的过程中,为满足顾客的特殊要求,让他们参与越多,售出产品的机会就越大。总之,网络市场具有传统的实体化市场所不具有的特点,这些特点正是网络市场的优势。

如今的创新创业多是基于网络市场的,了解了以上网络市场的基本特征,大家可以结合自己的创新想法和创业项目,进行分析和完善,充分利用互联网经济的优势,力争在网络市场上寻找到自己的立足之地。

创新资源的获取与利用

资源是创业企业建立和运营的基本条件,对资源的掌握情况决定了创业企业的营利能力与发展潜力,最终影响创业的成果。所以企业当然都希望自己能够掌控更多的资源,但所有人都知道实际情况并不会这么理想,初创企业很少能够获得自身所需的必要资源。因此,如何有效获取创新资源,就是创业者所面临的一大挑战。而优秀的创业者更是会在已获得的资源的基础上,通过高效地整合资源,充分地发挥资源的最大效用、创造竞争优势、扩大发展机会,从而推动整个创业项目向前发展。

资源的获取

创业资源的获取可以有多种途径,可以按照资源的内部与外部区分体现为外部获得资源和内部积累资源。其中外部获得资源又包括购买资源和吸引资源。

1. 购买资源

购买资源是指创业企业依靠自身的资金直接从外部市场上获取资源,当企业急需某些资源时,就可以通过外部购买的方式来解决燃眉之急,例如临时性的聘请技术员工或者租用仓库等。但是由于创业阶段企业资金极度有限,所谓"好钢要用在刀刃上",企业应该衡量各个资源需求的紧迫性与重要性,综合考虑之后再进行购买,毕竟掌握现金比起拥有实物来说永远是风险最低的。

2. 吸引资源

吸引资源是指创业组织依靠资金之外的代价从外部获得资源,典型的比如让出部分股权以换取投资,或者提供部分技术与其他厂家合作以换取生产设备和物料。但是初创企业往往又很难吸引到资源,因为其他企业或组织从未与其合作过,难免会担心潜在的风险。因而这就需要创业者通过自身的人格魅力、组织愿景以及详尽的商业计划书等,阐述自己想做的事情并赢得对方的信任。这种方式通常是创业企业所倾向于采用的,因为这可以节约公司的资金资源,只需要控制并利用外部资源,而不需要实际拥有。

3. 内部积累资源

还有一些资源是很难或者无法从外部获得的,例如技术革新或者管理才能。这些资源需要创业组织从一开始就进行学习、试错、总结并积累经验。而在拥有这些资源之后,企业可以逐渐形成壁垒,因为资源的积累需要时间,后进的企业相对而言就会因缺乏这些需要自身累积的资源而处于劣势。

资源的利用

因为创业资源的匮乏,创业者对于资源的利用就需要更加的有效,尽量用最少的资源产生最大的效用。善于利用资源的创业者,通常有三种途径来充分利用资源。

1. 依靠自有资源

利用自有资源毫无疑问是创业者最有效却也最无奈的办法,因为受到资源制约,创业者只能被迫局限在有限的自有资源中,考虑如何将自身资源优势最大化。"Bootstrapping"一词用于描述这一过程中创业者利用资源的方法。它主要指在缺乏资源的情况下,创业者分多个阶段投入资源并且在每个阶段或决策点投入最少的资源,所以也可以称为"步步为营"。使用步步为营法的企业会最大限度地使用自有资金而避免外部融资,但是在使用自有资金时又非常慎重,会将支出缩减到最小。

使成本最低是步步为营法的目的,但是成本并不能无限降低,过度压缩成本只有可能导致产品质量降低或者服务变差,最终会影响到营业状况与企业形象。因此,创业者不能过于短视,为了延长资金的使用时间而过度减少投入,否则,短期的低成本盈利会最终在长期体现出副作用,使企业失去竞争活力从而失去市场。

同时,在现在资本市场和外部环境已经有相当大的改善的情况下,步步为营这种旧时私人作坊式的经营套路已经不能适应当前的市场。在有外部资源可以借助的情况下却仍然困守于自己的有限资源,会很容易被合理借助外部资源的竞争对手打败。虽然现在仍然有不借助外部资本大部分依靠自有资源也能成功创业的例子,但是步步为营的资源利用方式并不值得提倡。总的来说,适度借助外部资源是会大幅促进企业发展的。

2. 拼凑

拼凑(bricolage)是另一个在资源有限的条件下创业者常用的利用资源的手段,它是指在已有资源要素的基础上,不断替换其中的一些成分,将本来无用的资源派上用场,或者将不相关的资源变为相关。

俗话说,拿得起,放得下。这句话放在加多宝身上非常合适。当法律裁决加多宝不能再使用"王老吉"这个商标时,加多宝马上放弃"王老吉",转入到重新塑造凉茶品牌的运作之中。

加多宝整个运作的核心就是重新塑造一个凉茶品牌——加多宝。乍一看,加多宝似乎一切从零开始,可是其很巧妙地利用各种各样的营销策略,展开了精彩绝伦的商战——将原来十余年红罐凉茶王老吉宝贵的"怕上火"的心智资源,移植到更改的新品牌名称"加多宝"的身上,从而抢占凉茶品牌的领导地位。

首先,广告宣传告诉消费者"怕上火,现在喝加多宝。"先将十多年建立在王老吉身上的心智资源移植到新品牌名称加多宝身上。

其次,传递"全国销量第一的红罐凉茶,现改名加多宝"。利用原来的销量领先树立领导地位,告诉消费者原来红罐凉茶改名加多宝的信息。

最后,在广告宣传中消除消费者担心凉茶配方与口味有所改变的疑虑:"还是原来的配方,还是熟悉的味道。"达到"名改质不改"的目标,让原来支持王老吉的消费者一样支持加多宝。

在广告宣传策略正确的情况下,加多宝马上开展大规模的宣传攻势。不仅在覆盖面及影响力最大的央视媒体上投放广告,而且选择消费者对凉茶认知比较深厚地区的媒体,如浙江卫视、广东的南方卫视、体育频道等,进行狂轰滥炸般的广告投放。

整个广告宣传策略及投放,就是通过传递改名"加多宝"的消息,让所有的消费者都知道王老吉真的改名了,然后将王老吉原来建立的"怕上火"的心智资源移植到新改名的加多宝品牌上。假如加多宝移植成功,不仅仅是节省了十余年宣传的庞大的营销费用,而且抢占了凉茶品牌的领导地位,这才是最重要的,才是更有战略眼光的。[①]

对于创新项目的拼凑而言,有三个关键要素:

(1) 发掘身边的已有资源。擅长拼凑的人平时会注意积累资源,可以是信息、知识、经验,也可以是工具、材料、他人的产品等,这些资源有时候可能看上去没有利用价值或者跟创新项目关系不大,但是在善于拼凑的人手中可能就会发挥意想不到的作用。

(2) 整合资源用于新的目的。拼凑的目的是为了实现创新项目的目标,但是市场信息瞬息万变,预期的目标需要及时根据环境变化而做出更改,这就需要创业者及时识别机遇以及潜在可用资源,实时调整目标并努力实现。

(3) 将就使用。当理想的资源无法获得或者获取的代价太高时,创业者就需要发散思维脱离传统理念考虑如何退而求其次。将就使用现有资源虽然是次优的方案,但往往也是问题的唯一解。凭借受限资源得到的产品可能存在先天的不足,但是创新与创业本来也是一个尝试的过程,一个有缺陷的创新产品也总会比一个完美的创新概念要更加实际,也更接近成功。

但是拼凑也并不是可以无限制的,过度地拼凑会使得创业企业更加偏重于个人的能力、技术与经验,而不会刻意追求规章制度、技术规范和行业标准。同时,也会使拥有的资源变得零碎,因为毕竟实际有效的资源可能是为了拼凑而积累的大量无明显价值的资源中的一小部分,这些资源的管理和保护都会是令人头疼的问题。最终,拼凑型的企业定位一旦形成,企业往往很容易在固定的人际

[①]　中国网,http://pinpai.china.com.cn/pinpaigushi/20121108/126_5391239.html。

关系圈里面打转,难以拓展新的市场,也丧失了利润可能更大的潜在顾客群,这就阻碍了企业的进一步发展。

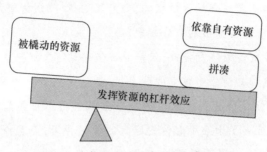

图 5-1　资源的利用手段与杠杆效应

3. 发挥资源的杠杆效应

杠杆效应是以较少的资源撬动更大量的资源、以最少的付出谋取最大的收获的法则。杠杆效应的利用体现在如下几个方面:

(1) 较他人更长时间地占用资源。资源在自己手里总是比资源被掌握在他人手里要强,这是任何企业都会认识到的定律。但是如何更长久地占用资源,则需要企业采取合理的手段。一个典型的思路就是对供应商采取先货后款,而对购买方则采取先款后货的方式,从而把现金流最大限度留给自己。而为了达成这一目的,需要企业在市场中拥有足够的话语权,拥有了技术、市场、营销等优势才能在谈判中有足够的筹码。

(2) 创造性地利用别人没有意识到的资源。一句经典的论断叫做"垃圾是放错位的资源",而现在已经有很多人意识到这些平时无人关注乃至避之不及的东西在另一个环境下很有可能就能派上大用场,更何况还有更多的资源只是闲置得不到有效利用。这些资源不见得一定是废弃的材料比如旧手机或者旧电脑,也有可能是工厂的余热、裁切的边角料、生产的副产物等等。如何从这些无人察觉的资源里面发掘商机,就体现出创业者与普通人的差别。

(3) 利用一种资源获得其他资源。杠杆效应当然指的不是等价交换,而是利用少量的代价获取不等值的资源。当然,在自由竞争的商业社会,指望用低价获得高质量商品肯定都是空谈,利用杠杆效应获取资源更多的情况是利用不可商品化的资源来交换,典型的比如用智力资本作为筹码换取资金投资。正是因为知识、技能、经验这样的资源无法量化,才可能出现用看似少的代价换取大量资源的情况。

（4）利用外部的资源来达成自己的目标。这也是所有创业者都应该了解的创业项目必需的生存方式——利用外部资源。一些外部资源对于创业者而言几乎是无偿获得的，它们只需要证明自己满足使用的资格，例如政府的支持资金和场地，提供协助的志愿者，或者行业前辈和创业成功者的建议与指导。利用这些资源很大程度会使得创业事半功倍。

（5）用一种资源弥补另一种资源，产生更高的复合价值。这又是创业所面临的迫于无奈的选择之一。这时候不是用少量自身资源换取大量外部资源，而是反过来用自身所拥有的资源弥补欠缺的资源。这种弥补的代价可能会很大，比如用团队大量的时间与精力却只争取到了很少的投资，但是由于获得资源是自己所稀缺的，所以二者加和之后带来的整体收益仍然会是正的，也就是资源复合在一起产生更大的价值。

创新资源的开发与整合

技术资源

对于以创新为核心的创业项目，技术往往是其核心的重中之重。而且很多即便不具有很高创新性的常规创业项目，例如开面馆或者打印店，技术也是必不可少的一个组成部分。对于大多数项目，技术因素在很大程度上决定了项目的走向、产品的市场、获得投资的多少以及企业的营利能力等等。总而言之，技术是最关键的资源，更具体地说：技术资源决定了创业产品的市场前景、用户基数以及产品竞争力和获利能力等；技术资源决定了企业所需创业资本的大小，对于变革型的创新创业者需要说服投资人以获得足够的资金，而对于渐进的和整合型的创新企业则只需要保持较小的规模以方便项目的管控与运行；技术资源在很大程度上影响其他资源的获取与分配，创业的成果是技术的产物，其他资源的调配需要根据技术产物的特性来协调。

对于掌握了技术资源的创新项目，在理解技术资源的关键性的基础上，更需要最大限度地利用自身这方面的优势，将优势转化为实际成果。因为相对于技术资源，其他很多资源都是平等的，例如行业的信息、公众消费观念以及政府的扶持政策。如果不能利用技术资源形成差异竞争，那么创新项目为了在与其他项目竞争中存活乃至脱颖而出就需要在这些平等的资源中花费更多精力，挖掘更多资源，不但投入产出比很不划算，而且项目也难免陷于平庸。而一旦有了技术上的优势,获得平均水平的平等资源就可以让项目鹤立鸡群,而且还有可能由于提升了自身竞争水平而能够获得准入门槛更高的资源,例如针对性的投资以及潜在用户的兴趣与关注。技术资源的优势体现在多个方面。

(1)竞争优势。技术差异最容易制造壁垒阻止竞争者进入或者造成优势竞争。其他创新模式,比如新的产品概念或者新的营销模式,都很容易被人借鉴模仿,进入门槛较低;而技术资源一旦形成,则或者是有专利保护无法直接模仿,或者需要高额的授权费用,都会对自身形成良好的保护。

(2)融资优势。投资人的投资目的是为了获取回报,因此要获得投资首先需要说服投资人相信这个项目,而让他们相信的最有效的办法就是证明自己拥有独特的创新技术资源。技术资源能回答这样的问题:我们能提供什么样的产品或者服务,能满足或实现人们什么样的需求,谁会需要我们提供的产品或者服务?这些问题梳理清楚,项目的方向就会清晰,投资也就会自然而然地到来。

(3)运营控制优势。以技术为核心的创新项目都是基于潜在的可商业化的技术成果,自身拥有这些技术会使得项目的运营更加便利。一项技术已经被小规模产品化,那么大规模商品化就不会太困难,还可以通过试错更改进行实时调整;而其他创新模式例如创新的产品概念或者营销方式,一旦被证明有缺陷很有可能就会使得项目骑虎难下。技术可以随着项目推进不断优化,只要技术可控,项目的运行就会容易控制得多。

技术是如此重要,那么技术资源的来源又有哪些呢?

一是创业者自身。毫无疑问,技术资源首先当然来自于创业者自身,而且很多时候因果关系是恰恰相反的,也就是拥有技术的人成为了创业者。自主掌握技术资源的优势自不必说,对于企业发展而言,一个懂技术的管理人员也更加有利于企业战略制定与执行。

二是创业团队。当然更多的时候拥有技术的人本身的知识体系和相关经验可能并不足以带动一个创业项目,这就需要创业团队的组成,需要更多能力各异、性格不同的人互补;同时也有很多创业团队是带着想法和概念主动吸纳技术人员加入的,因为技术资源的不可替代性。掌握技术资源的团队成员对创业项目总会拥有较大的话语权。

三是外部获取。技术资源同样可以从外部获取。对于特定的技术资源,尤其是对于项目而言非核心的技术,可以直接从社会中聘用相关人才,例如财务和法律事宜等。而支持辅助型的技术,也可以通过技术转让或者合作的方式获得,创业团队没有必要自身掌握所有技术,这样在时间和经济成本上都不划算。对于需要但不必擅长的技术,完全可以采用技术外包,就像牛奶的生产商只需要专注于牛奶的生产,牛奶的包装则交给专注于制造包装的厂家。对于战略性技术,还可以挖掘潜在技术之后作为储备,待到有需要时再自行开发完善。相机企业从胶片到数码的转型成败与否,很大程度上就取决于还在生产胶片机时所储备的数码相机的潜在技术。

在 2014 年胡润百富榜中,IT 富豪人数比去年增加 48 位,达到 138 位。雷柏科技的曾浩、余欣夫妇,就以 53 亿元财富全新登榜,成为 138 位 IT 富豪之一。夫妇俩以无线鼠标、键盘起家,在这个被称为电脑"配角"的细分行业,雷柏以隐形冠军的身份存在多年,并在 2011 年 4 月成为"键鼠第一股"登陆 A 股。

年轻时,一个新加坡朋友偶然向曾浩提了一个大胆的想法:"鼠标能不能做成无线?"曾浩在考虑了这一想法的可行性后,第二天就拿出了自己手工打造的模型样品。他的方法其实并不复杂,随意拿了一个有线鼠标,剪去连接线缆,先为鼠标外接电池,然后为鼠标添加一个红外发射端,并在连接电脑的鼠标线缆上添加一个红外接收端——就是这样一个看似简单的无线鼠标,让曾浩兴奋不已,因为测试结果证明他的想法是完全可行的。

毕业后,曾浩走上了创业之路。在就职的公司分家之后,曾浩带着刚刚辞职的李峥(现为雷柏科技副总裁)重新创业。两人将 27MHz 射频技术和刚刚兴起的光学鼠标相结合,手工制作了 20 个无线光学鼠标的样品。当时,世界上除了罗技,只有他们做出了无线光学鼠标,而且他们的耗电量比罗技还低 30%。但在当时的内地市场上,即使是光学鼠标也只是刚刚开始销售,谁也不认为这么个超前的无线光学鼠标能有什么市场。

曾浩带着样品跑到香港,一家一家地推销这个新兴产品,终于拿到一笔 500 个鼠标的订单,打开了市场之门。随着订单增多,代工厂质量不稳定的问题开始凸显。后来，曾浩四处借来 15 万元，在深圳宝安租下了一间 700 平方米左右的厂房，并雇用 10 名工人，正式迈入键鼠制造商的行列。这家名为热键科技的工厂，后来发展成拥有 3 000 名员工、资产超过 10 亿元的企业，也是后来其自有品牌雷柏的坚强基石。从 2002 年起步开始，曾浩一直做代工，客户不乏三星、LG 等巨头。虽然他一直梦想在无线鼠标上有所作为，但由于此前的无线鼠标采取 27MHz 技术，性能极差，因此销售一直受阻。直到 2006 年，曾浩接触到了全新的 2.4G 无线鼠标技术，一个房间可以使用无穷多个，且互相之间完全没有干扰，再加上高带宽，使用时完全没有延时，电池基本上可以用 3 个月至半年。以前困扰消费者的点，现在全解决了。这个芯片技术当时中国还没有，曾浩做了一个足以影响他一生命运的决定：将公司上游的 IC 供应商拉进来，换掉 27MHz 的市场，他许诺一个量，让供应商给他一个折扣价。

当其他厂家还在观望、揣摩曾浩拿了多少钱时，他已经全身心投入到这场革命中。2007 年 5 月 18 日，曾浩的自有品牌雷柏正式亮相。凭着无线键盘 + 鼠标的 99 元套装，雷柏很快打破当时市面上数百元的价格局面，吸引了大批用户。①

但是，即使技术资源如此重要，创业者仍然需要注意的是不能盲目偏信技术。一项好的技术能否转化为一个好的产品或者服务，以及这项产品或服务能否占领市场取得利润，乃至最终创业企业能否依靠这项技术存活，除了取决于技术本身之外，还同时取决于产品和服务所针对的市场、所需的开发和制造成本、后续的营销与品牌管理以及创业资金的融资等等。技术资源虽然重要，但也只是创业组成中的一环，不能过于依赖。

最后，需要注意的是技术资源并不能独立存在，它必然是依附于人才的，因而有时候技术资源的管理同时也是人才资源的管理，注重技术资源的整合同时也需要注重人才资源的整合。

人才资本

创业的全部过程都需要人来推动，因而人才资本毫无疑问也是创业项目最

---

① http://www.cyone.com.cn/Article/Article_31962.html。

关键的核心价值资源。这里所指的人力资源是广义的概念,既包括创业项目相关的人才资源,即创业者和创业团队,也包括创业团队相关的社会人脉网络。人才资本又包括两种内涵,一类是人才的教育背景、工作经验和性格品质等通常职业因素,另一类则是特定的创业人才素质,包括对于创业产品和服务的认知、技术、经验以及先前的创业经历和社会网络等。

因此,总的来说创业所需要的人才资本包括创业团队的知识、能力和经验等智力资本,也包括整个创业组织的专业性、执行力、判断力、管理能力和团队愿景等软性资源,此外还包括创业者的人脉关系网络。在这之中,初始的创业者毫无疑问是最重要的资源,因为创业者自身拥有的资金、技术、经验、管理才能和发掘出的机会等等一系列初始资源往往在一开始就决定了项目的走向,而创业者自身的价值观、性格和态度通常对项目团队的影响也很大。

另外,对于初创企业而言,小规模团队对于优秀人才的依赖要比大公司大得多。因为一个小规模的初创团队,每个人都很可能会单独承担特定的任务,而且很可能需要独立完成,也不会有精力事无巨细地与其他成员交流自己的分工。这虽然是创业初始被迫的选择,但也是最有效率的办法,不过一旦其中一个人负责的事情出现问题或者有成员脱离团队,创业项目的进展必然会被打乱,因为每个人的工作都不可替代,为了弥补问题或者补充人员就需要花费额外的成本进行学习和沟通。这就更加体现了创业项目对于人才资本的要求,一个大公司出现一个不称职的人,公司可以很快找到人分担或者接替他的任务;而一个5人的初创团队有一个人"掉链子"的话,造成的结果可能就是整个项目20%甚至30%的任务没有得到很好的完成,而这往往都是致命的。

创业要跟什么样的人合作:(1)能始终跟着团队一起成长的人;(2)对团队的前景始终看好的人;(3)在团队不断的探索中能找到自己位置的人;(4)为了团队新的目标不断学习新东西的人;(5)抗压能力强且有耐性的人;(6)与团队同心同德、同舟共济、同甘共苦的人;(7)不计较个人得失、顾全大局的人;(8)心胸博大、有境界、有奉献精神的人。

具体来说，创业所需的人力资源主要可以分为以下四类：

（1）创业者

创业者包括最初的项目发起人以及团队核心成员。他们虽然加入团队有先后，但必定都是抱着创业的想法而凝聚在一起的。所以创业者的划分不应该依据加入时间的早晚或者团队资历的深浅，而要看是否有共同的创业理想，理念一致愿意共同为创业奋斗的人，即使后期加入也会使人相见恨晚；而只是抱着打工的想法完成交给自己的任务的人，资历再老也只能算作成功的打工者。

创业者毫无疑问是团队的核心，他们的知识、经验和能力都是创业团队的重要财富与资源，很多投资者也正是依据对于创业者特质的认知来决定是否给予企业投资，因为优秀的创业者往往更有潜力成为优秀的企业家。对于创业者而言，投资者关注的创业特质大致包括：

① 创业激情。在创业初期资源匮乏、前途不明、困难重重的时候，只有那些充满激情的创业者才有可能坚持下去，因为创业过程中挫折在所难免，如果没有足够的激情与意志激励自己，创业者很难突破障碍获得成功。创业激情在创业过程中会起到非常大的作用，而且创业本身也是检测这一激情的过程。"只有潮水退去才会知道谁在裸泳"，同样的，只有经历过创业挫折才知道哪些人是一时兴起跟风创业，哪些人是卧薪尝胆真心要创出成果。

② 教育背景。理想的创业者应该就是技术持有人本身，或者至少能够掌握相关技术。一个不懂技术的创业者很容易会被自己的想法所牵引而对技术与市场都产生想当然的理解，不但有可能出现"外行指导内行"的窘境，也无法正确制订发展计划，最终可能将整个项目带偏。除了技术知识之外，其他必备知识的涉猎也是非常有必要的，包括创办企业和知识产权相关的法规政策、基本的经济学和商业知识、产品的设计和生产流程、企业和商品的推广营销等等。

③ 工作经验。有工作经验，尤其是创业经验的创业者，更加理解创业的艰辛，也更容易利用工作中学习的知识和经验以及累积的社会资源来解决问题，从而更加从容地应对创业过程中的困难。这也是为什么很多典型的创业者成功的案例都是创业者第二次创业的结果，毕竟"纸上学来终觉浅，绝知此事要躬行"。

④ 社会关系。对于创业而言，社会资源是必不可少的，而最初的社会资源的引入，自然就依靠创业者自身的社会关系，可以是身边的亲戚朋友、大学同学乃至社交活动中接触的创业前辈。创业者应该有意培养自己的社会关系，积极参

与社交活动,交流的过程不但可以学习经验教训,也可以培养自己待人接物的能力与日常交流水平,甚至激发出创新想法。

对于创业发起人,如何选择最初的合作伙伴,也就是选择哪些人成为核心的创业团队,是一件重要而且需要谨慎考虑的事情。好的人才可以提高成功的几率,而不好的人才则可能降低团队效率乃至最终影响项目的结果。从核心成员的选择来说,主要有相似与互补两种特性。

相似性的成员也就是与创业者在性格、经历、技能和价值观等方面比较一致的人。相似的成员比较容易沟通,所谓"志同道合",对于沟通和协作都比较有利,也利于形成良好的团队氛围。但是,相似也就意味着相近的眼界与类似的缺点,很有可能导致团队的视野狭窄而变得盲目,而且,思路一致也不利于激发矛盾,引发创新。

互补性的成员则可以认为是与创业者个性不一致的人。不一致意味着观点的冲突以及沟通的不畅,也就会影响团队效率与人际关系。但也正是由于不一致,才能使团队能够拥有不一样的视角,产生不一样的想法,考虑到更多的问题,从而获得更大的收益。每个人都是有缺陷的,因此,一个团队的成员就应该有所互补,有激进的人也有保守的人,有线性思维的人也有发散思维的人,有外向适合交流的人,也有内向适合思考的人。

因此,考虑团队成员也就是考虑如何在相似和互补中取舍平衡。如果考虑思维的全面性,想法的创新性,以及知识、技术和经验的话,就要考虑互补性;而如果考虑工作效率、人际关系和沟通顺畅程度,就要考虑相似性。

(2)管理团队

创业核心团队的规模毕竟不可能很大,随着创业公司的发展,管理体系逐渐健全,组织结构逐渐清晰,核心团队的成员很有可能就不能完全担当公司的全部工作了,这时就需要从外部引入一些专业人才。这些专业人士,尤其是管理人才,能够为公司提供有效的建议与管理资源。因为创业者往往缺乏公司管理的经验,对于创建之后的公司如何运营下去,专业的管理人才会有更多的经验与办法。

这个在核心团队基础上扩张之后的团队,功能更加齐全,分工也更加合理,但是往往也伴随着矛盾的诞生。因为引入的人才是外来的,管理风格和经营理念可能与原来的创业团队并不吻合,而这种磨合带来的影响会是从公司高层自上而下的。随着企业规模的扩大,团队成员的理念会发生变化,大的团队内部还会形成小团体,如何应对这些团队扩张带来的矛盾,就有必要应用冲突管理。

冲突管理首先需要识别冲突产生的原因,然后再对症下药给出解决办法。典型的冲突有:① 决策权之争,随着成员的增多与股权的稀释,以及管理与决策的分离,自然会有越来越多的人希望能够参与公司决策,而不同策略肯定就会产生矛盾;② 认识分歧,不同的人经历不同、理念不同,对于企业的发展方向、产品的改进意见、资金的分配等事项自然会有不同的观点,而且越是到企业生死存亡的关头,认识的分歧就会越大;③ 信任危机,随着小团体以及人员之间的利益纠葛的产生,不但新旧成员之间会有不信任,创业元老之间可能也会产生裂隙,创业伙伴分道扬镳的案例也不胜枚举;④ 分配不均,创业最终还是建立在现实的经济基础上的,创业同伴多数都能共苦,但是很难能做到同甘,因为每个人的付出不同,付出产生的结果也不同,到最后利益的分配自然也很难让每个人都满意。

识别冲突之后需要做的就是对症下药解决冲突,很难有一种通用的办法可以解决各种冲突,唯一能够通用的只可能是为了共同创业目标的理念以及愿意解决问题的真诚。虽然团队解散或者公司解体也许可以算作是创业的失败,但是从另一个意义上说,这也未尝不是在解决冲突,尤其是当冲突已经无法调和的时候。

(3) 人脉网络

人脉是创业所需的人力资源中另一个非常重要的组成部分,它指的是创业者所拥有的所有社会关系以及这些社会关系所能带来的潜在收益。人脉体现了创业者构建其人际网络或社会网络的能力,创业者如果不能在最短时间之内建立自己最广泛的人际网络,那么他的创业可能会非常艰难。美国钢铁大王卡耐基说:"专业知识在一个人成功中的作用只占15%,而其余的85%则取决于人际关系。无论你从事什么职业,学会处理人际关系,能够掌握并拥有丰厚的人脉资源,你就在成功路上走了85%的路程,在个人幸福的路上走了99%的路程了"。①

首先,人脉的建立需要寻找并且建立自己的价值,然后把自己的价值传递给身边的人,并且促成更多信息和价值的交流,这就是建立强有力的人脉关系的基本思路。因为每个人都会自然地倾向于结交更加优秀的人,如果希望结交更多

---

① 沈向光:《卡耐基语录》,中国经济出版社,2005 年。

的朋友,那么为了让别人也愿意结交你,创业者自身的价值就需要不断提高。

其次,人脉的建立与经营有时候也被称为友情投资。这种说法虽然偏于功利,但是却很能够说明人脉资源的特点,就是需要长期并且用心地维护。因为人首先是有感情的,任何人对于自己被利用的感受都不会太好,所以人脉资源的利用切忌急功近利,需要明确的顺序是先结交朋友再获得朋友的帮助,而不是为了获得帮助才去结交朋友。同时,人脉资源也是需要积累的,朋友越多,在需要的时候才越会有可能得到有用的帮助。

再次,人脉资源的构建需要有一个合理的结构,这一点是很多初始创业者所欠缺的,因为他们往往会局限于自己的小圈子里,难以获得更高层的人脉的帮助。为此,创业者应该有意识地分析自身的人脉资源,除了考虑身边的亲戚朋友和同学,还需要思考如何扩大自己的社交圈,获得更广泛的社交资源。这也是另一个层面上的关系投资,考虑自己交友圈中有所欠缺的社会角色,以及日后有良好发展潜力的潜在合作伙伴,逐渐培养自己的人脉圈。

最后,对人脉资源进行合理分类,可以有效帮助自己进行管理。根据所起作用的不同,这些资源可以分为:政府人脉资源、金融人脉资源、行业人脉资源、技术人脉资源、思想智慧人脉资源、媒体人脉资源、客户人脉资源、高层人脉资源、低层人脉资源等。从另一个角度,根据重要程度的不同,人脉资源也可以分为:核心层人脉资源、紧密层人脉资源和松散备用层人脉资源。

获取人脉资源的途径有很多,常见的例如加入社团群体、参加同乡会、参与社交活动,即便是出门游历的途中也有可能认识新的朋友。而且,社交网络也极大地拉近人与人的距离,使沟通成本大大降低,这也是扩展人脉的绝佳途径。

（4）其他人力资源

对于创业项目而言,在核心的创业团队之外,还有很多事项需要利用内部和外部的支持性资源。这些资源有很多,一些可以提供企业运营的指导,例如法律、财务会计、管理咨询以及税收等等,初创企业在一开始不太可能就拥有这些资源,但是这些资源又会对企业提供很大的帮助,所以创业者应该寻找合适的途径获取这些资源的帮助。另一些人力资源则提供必要支撑性服务,例如行政、物流、保洁等对于企业而言同样是必不可少的人力。

对于这些人力资源的利用,创业者需要理清其中的关系,考虑哪些是自己的核心需要,再根据项目需求的重要性和紧迫性,对于核心需求的人才吸纳其进入核心团队,对于重要的人才邀请其加入管理团队,对于必需的支持性人力资源聘请其为自己提供服务,对于有价值的外部人力资源向他们咨询以获得宝贵的建议和指导。

信息资源

创业项目往往都是基于"商机"而创立的,对于商机的发掘和反应能力,往往决定了企业是否能进入并立足于这个市场。创业者从创业之前的项目选择和商业决策,到企业创立之后的运营管理与策略制定,都需要不断地收集大量的信息作为决策的依据。在互联网信息爆炸的年代,创业者面临的问题可能不是信息太少,而是信息过多,大量的低价值信息反而淹没了真正高价值的信息,这又要求创业者具备信息筛查的能力。可以获得的信息有很多,根据信息内容可以将这些信息分为项目信息、市场信息、行业信息和政策法规信息等。

(1)项目信息

创业者要掌握整个项目的运作,首先必须知道的当然是自身项目的信息,正所谓"知己知彼,百战不殆"。这些信息包括自有的技术特点、构思的产品和服务、目标的客户群体、产品的推广和营销手段、长期的发展目标等等。梳理自身信息的过程实际上也就是对自己创业项目的一次审核,可以随时发现其中不合理或者有待改进的方面。而且,一个充分了解自己项目的创业者才有机会更快地向外推销自己,这对于吸引投资人来说是非常有必要的。

(2)市场信息

市场信息包括产品反馈、客户体验、营销网络以及品牌形象等所有从市场中获得的并反过来作用于市场的信息,这是任何一个企业都需要关注的重要信息。如果技术决定创业者是否能进入这个行业、是否能有合适的产品,那么市场就决定了产品会拥有哪些客户、产品的赢利模式是什么,以及企业的规模扩大到何种程度。

获得市场信息最直接的方法当然就是与市场对话,对话的对象可以是上游的供应商、行业内的合作者或竞争者以及下游的消费者。其中,获得对于产品和服务最有效的反馈途径就是倾听消费者的感受,收集他们的意见。具体的调查方法可以是公司参观、独立访谈、小组讨论或者问卷调查等。需要注意的是,单纯的谈话收集的意见可能会过于分散,而且单独的消费者的意见也不一定能够代表统计意义上的大多数。更为科学的方法是对产品和服务建立量化标准(例如李克特量表）,通过建立分级来更加直观有效地了解并管理与产品和服务相关的企业事项,这也是大多数互联网公司采用五星级评分的原因。

当然,有些市场信息可能无法直接获得,这时就需要通过间接的方法。这些方法包括查找统计年鉴、调查人口增长趋势、观察消费习惯改变等,也可以阅读相关的研究文章、调查报告获得对市场间接的认知,还可以委托专业的调查公司对特定信息进行搜集报告。有时候这些间接的信息渠道不会被人关注,但是其中也可能蕴含着商机。例如,人口统计是各个地区都会有的基础统计结果,但是善于发掘的人就能从中读出隐藏的信息:增长率的下降、性别比例的变化以及卫生条件的改善都在显示我国老年人占总人口的比例在逐步上升,那么特别针对老年人的产品就会有更大的市场空间。

(3) 行业信息

创业还需要了解的一方面信息就是自身所在行业的信息,相对于市场信息侧重消费者而言,行业信息更偏重于企业所在的整条产业链。创业者需要了解上游的供应商与下游的经销商,对于他们越掌握话语权、越掌握现金流就对掌控自身越有利。创业者更需要了解的是同行业的从业者,包括先入与后入的竞争者,充分掌握他们的技术特点、产品定位、客户分布与营销策略,才能结合自身优势制订合理的战略,做到有效挤压乃至赶超已有竞争者的份额,以及建立壁垒阻止后入竞争者进入。

融资环境也是行业信息的一个重要组成部分。通过了解行业内类似项目的发展以及国家政策与投资机构的态度,就可以了解这一行业是处于扶持阶段还是处于自然发展阶段,获得融资的可能性是高还是低。如果行业内已经有人把类似产品做得非常成熟导致投资者已经不愿意再冒风险与其竞争,或者国家已经不再支持某个行业甚至开始抑制其发展,那么准备进入这一行业的创业者就需要谨慎。铅酸蓄电池行业就是一个典型的例子,因为目前技术成熟可以自身盈利,但是技术瓶颈和环保压力又使得国家对其态度是不鼓励也不打压,所以试图进入这一行业的创业者将面临的是一个相当充分竞争的环境,同时也比较难以获得风险投资,因而对于创业者而言就不是一个特别好的适合创业的行业。

(4) 政策法规信息

政府是创业所不可避免要打交道的一个特殊的资源。一方面,政府是管理者,企业必须了解相关的法律规定保证自己不会跨越雷池,违法的事情必须严格避免,法律不完善的灰色区域也需要特别慎重,因为随时有可能下来一条新的法规直接扼杀整个行业。另一方面,政府也是创业的推动者,它会提供各种奖励和扶植政策,帮助缺乏资源的创业者更快速地获得所需的资源,使企业少走很多弯路。而且,政府信息因为缺乏有效宣传往往最不容易被关注也可能难以解读,但是对于创业却又具有很大的影响。正因如此,很多人忽视或者懒得关注的这部分资源的信息一旦获得,创业者就自然地领先了别人一大步。因此,对于政府的有关信息必须多花额外的心思仔细筛选。

这么多信息资源的获取也是有多种渠道的,可以来自同行、专业机构和新闻媒体等。在创业过程中,同行所掌握的信息往往是对自己同样有用的,因而同行之间可以相互交换宝贵的信息资源,例如产品的前景与国家的未来发展策略等。但由于同行之间又存在竞争关系,信息的交流可能并不顺畅,创业者都不会轻易拿出核心信息来共享,共享的信息也很有可能是设计好的烟雾弹。所以通过同行这一渠道获得信息时,既要抱着正面积极的态度,建立合作而非竞争关系,积极收集共享信息,不窃取信息,不损害他人利益;同时也必须谨慎甄别获得的信息,在充分确定其可靠性和准确性之后再采纳。

专业性的信息机构包括生产和收集技术、市场、金融、政策和法律等大量信息的政府部门、科研机构以及以此营利的商业组织。政府和科研机构定位权威,从事信息搜集统计工作比较专业,信息来源广泛,可信度比较高。而且因为没有商业利益的影响,信息的公正和平等可以得到充分保证。可能存在的问题就是各个机构各自为政,使用的方法口径不一,很可能存在数据“打架”的情况。而商业性结构由于以此营利,专业性和可信度更强,同时也可以根据企业需求量身定制搜集方案,能够更有效地帮助企业获取有用信息。同时,因为服务的针对性与信息的保密性,这样获取的信息本身也就成为一种信息壁垒。

新闻媒体则是通常创业者获取信息最多的途径,它包括平面媒体、电视、广播和互联网等。这些媒体每天都会发布海量的信息,涵盖政治经济科技文化等社会生活的各个领域,尤其是当今的互联网,可以说绝大部分信息都可以从上面获取。当然,这种信息爆炸带来的后果就是,创业者必须在信息的海洋中“大海捞针”般寻找对自己真正有价值的信息,这种信息搜集和筛选的能力也是现在互联网影响下创业所必备的素质。

社会资源

社会资源包括所有来自社会的支持创业项目的资源,目前主要的社会资源多数来自高校、政府、金融机构以及其他中介机构。社会资源相比物质或是人力资源,其独特性体现在它依存于社会关系网络,社会成员从各层社会结构中得以满足需求。社会资源是来自于个体关系网络并浮现于其上的现实或潜在资源的综合,合理利用社会资源可以使个体的行动更加便利,形成其独特的优势。在创业者之中,社会交往更频繁的创业者所获得的相关项目和行业的信息会更加丰富,创业者对于组织自身和市场以及行业的认识和理解会更加深入,从而使创业者能够更容易地发现机会或者找到难题的突破口,从而领先于他人而进一步获得更多的其他资源。

图 5-2　社会资源的分类

（1）高校与科研机构

目前大学已经成为创业的热门地点,大学生创业的积极性很高,在学校创业团队能够以较低成本获得人才、场地、指导等各种资源,而且很多高校还开办相关创业课程、举行创业计划比赛并推出创业扶持政策,这些都是对于创业项目而言的宝贵资源。因而很多创业团队喜欢把地点设定在高校周边,投资人也比较喜欢在高校发掘潜力团队进行投资。

首先,创新与创业等课程已经在很多大学开始授课,这些课程不仅由学校的老师授课,也会邀请校外企业家传授经验,采取大班授课、小班演练、案例剖析、创业比赛、专家辅导、实战模拟等一系列创新的教育方法和手段,可以帮助同学们对创业要素、创业过程以及创业可能涉及的问题有更为透彻全面的了解。大学生通过系统性的学习加上实践,可以掌握许多必备的创业知识,同时少走很多弯路,还可以趁在校时光召集志同道合的伙伴尝试创业,在学校环境下风险会小很多,即便失败也至少是留有后路的。

其次,各高校几乎都有创业者协会、技术发明类协会以及讨论和实践创业的学生社团群体,还有不定期的创业相关论坛和讲座等。在这些社团组织中,学生们可以与不同思想的人讨论创业构思,可以计划创业步骤,有时候还可以有机会向成功企业家寻求经验指导。在这个过程中,大学生不但在锤炼创业知识与思维,同时也在培养重要的人脉网络,因为结交的都是有志创业的朋友,在以后的创业道路上自然比普通的亲朋好友能提供更大的帮助。

此外,一些大学还会在校方、院系或者团委组织等层面出台政策或是提供服务。学校和院系会利用社会资源优势组织创业讲座、咨询和指导等活动,还可以设立奖励基金,鼓励优秀的创业团队真刀真枪地实践其创业项目。由于拥有大量学生的统计数据,校方还可以编写青年创业指南或者校友创业案例等,并搭建沟通平台联系在校学生与创业成功校友,有效地引导大学生进行创业。

最后,值得指出的是,近年来创业学成为美国大学,尤其是商学院和工程学院发展最快的学科领域。目前,美国的创业教育已经形成一套比较科学、完善的创业教育教学、研究体系。英国、法国、日本等国家的创业教育也基本自上而下推广到了初中。在国际上已经形成这样的共识:高校设置创业课程,不仅有利于大学生创业和就业,还会直接驱动国家经济发展。

1990 年出生的郑玹宇是一位高大帅气的"韩国欧巴",也是校园 tataUFO 创始人兼首席执行官。郑玹宇在北京大学上蔡剑教授开设的《创新与创业》课的时候,遇到了来自北京航空航天大学的旁听生郝哲。郑玹宇自己也没有想到两人在课堂上的创意项目,经过实践打磨,竟然催生了发现式社交平台 tataUFO——以提供高效、真实和高信赖度的交友服务为目标的高校学生社交平台,服务于中国及部分海外高校的大学在校生。

郑玹宇 7 岁时接触电脑,8 岁开始写代码,14 岁开始创业,高中二年级时卖掉了自己的第一家公司。2006 年,他来到中国,在北京大学经济学院金融学专业学习。大二时,他被韩国政府派到印度尼西亚的爪哇岛服兵役。在那里,他创建了州政府的官方网站,还设计了配有电脑和网络的大巴车,为偏远地区的孩子提供互联网教育。服完兵役后,2011年,郑玹宇又回到北京继续学业,他发现自己休学 3 年期间的最大不同是身边的同学都变了——从"85"后变成了"90"后,他们的生活方式、社交方式、学习方式都不同了。他意识到"有变化的时候就有机会",从而有了新的创业想法。于是,郑玹宇开始在校园里寻找合作伙伴,因为那时没有校园孵化器,只好周末在咖啡厅里花五六个小时写代码。当他把想法变成现实,良好的运营数据给了团队信心,他们决定 2013 年毕业后继续创业。

　　"毕业后我们在清华大学附近找了一个民宅,自己刷了墙,第一天上班的时候只有两个人。"郑玹宇回忆刚创业时候的不易。为了推广产品,他在清华、北大、人大的校园里发传单,无数次被保安驱赶过。2012年 10 月,tataUFO 网页版上线,覆盖北京地区近 30 所高校。2013 年 3月,上海地区开放 10 所高校。在决定将 tataUFO 从网站升级为 App 后,郑玹宇开始寻找投资。当时,团队的经济状况很困难,一度到自己借钱发工资的地步,半年内经历了两次融资失败。2014 年春节,郑玹宇回韩国过年,因为寻找投资不利,他也在思考自己是不是该放弃,项目是不是有问题,自己是不是不行。可为了公司的那些员工,他不能放弃,所以整个春节期间他一直在给投资人写邮件。幸运的是,当郑玹宇过完春节后回到中国,终于获得了阿米巴资本的 pre-A 轮融资。2016 年 5 月,公司完成 pre-B 轮融资,由隶属软银集团的软银全球之星基金领投,原 A 轮投资方光速中国及阿米巴基金持续跟投,如今的 tataUFO 正在稳步发展中。

---

(2) 政府

我国近些年提倡自主创业,为其提供一系列的政策、资金、环境等支持,有些资源是特别针对创新项目和初创企业的,合理利用可以使得创业项目推进得更加顺畅。创业者掌握并充分整合创业的政府资源,努力享受政府的扶持政策,就可以使创业少走许多弯路,达到事半功倍的效果。

政府的各种创业扶持政策主要包括财政扶持政策、融资政策、税收政策、科技政策、产业政策、中介服务政策、政府采购政策、人才政策等。其中对于创业者帮助最大的自然是资金方面的支持,政府的支持政策可以提供给创业者少量的种子基金、低息或者无息的贷款担保、低价或者免费的创业场地以及一定年度的税收减免等。

此外,政府的支持还有很多体现在资金以外,例如鼓励扶持的朝阳产业列表可以为创业者带来新的构思,扶持政策可以给予创业团队相当的安全感,通过政府渠道曝光也可以很容易地获得关注。电视上的相关节目,例如中央电视台的《赢在中国》以及各地方电视台的类似节目,就为创业者提供了充分的展示平台。

(3)投资与融资

创业面临的最重要问题之一就是资金的短缺,技术优化、产品开发和生产、市场推广、销售物流等等无一不需要资金作为支持。一些观点甚至直接将创业与投资对等联系起来,这也足以说明,即使资金资源是创业资源中的一个组成部分,那它也是非常重要的部分。

之所以将金融资源归入社会资源之中,是因为从事创新型创业的创业者自身往往不拥有这些资源,而需要从外部获取。获取的途径可以是政府的资金支持、银行的贷款、吸纳合伙人或者获取天使和风险投资等。鉴于融资对于创业项目的重要性与困难程度,企业融资相关内容下一节单独陈述。

(4)行业与市场

对于创业企业而言,行业与市场的资源包括很多,即使是竞争对手也是某种意义上的行业资源。除此之外,供货商、经销商、行业管理部门、技术研发机构、行业协会、行业杂志、行业展会、业内研讨会等,都是重要的行业资源。市场资源内涵同样十分丰富,它包括产品资源、品牌资源、市场需求资源、市场区域资源、渠道资源、市场信息资源、交易模式资源。实际上,市场政策、市场制度、法律法规以及竞争者替代品等资源要素也可以看作市场资源的一部分。

创业企业要想发展壮大,就应该尽可能整合各种资源、采取各种合法手段积极务实地做好自己所在的行业。为此,创业者可以考虑在同行之间或者产业上下游之间的创业企业通过策略联盟或股权置换等种种方式整合资源,在人力资源、研发能力、市场渠道、客户资源等方面实现优势互补,对内相互支持,对外协同竞争。这种方式往往是有几家创业企业作为核心,同时带动一批创业企业,形成利益共同体。

行业内优质资源的结合,道理好讲,做起来却还要具备许多条件,比如企业自身在优质社会资源面前的质量和分量。对企业而言,自身的建设是毫无疑问的必修课,但是即便自身的问题解决了,还要具备对优质资源的发现和把握的能力,这需要强烈的市场意识和眼光。这种资源的结合必须要是 $1+1>2$ 的做法和方式,否则就算结合有了,也可能得不偿失。具备上述两点后,创业团队在对行业内优质社会资源的整合中,一定要懂得基于企业利益的舍与得,以企业利益为第一利益。因为合作即使是双赢的,但任何优质资源的进入,都是需要自身付出代价的,这里的代价在某一刻,很容易被人误以为是失去和损失,所以做出决策的人需要具备长期的战略发展眼光。很多小企业长不大,追根究底,是一次又一次地放弃了合作的机会,仅售个人或少数人单打独斗,是无法在现代市场中取胜的。

同样的,市场资源是企业与市场关系中的价值载体以及价值传递载体,承担着双方价值传递和价值交换的作用。市场资源的价值在于它们促进了企业—市场关系过程的实现,即促进了市场的交易过程的完成。对于企业来说,任何运用市场资源的方式都将使企业产品更容易传递到消费者手中,市场的消费需求更容易为企业获知并利用,这促进了企业产品与消费者需求的交换过程的实现。因此,市场资源对于企业、市场具有重要价值,对于企业市场竞争优势具有重要影响。

(5) 媒体与中介

对于创业项目而言,在核心的创业团队之外还需要很多内部和外部的支持性人力资源,例如法律、财务会计、管理咨询以及税收等等,而这些人力资源必然也是有所依托的,这些被依托的组织就是为创业组织提供服务的中介性质机构。这些机构具有专业的人才和长期从事行业内工作的经验,可以为创业公司提供宝贵的支持,同时节省大量的时间和人力物力,是创业团队应该用于求助的机构。

此外,还有一些创业团队很难快速建立的业务,也需要借助第三方机构来完成,例如初创企业的营销就可以借用他人已有的营销网络,经销商和物流链条的管理也可以采用成熟的销售网络服务,对于公司日常运营的饮食、保洁等硬性需求则更是需要利用第三方资源。

在这之中,媒体是一个身份比较特殊的第三方组织,它不直接参与支持企业的运营,却是企业最为重要的市场渠道之一。任何企业的广告必然都是依靠媒体作为渠道广而告之的,媒体的传播力和影响力也就直接影响了广告主品牌的传播与影响。在这个意义上说,媒体是一个典型的为企业提供服务的支持性机构。但同时,媒体的特殊性体现在其话语权与相应的规章管制。对于掌握话语权的媒体来说,一篇新闻报道就可能让企业的知名度和销售量大增,同样也可能让某些企业一夜之间破产;对于现代基于互联网的新媒体,企业采用新形式的推广手段,如植入营销和病毒式营销等,可能只需要很小的投资甚至一分钱不花,就可以在网络上获得巨大的关注。与此同时,媒体的话语权还需要受到监督与限制,新闻机构不能做出有倾向性的不公报道,企业也不能做出含有欺诈成分的广告。如何活用这一资源扩大自身知名度、降低负面影响,维持企业形象,需要创业者认真思考掌握对于媒体资源的利用。

创新资源的整合

创业成功与否与投入资源的多少并没有必然联系,很多成功的创业项目几乎是从白手起家开始的,同时也有很多投入了大量资源的项目最后却失败了。创业家"entrepreneur"一词的含义,已经特指在拥有较少资源的情况下,通过锐意创新发掘并实现潜在机会的价值的创业者。创业者中绝大部分面临的挑战不是筹集资金,而是如何在没有资金的情况下把事情办好。可以说,创业成功并不需要拥有所有资源,整合资源的能力远胜于拥有所有创业资源。

整合资源的过程,其实也是资源持有者相互沟通达成互利的过程。为此,创业者首先需要尽可能搜寻和确定可以提供被整合资源的持有者,这既可以是掌握技术的身边的人,也可能是掌握某一个行业资源的跨国企业,还可能是某个资源的潜在拥有者。接下来,创业者需要寻找与潜在的资源提供者之间的共同利益,毕竟商业活动都是按照利益来进行决策,如果不满足对方的诉求,自然也就不可能利用对方所拥有的资源。这个时候就需要仔细调查分析,发掘可能的资源提供者的利益诉求,并与自身的利益相结合,寻找双方共有的利益。

之后,创业者需要构建自身与潜在资源提供者之间的双赢整合机制。为了让对方提供资源供自己使用，就需要给对方相应的回报，如果自己利用资源的收获大于付出，那么这就是一个用少量资源撬动大量资源的杠杆。这样制造的双赢模式就有机会形成合作并获得对方提供的资源。最后，利用这种双赢机制，创业者就可以与资源提供者建立合作关系，双方互惠互利。合作需要双方遵守基本的商业诚信，保持良好顺畅的沟通，建立有效的问题反馈机制，从而促进合作的进一步发展。

资源整合的原则可以概括为：正确评估资源整合必要性；有效地整合企业内外部资源；把握好资源整合的时间和地点；通过资源整合实践积累经验。

运用创业资本

融资是企业所需要做的影响最大的决策之一，只有制订合理有效的融资方案，企业才能满足自身资源需求，保证正常运转，同时也最大限度降低各种风险。融资需要遵循的基本原则包括：① 确定合理的资金需要量：无论采取何种方式筹集资金，都必须首先确定需要的资金金额，低估需求会导致资金不足、企业运营捉襟见肘，高估需求则会加大融资难度与风险；② 确定合适的资金需求期限，企业在不同时期对资金的需求程度不一样，融资难度和成本也不相同，合理规划融资期限也是企业拥有良好计划的体现；③ 正确选择融资渠道和方式、降低资金成本，各种融资途径都是有成本的，企业需要综合分析找出对自己最有利、成本最小的方式；④ 合理安排资本结构，创业者需要科学控制自身资金与外部投资，以及短期资金和长期资金的所占比例，即保证企业的有序运行，也确保对于企业的合理掌握和风险最小化。

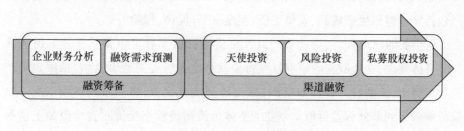

图 5-3　融资流程概要

融资筹备

融资前期,在与投资人见面之前,创业者需要进行一系列充分的准备,才能做到胸有成竹。首先,创业者需要清楚地了解自己的项目,能够清楚地阐述团队所要做的事情与团队拥有的优势;其次,创业者要分析已有和需要的资源,设计融资方案,合理确定融资的方式、金额、期限以及退出方式等;最后,还需要认真准备一份商业计划书,一份优秀的商业计划书也是创业项目成功的蓝图,它会详细地阐述项目的核心竞争力、团队优势、计划节点、资源需求以及未来规划等等,能够让投资人最直接地了解这个项目。

企业财务分析

企业要进行融资,首先需要了解的就是自身的财务状况。企业需要的资金资源用于企业的运营,包括设备物资的采购、人员工资和日常维护等开支。具体来讲,企业的资金资源可以划分为:① 设备,包括生产设备和办公设备等;② 建筑,企业所拥有的房屋、装饰等固定设施;③ 预付款,指类似于房租这样预先支付但还暂时没有得到对应回报的资金;④ 现金,用于所有日常运营的资金,例如人员工资、购买材料、广告、维修等等;⑤ 库存,包括产品的原材料、半成品以及产品成品等。

对这些资金资源进行分类的一个更简单的办法就是将其分为固定资产与流动资产,固定资产是指在社会生产过程中可供长时间反复使用,并在过程中基本不改变其实物形态的劳动资料和物质资料。使用年限超过一年的房屋、机械设备、加工工具等生产经营用的资料,以及其他价值较高、使用年限较长的物品,都可以算作固定资产。流动资产则指的是企业日常运转所用的,用于购买、储存劳动对象以及被占用在生产过程和流通过程中的那部分周转资金。典型的流动资产包括原材料和生产成品、人员工资、租金、广告促销、保险等等。

将企业的固定资产、流动资产以及负债进行核算就可以得到企业的财务状况。具体来说,企业股东的全部权益价值就是企业所有资产价值(包括固定资产和无形资产、流动资产和其他资产)减去所有债务价值,将其乘以各股东所占股权份额就得到部分权益价值。企业的整体价值则是股东全部权益价值加上债务中付息的部分。具体计算公式见图5-4。

在了解各个财务指标之后,创业者需要做的就是编制创业企业的财务报表。

股东全部权益价值=(A+B+F)−(C+D)=E
企业整体价值=(A+B+F)−C=D+E
部分权益价值=E×x%

图 5-4　企业财务状况分析数据

财务报表是指在日常会计核算资料的基础上,按照规定的格式、内容和方法定期编制的,综合反映企业某一特定日期财务状况和经营成果、现金流量的书面文件。创业企业通过编写财务报表,能够对自身的盈利能力、偿债能力、运营能力等指标进行分析,同时也可以将自身财务状况清晰地展示给潜在的投资者。一套完整的财务报表包括资产负债表、现金流量表、利润表、股东权益变更表和财务报表附注(见图 5-5)。这些报表都有较为专业的资料来指导如何编制。

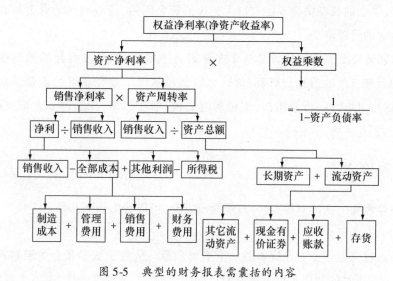

图 5-5　典型的财务报表需囊括的内容

融资需求预测

企业对资产进行融资,根据资产分类,也可以分为对固定资产的预测和对流动资产的预测。

固定资产预测是资金需求分析的重要依据,会对经营方向、生产规模、市场情况、合作关系等产生重要影响。对固定资产需求的预测,首先,需要以企业的生产经营方向、需求预期和产能规模等为基础;其次,需要结合企业的技术特点和运营的具体情况,分清主次;最后,是在保证正常运行的基础上,尽可能减少固定资产的占用。

在固定资产的预测中,对于生产设备的预测是最为重要的,因为它是企业进行生产的主要物质和技术基础,也是决定产品和服务质量的主要因素,因而需要优先预测决定。在决定了基础生产设备之后,其他配套性设施如厂房、动力设备和运输设备等就可以根据生产规模灵活确定。

对于流动资产的预测,可以参照资金配置的"六三一黄金比例":六成用于企业开办,主要是固定资产如场地、设备等;三成用于营运,也就是租金、材料、人员和推广等所需资金;最后一成用于应急,以预防各种突发情况的发生。通常情况下,企业所需的流动资金可以通过财务报表中的预计年收入、销售成本率、"三费"存贷周转率等数据计算得出。需要指出的是,流动资金虽然重要,也不是越多越好,多余的流动资金不但会增大企业的资金风险,没有利用的资金放着也是某种形式的资源浪费。

对创业资金需求的估算是一个非常具有挑战的过程,没有经验的创业者很难得到合理有效的信息与解释,这时可以参考从以下途径获得的重要信息与建议,即同行、供应商、行业组织、连锁加盟机构、创业指南、相关创业文章、行业权威人士、创业咨询。

创业融资渠道

创业资金的来源有很多种,按照渠道划分,可以分为以下几种:

（1）个人资金

个人投资是创业企业资本的一个重要来源。从资金成本和企业控制的角度考虑,个人资本的使用永远是最便利且低成本的。"先打工赚钱,再出来创业"也成为许多创业者的路径规划。

（2）向亲友借钱

向家人朋友借钱,应该是很多创业者采取的方法。这个方法的优势是成功几率高,成本也相对较低,亲友不会要求快速或者高额的汇报,而且能够更快拿到钱,非常有利于项目度过困难期。但随之而来的问题也有很多,因为亲朋好友借钱是因为信任与感情,而不会对项目有深入了解,也就无法估计投资的风险,有可能借钱的亲友会要求插手项目,有可能项目失败影响甚至破坏人际关系。

因此,基于这样的考虑,创业应该从力所能及的项目开始。向亲友借钱时不要超出他们的损失承受能力。每个人当然都希望可以借到足够创一番事业的钱,但要考虑到如果创业失败,可能会为亲朋好友带来很大的麻烦。

（3）民间借贷

由于创业的风险太大,创业者在常规的金融机构很难获得贷款,而民间资本正在不断发展壮大。随着法规的放开,更多的项目可以获得民间资本的借贷,而不再是陷入非法集资的灰色泥潭,因此民间借贷是创业者可以考虑的一个资金来源。但同时,民间资本相对不正规,门槛低导致市场混乱,会对项目造成潜在的威胁。

（4）合伙经营

合伙经营就是将拥有资金的人员吸纳进入创业团队,按照"利益共享,风险共担"的原则共同出资维持项目运行。合伙可以有效筹集资金和人才,有利于项目资源的整合,降低创业风险。但是需要注意的是,合伙同样会带来意见的分歧以及效率的降低。用别人的钱创业,看似筹资轻松,风险和问题却从资金层面转移到合伙人层面,不能放松警惕。

（5）创业基金

很多城市的政府机构和创业园区都有为创业者提供创业基金的政策,可以提供办公场所和初始基金。政府机构的政策性基金优势在于不用担心资金来源的问题,而且融资成本很低,但是对于申请资格则会有严格要求,创业者也面临与其他申请者的竞争。

一些知名的企业也会定期举办创业比赛等活动。用赢取创业基金的方式筹集创业的"第一桶金",不失为一个高效、可行的办法,这样的比赛本身也是在验证创业概念是否可行。当然,这要求创业者具备足够的实力,能够从众多申请者中脱颖而出。

（6）天使和风险投资

风险投资是一种高风险高回报的股权投资形式，投资者以参股的方式加入创业企业，掌握一定的话语权，与企业共担风险。天使投资是主要面向初创期和种子期企业的风险投资的一种，相对而言投资金额较小，而且投不投、投多少资金主要依据投资者个人的眼光和喜好。这两种投资方式是目前创新性创业项目所主要依赖的投资方式，下文将详细讲述。

（7）申请银行贷款

在有资产抵押的条件下，银行贷款是大部分公司获得资金的主流手段。但是对于初创企业而言，一般的银行贷款门槛太高，公司不一定具有还贷能力，创业项目风险太大，银行也往往不愿意提供贷款。但是，目前有很多银行都设有小额担保贷款，在必要时可用于满足企业日常生产经营的资金周转，帮助创业公司突破瓶颈。

（8）众筹募资

这是一种新兴的融资方式，创业者可以把自己的产品原型或创意提交到众筹平台，发起募集资金，由感兴趣的人来捐献指定数目的资金（捐助者可以在项目完成后，得到一定的回馈，比如这个项目制造出来的产品）。有了这种平台的帮助，任何有想法的人都可以启动一个新产品的设计生产。这类似于民间资本借贷，但是提供资金的人变成互联网角落的每一个普通人。

互联网金融的兴起让许多曾经以为不可能的事情成为可能，现在，有越来越多的国外创业者开始在 Kickstarter、Indiegogo 等众筹网站募集资金，国内也出现了很多出色的众筹平台。对于创业者来说，发起集资活动时，并不只是销售产品，同时也在推销创业者自己，推销他的故事，推销他的事业。比起收到一个很酷的产品，有些人更感兴趣的是他们能为一件很可能为社会带来伟大变革的事情做点贡献。因此，创业者应该适应这种模式的转变，讲述一个令人信服的故事，并提供理由让人们来支持你的企业。

戴威在 2011 年还是北京大学蔡剑教授开设的《创新与创业》课程的一名学生，2016 年其创立的 ofo 共享单车在 10 个月内进行了 5 轮融资，C 轮融资获得滴滴、小米、金沙江等企业投资的 1.3 亿美金。戴威的创业历程经过了几个阶段：

首先是 2012 年 9 月。当时戴威在上大四,并且已经被保研。但他还是决定去青海支教一年。支教生活过得非常艰苦,每天的伙食费只有 3 块钱,于是,戴威和其他几个支教的同学就买了自行车,每到周末就骑车去城里改善伙食。这段生活对戴威影响很大,其中之一就是让他更加热爱自行车。

然后是 2014 年 11 月。当时创业的浪潮已经兴起,戴威的第一个创业项目就是把在青海骑着自行车旅行的经历做成一个旅游产品,这个项目得到了一位北大师兄的投资,但还是以失败告终。于是,自行车进入了他的视野,这便是创立于 2014 年的 ofo 共享单车。

到目前为止,中国的互联网企业还没有一个是真正影响世界的,但戴威认为 ofo 有这个机会。戴威及他的团队相信未来会有更多的人选择低碳环保的出行方式,大家可以通过 ofo 获得更便捷的出行服务。他们相信,终有一天,今天的 ofo,会和 Google 一样,影响世界。①

（9）其他渠道

商业信用贷款:商业信用贷款是企业相对于供应商的应付账款,如果企业以赊购的方式获得一批商品或者原材料,那么企业实际上是获得了一笔短期的无息贷款,只是贷款的形式是以实物的方式。这种方式对于初创企业而言是值得争取的。

典当贷款:典当期限短则 5 天,长则半年,到期还可以延期;典当金额少则几百元,多则上百万、上千万元,这些都可以双方协商约定。小企业的扩张发展选择典当贷款,不失为一种灵活有效的融资方式。

P2P 贷款:如果需要少量营运资金,还可以尝试一下现在新兴的 P2P 贷款网络,在网上寻找合适的贷款人和借款人,不过成本和风险都比较高。

天使投资

"天使投资"起源于 19 世纪美国的"百老汇",最初指的是投资于戏剧发展的人们。在当时,美国百老汇正处于发展阶段,因此投资于戏剧的风险比较大,而银行考虑到风险又不愿意提供贷款,于是当时一部分富人个人出资帮助一些具

---

① 虎嗅网报道,https://www.huxiu.com/article/167673/1.html。

有社会意义的文艺训练、彩排以及演出,为创作演出进行高风险的投资。

关于天使投资,学术界到目前为止并没有一个统一的定义。新罕布什尔大学创业投资研究中心的定义为:"天使投资是具有一定闲置资本的个人对于种子期的具有巨大发展潜力的企业(项目)进行权益资本投资的行为。"[①]而美国天使投资协会创始人 John May 则定义为:"天使投资是一种个人的、私人的权益资本投资,天使投资家运用自己的纳税后的资金投入陌生人的企业(即非家人和朋友所经营的企业),获取非控股的权益。"[②]总的来说,一般认为,所谓的天使投资是指具有一定闲散资金的个人,将自己闲散的资金用于投资初创企业,以帮助具有高新技术、高成长性的企业进行早期的融资,同时承担企业在创业过程中的高风险和享受创业成功后的高收益,并且选择在适当的时机退出以实现资本增值的一种投资方式。

天使投资是风险投资的一种特殊形式,它是初创企业的最佳融资对象。因为风险系数相对高,通常天使投资对回报的期望值并不是很高,但至少 10 到 20 倍的回报才能够吸引到他们。不同于短平快的投资项目,当天使投资者进行投资时,往往会同时投资很多个项目,虽然最终可能只有一两个项目能获得成功。天使投资者正是用这种方式来分担风险。

天使投资的金额一般比较小,多为一次性投入,更多的是基于投资人的主观判断或者个人喜好,是个体或者小型的商业行为。作为天使投资人,很多人自身都是企业家,所以对创业者所面对的困难很了解,是起步公司的最佳融资对象。他们不仅能为企业带来资金,同时也能带来社会关系网络,提高公司的信誉以及知名度等等。

什么是天使投资?谈天使投资就一定得谈创业,这个创业绝对不是一个好玩的事情,我记得我十几年前就说,创业绝对不是人干的事情,是阿猫阿狗干的事情,这样的事情绝大部分是不靠谱的,90% 以上一定会死。所以我们在投资创业的时候,一定要理解我们在做的事情是什么,天使投资这种概念和玩法是从硅谷开始的,我们看看硅谷是怎么玩的?去年年底,我见了一下硅谷挺有名的一个投资人,阮康伟,他应该也投资

① 清科研究中心:《中国天使投资专题研究报告(2011)》。
② 清科研究中心:《中国天使投资专题研究报告(2011)》。

了创新工场,我跟他聊了一下,他说过去的五年里面,他投了 250 个项目,挺厉害的,原来我只是在报纸上看到他的名字,跟他聊多了以后,我真的更理解了什么是天使投资人。因为天使投资人是一个非常高风险的事情,所以在美国都是 3F 投资的,是什么方式呢? 可能更多的是几个朋友凑份子,你投个 2 万,我投个 5 万,他投个 3 万,我们拼起来投二三十万,就支持一个兄弟去创业,如果赔了呢? 赔了没关系,赔了几万块钱而已,如果赚了呢? 美国就是这样一代一代的塑造天使投资的神话。8 年前有一个兄弟,50 万美金投了谁呢? 不小心投了一个大学生马克,8 年后的今天,这个公司上市了,马上要挂牌了,兄弟们,他们赚了多少倍呢? 赚了 2 万倍。2 万倍似乎并不夸张,但是 50 万美金乘 2 万倍等于100 亿美元,这就是一笔生意。这个人就是 Facebook 的投资者皮特。

　　天使投资最核心的理论是什么呢? 其实就是六合彩。输了是支持科技创业创新,是我们中关村要鼓励的创新力量,赢了就是下一个皮特,单笔就是 100 亿美元。六合彩有这么高的奖金吗? 全球最高的六合彩是不是也就几亿美元呢? 所以就是这种创业所带来的巨额的回报使天使投资这个模式在美国深入人心,在美国参与天使投资这个领域的,据报道,差不多超过了 40 万人,而我们中国只有区区的 500 人,其实我有一点失望。我真的希望有一天在我们中国做天使投资人最好是 5 000 人、5 万人、50 万人,这才是一个正常的事情。

　　所以大家也不要把天使投资神话了,天使投资就是凑份子,支持一个朋友创业。我希望全社会有更多人参与这项运动。我甚至在很多场合呼吁,一些成功的企业家参与天使投资。所以我觉得做天使投资,一方面要看 2 万倍的回报;另一方面要更多地从支持社会的创业,支持整个科技进步的角度来看这个问题。①

天使投资的运作过程

天使投资的运作过程主要分为五个步骤:项目搜寻,项目筛选和尽职调查,投资合同谈判,投后管理和退出。天使投资的项目来源主要有:亲人或朋友推

---

① 2012 年 4 月首届中国天使投资人大会雷军演讲摘录。

荐、职业关系、项目推荐会或其他会议、天使投资机构以及创业投资机构。

搜寻到项目后,天使投资人会对项目进行初步筛选、潜力评估、价值评估和尽职调查。具体来讲,主要包括:① 对团队执行能力的考察。考察团队的领导人和所有成员,团队的合作历史,刚刚组建的团队一般很难得到投资者的信任。② 对项目盈利模式的考察。通常,一个好的盈利模式也是比较简单易懂的。③ 考察项目是否有专有技术,该技术是否独一无二。在经过一系列考察后,再对公司价值和人进行评判,并对商业模式发展潜力进行估值,其中,团队的经验和可调配资源尤其重要。最后,在企业的配合下,对企业的历史数据和文档、管理人员的背景、市场风险、管理风险、技术风险和资金风险做全面深入的审核。符合天使投资标准的企业方可与天使投资人进行投资合同谈判。

投资后积极参与被投企业的管理是风险投资的特征之一。与风险投资相比,天使投资容易走向两个极端,即或参与过度,或袖手旁观。大部分天使投资家除了经济利益外,还喜欢天使投资这个事业。他们能够为企业提供的不仅是自己的资金,还有自己的经验、知识与见识、热情与真诚。他们为企业提供经验的过程对于他们来说也是一种享受。另一类的天使投资家,他们仅仅是为了投资收益率,有时袖手旁观,有时参与管理,他们提供这种帮助是为了获取资本增值。

退出是天使投资过程的最后一个阶段。退出是指天使投资家从其所投资的项目中抽回最初投入的本金和资本增值(或损失)。天使投资的退出阶段就是其投资的收获阶段。天使投资的退出有很多种方式,大致可归纳为三类,即成功的退出、失败的退出和持平的退出。成功的退出是指天使投资家不仅全部收回自己所投的资本金,还获取丰厚的资本增值。成功的退出可以通过若干方式进行:IPO(首次公开上市)、兼并收购、股权回收、企业出售等。失败的退出即为清算破产,这时被投资企业已经无法继续营业,只能破产。天使投资家最初的投资可能会从清理残值中得到一定的剩余,也可能分文不取。持平的退出使得天使投资家处于进退两难的境地,即被投资企业既没有彻底失败,又无明显前景。

天使投资的模式

在美国,天使投资占据了风险投资总体的 40%—50% 的份额,是美国早期创业和创新的主要支柱。美国约有 300 万天使投资人,每年的投资总额是风险投资的两倍。在十几年前,谢尔盖·布林和拉里·佩奇仅有企业创意时便得到天使投资人安迪·贝克托斯海姆提供的 10 万美元的投资,而到如今,谷歌的市值已经达到上千亿美元。美国早期的天使投资人往往是成功创业者或者大公司的前高管、行业资深人士,往往可以给创始人带来经验、判断、业界关系和后继投资者。在进行投资后,许多投资家还会积极参与到被投企业的战略决策和战略设计中,为被投企业提供咨询服务等等。美国田纳西大学诺克斯维尔分校银行学和金融学教授 Ramon DeGennaro 对大约 400 项完整的持续至少一年的天使投资进行跟踪调查,结果显示,其中超过 100 家公司停止运营,这些投资人年平均回报率为 -93%。但一旦投资成功,收益将会大大不同。

在我国,天使投资伴随互联网和高科技企业的发展在 20 世纪末开始兴起。近几年风投和私募投资风起云涌,然而作为股权投资产业链最前端,企业发展的"伯乐",相比于美国从天使投资到中、后期创业投资的完整的、流水线式的体系,我国天使投资目前发展并不充分,天使投资在我国尚处于婴儿期,亟待发展。

根据天使投资的不同方式及特点,在我国天使投资主要可分为五种模式。第一种是以个人为主体进行投资的"天使投资人",目前这一类是我国天使投资群体的主要构成;第二种是以天使投资俱乐部、天使投资联盟为主要形式的天使投资团队,其克服了个人天使投资所具有的项目渠道窄、资金规模小、投资时间少、经验不足等缺点;第三种是机构化的天使投资模式,即天使投资基金,改变了天使投资原有的分散、零星、个体的性质,是天使投资未来发展的潮流;第四种是孵化器形式的天使投资,该模式的天使投资能够为企业提供更为系统与全面的场地、资金、管理等服务,受到政府与企业的推崇;最后一种则是近几年随着网络技术发展而兴起的投资平台,也推动了一批依附技术平台的创业企业的发展。

1. 天使投资人

天使投资人多指富裕的、拥有一定的资本金、投资于创业企业的专业投资家。目前我国主要有两大类的天使投资人:一类是以成功企业家、成功创业者、VC 等为主的个人天使投资人;另一类是专业人士。其中,第一类投资人更接近美国天使投资人的模式,往往能够给予企业一定的帮助,为公司提供一定的增值服务等;而第二类专业人士,主要是指律师、会计师、大型企业的高管和一些行业专家,虽然没有太多创业经验和投资经验,但拥有闲置可投的资金以及相关的行业资源。

要寻求天使投资者,创业者可以:① 依靠亲朋好友或是商业伙伴的推荐;② 出席当地天使投资团队召开的会议,把自己的项目介绍给参与会议的天使投资人;③ 通过网络平台寻找天使投资者;等等。

2. 天使投资团队

对于个体天使投资人来说,他们遇到的问题往往有:项目来源渠道少、数量有限;个人资金实力有限,难以分散投资;时间有限,难以做好投资前的调查;缺乏投资经验和知识,投资失败率高。由于这些原因,一些天使投资人便组织起来,成立天使俱乐部、天使联盟或天使投资协会,每家有几十位天使投资人,便能够使项目来源汇集起来,进行定期交流和评估,成员之间还可以分享行业经验和投资经验,并且多人联合投资,也能够提高投资额度以及共同承担风险。在美国,有超过 300 家的天使团队,半数以上的团体联合起来,成立了天使投资协会,促进相互之间的信息交换以及相关政策的发展。

3. 天使投资基金

由于以个人为主的天使投资模式存在着一定局限性,随着天使投资的进一步发展,天使基金和平台基金等机构化天使形式就应运而生了。它的出现改变了原有的零星分散、非正规化天使投资的形式,使得更多没有时间和经验选择公司投资的被动投资者参与到天使投资中来。在美国和欧洲,天使投资基金已经得到了充分的发展,投资成功率远高于个人天使投资。而在中国,这也将是天使投资发展的必然趋势。目前,国内一些较为活跃的天使投资人设立了天使投资基金,进行更为专业化的投资运作。此外,还有一些从外部机构、企业和个人募集而来的天使投资基金,跟风险投资形式类似,但基金规模和单笔投资规模更小。

4. 孵化器式天使投资

孵化器起源于 20 世纪 50 年代的美国,伴随着新技术产业革命的兴起而发展起来。在我国,孵化器的主要功能是以科技型创业企业为服务对象,降低创业风险和创业成本,提高企业的成活率和成长性,培养成功的科技企业和创业家。创业孵化器多设立在各地的科技园区,为初创的科技企业提供最基本的启动资金、便利的配套措施、廉价的办公场地甚至人力资源服务等,同时在企业经营层面给予被投资公司各种类型的帮助。

我国的孵化器大致可分为高新区系列、科技系统系列、大学科技园系列、民营孵化器系列、留学生创业园系列。目前,孵化器与天使投资融合发展主要有两种模式:一是政府主导的孵化器与天使投资融合发展模式,另一种则是企业型孵化器与天使投资融合发展模式。政府主导的孵化器是非营利性的社会公益组织,形式大多为政府科技管理部门或高新技术开发区管辖下的一个事业单位,管理人员由政府派遣,运作经费由政府全部或部分拨款。这种模式的孵化器以优惠的价格吸引天使投资机构入场,充当天使投资与创业企业之间的媒介。企业型孵化器为市场化方式运作孵化器,以保值增值为经营目标,自负盈亏。这种类型的孵化器,多采用自己做天使投资的运作模式,使得孵化、投资、管理实现一体化,减少投资成本的同时也降低了投资风险,其运作过程充分利用资源,提高了资本效率。

5. 投资平台式天使投资

随着互联网和移动互联网的发展,越来越多的应用终端和平台开始对外部开放接口,使得很多创业团队和创业公司可以基于这些应用平台进行创业。

风险投资

风险投资是一种高风险高回报的股权投资形式,投资者以参股的方式加入创业企业,掌握一定的话语权,与企业共担风险。从广义上讲,风险投资是指向风险项目的投资,它集融资与投资于一体,汇供应资本和提供管理服务于一身,是投资人将风险资本投资于新近成立或快速成长的新兴公司,在承担很大风险的基础上,为融资人提供长期股权投资和增值服务,培育企业快速成长,数年后再通过上市、兼并或其他股权转让方式撤出投资,取得高额投资回报的一种投资方式。根据风险投资的企业发展的不同阶段,一般可将风险投资分为四种类型:种子资本、导入资本、发展资本和风险并购资本。

风险投资的投资对象多为处于创业期的中小型企业,其中,高新技术企业居多,投资年限一般在3~5年,投资方式为股权投资。风险投资人一般会积极参与被投企业的经营管理,为其提供增值服务,投资决策也是建立在高度的专业化和程序化基础之上的。在退出投资时,风险投资人至少能够获得原始投资额5—7倍的利润和资本升值。

风险投资的特点在于它区别于一般的债权融资,风险投资是一种股权融资,因而具有其独特性:① 权益性,风险投资以控股方式参与投资,不属于借贷也不要求按息偿还,但是会要求与自己股权所对应的权益;② 长期性,风险投资基金一般要五年甚至十年才能通过退出得到收益,因而风险投资通常是长期性的投资,过程中还会对有潜力的项目进行增持;③ 专业性,风险投资者都是比较成功的企业家,不但可以向创业者提供资金,还可以提供管理资源与行业经验,帮助企业发展;④ 风险性,风险投资顾名思义就是风险性很高的投资,因为创业项目成功率很低,很多投资可能都收不回本金,但成功的项目回报会相当可观;⑤ 风险共担,因为是基于股权的投资,投资者和创业者对于项目的存亡承担同样的风险,同时也在利益上共同进退。

外卖 O2O 平台"饿了么"创始人张旭豪两个月来每天睡眠时间基本都少于 4 个小时。他既兴奋又胆战心惊:"饿了么"迎来了"大裂变"——10 倍速的增长。半年来,"饿了么"员工从 200 人迅速扩张到 2 000 人,日均订单数也从 10 余万单迅速增长到 100 万单。

在获得大众点评 8 000 万美元战略投资时,"饿了么"对外宣称"今年年底可能会扩张到 100 个城市",如今已经扩张到了 200 个城市。决定加速把业务扩张到全国二、三、四线城市,主要有两方面的原因:一方面,在与大众点评 CEO 张涛交流过程中,获得了很多 O2O 经验和教训——大众点评由于下沉稍慢,错过了很多机会,这让"饿了么"警醒;另一方面,阿里和美团相继在 2013 年年底,成立了自己的外卖 O2O 业务"淘点点"和"美团外卖",对"饿了么"形成了足够的威胁。

在早期,"饿了么"无法在 PC 互联网时代快速扩张,但是在移动互联网时代,O2O 迎来了最好的发展契机。以前培养一个区域的用户使用"饿了么"的习惯可能需要一年,现在只要几周的推广就可以。移动互联网让人们的消费习惯变迁了,购物和查询都会依赖移动互联网,定外卖也是,"特别是年轻人,他们是互联网的原住民,所有事都喜欢在网上解决,很多用户还躺在床上就开始用"饿了么"定吃的,晚上睡觉之前还会预订第二天的外卖。"

移动互联网还加快了线下餐厅对于 O2O 的融入程度。由于为"饿了么"服务的餐厅主要是中小餐厅,最初这些餐厅要使用"饿了么"的商家系统(Napos),必须有一台电脑,还要拉一根网线,有了移动互联网之后,中小餐厅的老板只要在手机上装一个 APP 就可以接收"饿了么"的外卖订单。目前"饿了么"上的商家 70% 都使用了"饿了么"的移动端,而在三四线城市这个比例更高。移动互联网冲破了曾经横在"饿了么"

和中小餐饮商家之间的壁垒。

在商家运营端,"饿了么"使用区域运营模式,即某个城市区域中的餐厅,只为自己力所能及(主要是物流送达)的街道或小区提供服务(这个区域可以由商户根据自己的配送能力随时进行调整)。这种做法不但保证了外卖的送达时间(在"饿了么"提供第三方物流体系前,自配送是餐厅的主要配送方式),也使得"饿了么"的运营体系就像在某个区域建立起一个虚拟的 Supermall。

张旭豪表示,"饿了么"就像一张白纸,他们团队从大学毕业就开始创业,甚至都没有工作过,所以没有任何传统企业管理的思维负担,这使得"饿了么"的公司构建非常富有想象力,基本上涵盖了创新公司最新潮的管理元素:扁平化,游戏化,自主化,强大的 IT 系统等等。

国外的外卖 O2O 公司 GrubHub 和 Justeat,如今已经 IPO,估值都突破了 10 亿美金,他们的数据将在 2014 年被"饿了么"超越(根据 Grub-Hub 提交的招股书显示,GrubHub 覆盖美国 600 个城市,2.8 万个餐厅,2012 年获得营收超过 1 亿美元。)在张旭豪的设想中,未来城市中的人们并不会每顿饭都自己做,去餐厅也相对麻烦,而"饿了么"将是满足人们日常饮食需求的重要补充。"饿了么"把物流体系也建设完毕,把那些没有配送能力的餐厅也全部放到网上,"那将是一个 300 亿—500 亿美金估值的平台级公司。"张旭豪说。

"饿了么"曾于 2011 年获得金沙江创投百万美元 A 轮投资,在 2012 年年底获得经纬中国领投的数百万美元 B 轮投资,在 2013 年年底获得 2 500 万美元红杉资本领投的 C 轮投资。2014 年 5 月份"饿了么"宣布获得大众点评 8 000 万美元战略投资。[①]

风险投资的运作过程

风险投资的运作包括融资、投资、管理、退出四个阶段。

在融资阶段,最为重要的问题是如何解决投资者和管理人的权利义务及利益分配关系安排。融资的来源主要包括养老基金、保险公司、商业银行、投资银

① 中国风险投资网,http://www.vcinchina.com/c/27/48644.html。

行等。

投资阶段的主要问题是"钱到哪里去"。专业的风险投资机构对项目进行初步筛选、尽职调查、估值、谈判等一系列程序,把风险资本投给具有巨大增长潜力的创业企业。

管理阶段,风险投资机构通过监管和服务实现价值增值。"监管"主要包括参与被投资企业董事会、在被投资企业业绩达不到预期目标时更换管理团队成员等手段,"服务"主要包括帮助被投资企业完善商业计划、公司治理结构以及帮助被投资企业获得后续融资等手段。价值增值型的管理是风险投资区别于其他投资的重要方面。

退出阶段,则主要通过 IPO、股权转让和破产清算几种方式进行。

在实际运营中,风险投资还会设置一系列的限定来控制企业,同时保护自己的利益,典型的手段包括:① 优先股权设置:优先掌握股权利益的权益,在风险投资者获得回报之前,其他先前进入的股东都不能获得回报;② 后续融资反稀释条款:风险投资机构有权在后续轮次的融资中继续投资,以保持自己的股权比例不会被逐步稀释;③ 业绩调整条款:风险投资机构会为创业团队设置业绩经营指标,将公司经营业绩与公司价值相关联,指标甚至有可能是惩罚性的,以确保 VC 投入的资金获取到适当的股权利益;④ 退出条款:设置一定的退出期限和退出方式以及条件,可能要求创业团队承诺回购;⑤ 锁定创业团队:风险投资机构会在业绩调整条款中设置对创业团队有利的一面,以保证在创业团队主要成员抛售自己股票时拥有随售权,同时还会与创业团队签署锁定协议、竞业禁止协议等,限制团队成员的离开以及离开之后对于公司的影响。

风险投资的模式

一般来讲,根据企业执行的方式来看,主要有三种风险投资的组织类型:

1. 企业内部风险投资模式

企业集团内部的风险投资主要是指通过企业内与之相关的部门或者是重新开设一个专门负责进行风险投资的组织机构实现对风险投资的管理工作。主要有两种方式:第一种是企业集团内部建立正式的创业投资计划,集团拿出一笔资金作为专门的风险投资基金,并由市场拓展或业务部门进行企业风险投资的投资模式;第二种则是企业集团新开设一个专门的风险投资机构或是在原有的部门中建立一个专门的风险投资项目组,聘请专业的风险投资管理专家负责该投资项目的筛选和管理工作。但是,这两种类型中的专项部门并不是独立存在的,它们仍需要其他部门的积极配合,而且也不能进行单独的财务核算工作。也就是说,这两种组织模式尽管在形式上有所不同,但都是企业集团内部的风险投资部门。

2. 企业外部风险投资模式

这种投资模式并不是企业自主进行直接投资,而是企业集团建立一些具有独立法人的子公司或者是和其他一些集团以战略联盟的形式进行风险投资,因此,其又被称为是间接投资。主要有两种形式。第一种是附属创业企业。在组织模式上,企业集团建立一些独立法人的子公司,这些公司在进行风险投资的时候,能够做到财务独立于母公司,并且独立完成决策与执行等活动。企业集团只是作为一个大股东对公司的未来战略发展进行宏观上的指导,而不过多干涉其具体的决策与执行。子公司可以在其战略指导下自由选择投资项目和管理方式。第二种是联盟方式的创业投资。在组织模式上,所谓的联盟就是很多企业集团之间,或者是企业与风险投资企业以及基金进行有针对性的风险投资,只是针对某一个项目而言,并不具有长期性。在股权性质上,主要有三种类型:第一种是直接参股的投资方式;第二种是以契约的形式建立的非股权联盟;最后一种就是合资企业。

3. 有限合伙组织模式

该类风险投资模式主要是一些企业集团委托外部的一些专业风险投资机构对其所拥有的一部分空闲资金进行投资行为的模式,其多数采取合伙的方式,投资公司或者基金管理公司作为普通合伙人,而企业集团则作为主要合伙人。这种投资模式,企业集团需要承担的风险较低,其只是需要选择一些比较可靠的风险投资公司或者投资基金作为合作伙伴,并为其投入一定的资金即可,至于后面的投资与管理工作都不需要企业集团进行亲自操作。

风险投资的获得

创业企业如何才能获得风险投资呢?以下几个方面可以作为参考:

1. 了解风险投资者的想法

任何一家投资公司都不会选择那些不具备成功条件的企业进行投资。通常,投资者所青睐的是:① 有较高素质的风险企业家,他必须有献身精神、有决策能力、有信心、有勇气、思路清晰、待人诚恳、有出色的领导水平,并能激励团队为同一目标而努力工作;② 有既有远见又符合实际的企业经营计划,这个计划要阐明创办企业的价值,明确企业的发展目标和发展趋势,明确企业的市场和顾客,明确企业的优势和劣势,同时指明创办或发展企业缺少的资金;③ 有市场需求或有潜在市场需求的新技术、新产品,有需求就会有顾客,有顾客就会有市场,有市场就有了企业生存发展的空间;④ 有经营管理的经验和能力,有技术和营销人员配备均衡的管理队伍,有能高效运转的组织机构。

2. 高新技术企业

风险投资者特别偏爱那些在高技术领域具有领先优势的公司,比如软件、药品、通信技术领域。如果风险企业家有一项受保护的先进技术或产品,那么他的企业就会引起风险投资公司更大的兴趣。这是因为高技术行业本身就有很高的利润,而领先的或受保护的高技术产品服务更可以使创业企业很容易地进入市场,并在激烈的市场竞争中取得优势。因此,这些企业常常可以筹集到足够的资金以渡过难关。

3. "亚企业"

仅仅依靠新思想或新技术是不能形成一个风险企业的,风险投资公司并不会单独给一项技术或产品投资。风险投资家资助的是那些"亚企业"——那些已经组成了管理队伍,完成了商业调研和市场调研的创新团队。

4. 区域因素

一般的风险投资公司都有一定的投资区域,这里的区域有两个含义:一是指技术区域,风险投资公司通常只对自己所熟悉行业的企业或自己了解的技术领域的企业进行投资。二是指地理区域,风险投资公司所资助的企业大多分布在公司所在地的附近地区。这主要是为了便于沟通和控制,一般地,投资人自己并不参与所投资企业的实际管理工作,他们更像一个指导者,不断地为企业提供战略指导和经营建议。

5. 小公司

大多数风险投资者更偏爱小公司,首先是因为小公司技术创新效率高,有更多的活力,更能适应市场的变化。其次,小公司的规模小,需要的资金量也小,风险投资公司所冒风险也就有限。从另一方面讲,小公司的规模小,其发展的余地也更大,因而,同样的投资额可以获得更多的收益。此外,通过创建一个公司而不是仅仅做一次投资交易,可以帮助某些风险投资家实现他们的理想。

6. 经验

现在的风险投资行业越来越不愿意去和一个缺乏经验的创业者合作,即使他的想法或产品非常有吸引力。在一般的投资项目中,投资者都会要求风险企业家有从事该行业工作的经历或成功经验。如果一个风险企业家声称他有一个极好的想法,但他又几乎没有在这一行业中的工作经历时,投资者就会怀疑这一建议的可行性。

融资策略

挑选风险投资者

在挑选风险投资者过程中,需要考虑的主要有以下几方面:

(1)风险投资者的信誉。风险投资是由职业金融家投入到新兴的、发展迅速的、有巨大竞争潜力的企业中的一种权益资本。因此,风险投资者在业界的信誉是关系到能否完成创业到资本运作过程的关键。

(2)风险投资者的资金实力。风险投资公司不仅要满足国家的相关规定,其股权结构最好要趋于多元化、基金化。

(3)风险投资者的运作程序和管理团队。好的商业经验和管理团队能够使得程序执行的过程更加规范,也能给创业者提供更大的帮助和指导。

(4)关注行业。投资者需要有相关行业经验,有若干家同行业的投资案例,才能证明投资的可靠性以及对投资项目可以提供资金之外的扶持与指导。

(5)重视投资阶段。现在风险投资与私募股权投资的界限已经不明显,投资的项目阶段也互相穿插,因此,创业者需要关注投资者关注的投资阶段,更多地联系关注初创期阶段的企业的投资方。

(6)成功案例。投资机构最好能有在同行业中已经成功退出的案例,作为其投资能力和成果的说明。

融资谈判策略

1. 做好谈判前的准备工作

对于任何投资谈判而言,谈判之前的准备工作远比谈判当时的对话重要。创业者首先需要具备足够的相关专业知识,对自身项目充分了解,同时还要充分准备谈话的材料以及设计谈话内容。

为了使谈判能够顺利进行,创业者需要换位思考,站在投资者的角度考虑自身的项目,而不能仅仅考虑融资额度和期限这些单纯的资金问题。创业者需要考虑的是投资者如何看待这个项目,在他们眼中这个项目可行性如何、可信度如何、投资风险有多大、投资的回报又有多少等等。从这个角度出发准备材料和谈话内容,创业者就能充分响应对方诉求,做到有备无患。

2. 精心准备沟通内容

除了项目相关的技术特点、市场前景、融资需求和发展规划等核心因素之外,沟通的内容可能会有很多,并不一定与项目直接相关,例如创始人的经历、创业的思路、技术的缘由等等。大部分材料是可以提前做好准备的,只需要创业团队考虑周全,从项目的各项资源需求和发展的时间节点出发,都可以理清所有内容的脉络。当然还有些内容是难以准备甚至是投资人故意挑战提出的,这也是为了观察创业者的临场反应以及心理素质等,创业者此时应该沉着冷静,以真诚的态度进行沟通。

3. 了解自身需求与谈判底线

如果双方意愿比较明确开始进入"讨价还价"阶段后,创业者就必须明确自身的需求,包括融资金额、股权构成、控股方式、出资形式以及无形资产价值的确定等,此外创业团队的管理和公司的运营中也有一系列条款可以商议,投资人还很有可能为创业者设定检验标准或者对赌。此时,创业者必须清楚自身资源需求,要求自己需要的,谢绝自己所不必需的。此外,创业者还应该在准备阶段就设计好谈判时的各种可能情况,留出一定的让步空间,同时坚守自己的底线,不能因为投资而失去对企业的控制,或者被挟持改变企业的方向。

4. 选择合适的时机

创业项目任何时候都需要资源的投入,但是联系投资人的时机需要精心选择,太早会缺乏吸引力和可信度,太晚则错失了宝贵的时间与发展机会。一些可能的理想时机包括技术转化已经成熟、技术保护措施已经完成,新的政策出现,或是企业获得大的客户和订单时。

接触投资人

1. 提交一份精心准备的商业计划书

一份优秀的商业计划书其实就是创业项目成功的蓝图,它会详细地阐述项目的核心竞争力、团队优势、计划节点、资源需求以及未来规划等等,能够让投资人最直接地了解这一项目。编写商业计划书的过程,其实也是创业者梳理创业思路的过程,这是非常有必要的。商业计划书需要体现的重点主要有两大方面:一是这个创业项目具有哪些优势,我们能做到哪些其他人做不到的事情;二是项目为什么值得投资,投资人为何可以信任这个项目的投资会带来回报。

2. 了解投资人的偏好

每个投资人都有关注的领域与热衷的项目类型,在与投资人见面之前,创业者应该花时间研究投资者和投资机构的相关信息,例如他们的背景、已投资项目的特点、关注的行业以及投资数额的大小等等。如果投资人的关注点与自己切合,那么就能很容易地拉近距离,有更大机会获得投资;而如果投资人感兴趣的行业与自己的项目没有太大关系,那么与投资人的接触很可能是在浪费双方的时间。总之,相似的背景会使得交流变得容易,也会给投资人留下好印象。

3. 注意沟通方式

投资人往往手头上会有成山的项目计划书,留给创业者的时间肯定不会多,因此创业者需要做的就是使自己的话尽量简练,能够简明扼要地讲明自己所做的事情、事情的前景与障碍、需要的资源以及对这些资源的回报。过分渲染项目的美好前景或是过分强调技术水平都会使项目看上去变得片面。创业者需要做的是全面覆盖整个项目,强调自身优势,明确需求,以及承诺回报,这些是投资人关心而且愿意倾听的内容。创业者不必试图一定要说服投资人,因为即使是很优秀的项目,投资人也必然是带着挑剔的眼光来看待项目的前景,但这并不表示他不会对这个项目感兴趣或者不信任这个项目。

4. 回答投资人的问题

相对于行业前景和风险这些投资人可能了解更多的事情,创业者需要做的是突出自身的团队、技术与产品这些投资人可能不了解的内容。投资人会更加敏锐地察觉项目中存在的机会与挑战以及缺陷,因而问出的问题往往会比较尖锐而直白。创业者需要做的是坦诚面对这些问题,因为投资人也知道不可能存在完美的没有瑕疵的项目,他们只是想了解创业团队是否考虑过相关的问题如何解决,以及解决问题的态度是否诚恳。

章节小结

　　创新资源是所有对创新项目和创业企业具有支持作用的各种要素的总和。资源从所处的环境可以分为内部资源和外部资源,内部资源来自于组织内部的积累,是创业者自身所拥有的可用于创业的资源;外部资源则是创业组织自身所不具有,需要从外部获取的资源。从另一个角度,根据资源的利用形式和存在状态进行分类,资源又可以分为技术资源、信息资源、人力资源和社会资源。

　　创新资源的关键不在于拥有,而在于通过各种方式获取、利用、整合以及开发这些资源为我所用。创业资源的获取可以有多种途径,可以按照资源的内部与外部区分,体现为外部获得资源和内部积累资源,其中外部获得资源又包括购买资源和吸引资源。获取资源之后的利用方式主要有依靠自有资源、拼凑以及发挥资源的杠杆效应三种。最后,各种不同资源需要有效整合才能发挥最大效用,创业者整合资源的能力比实际拥有资源更重要。

　　创业融资是创业者为了将某种概念或者创业转化为现实,通过一定的渠道获得资金支持以满足创业企业运营的过程。为了进行融资,企业首先需要为此进行筹备,分析自身财务状况,并预测自身的融资需求。企业的资金资源可以分为固定资产与流动资产,固定资产是指在社会生产过程中可供长时间反复使用,并在过程中基本不改变其实物形态的劳动资料和物质资料。流动资产则指的是企业日常运转所用的,用于购买、储存劳动对象以及被占用在生产过程和流通过程中的那部分周转资金。流动资产中企业的主要现金流包括费用、收入、利润和税收。

　　创业融资的途径有很多,创业者需要根据融资额度、成本、风险等因素合理选择适合自己的融资渠道,其中针对创新性企业最为常见的融资方式是天使投资和风险投资。风险投资是一种高风险高回报的股权投资形式,投资者以参股的方式加入创业企业,掌握一定的话语权,与企业共担风险。天使投资本质上也是一种风险投资,但是投资更关注创业项目的起步阶段和种子阶段,投资的规模也相对较小,投资的方式相对较不正式。为了增加获得投资的机会,创业者应该做好相应的准备,慎重挑选风险投资者,制订融资谈判策略,以合理方式主动接触投资人。

思考问题

1. 创新资源包括哪些？

2. 每种创新资源各自包括什么内涵,如何作用于创新项目和企业？

3. 创新资源的利用关键在于什么？

4. 创新资源如何整合？

5. 创业与融资是什么关系,为什么创业融资这么重要？

6. 融资的渠道有哪些,应该如何选择？

7. 天使投资与风险投资二者有什么区别,它们各自的运作流程是怎样的？

8. 创业者如何进行融资？

9. 创业者融资时应注意哪些问题？

拓展阅读

1. 卡普兰·沃伦著:《创业学》,冯建民译,中国人民大学出版社,2009 年。

2. 邱创、蔡剑主编:《资本运营与战略财务决策》,中国人民大学出版社, 2011 年。

3. 创业邦,www.cyzone.cn。

4. 36 氪,www.36kr.com。

实战训练

寻找一篇创业案例阅读之后思考以下问题:

1. 案例中创业者在创业一开始拥有哪些资源？

2. 创业过程中创业者遇到了哪些困难？对照创业资源的分类,这些是否来自于对某些资源的忽视或者不重视？

3. 在这个创业过程中创业者利用到了哪些资金渠道？

4. 假设你是案例中对创业者进行投资的风险投资人,根据案例中的信息和合理假设,试说明你对其有信心的理由。

第 六 章

创业计划与
企业开办

学习目标

- 理解创业计划在创业过程中的作用
- 了解创业计划书的读者与主要作用
- 理解创业计划的构成要素，并撰写一份创业计划书
- 了解公司的类型以及股份有限公司与有限责任公司的关系
- 了解企业的注册流程并能够自己完成注册手续
- 理解初创企业运营前的准备工作

知识要点

- 创业计划
- 公司类型
- 企业注册流程

创业计划

在正式创业之前,梳理出一份完整的创业计划非常必要。在刚刚萌发创业灵感的早期,过早撰写一份详细的创业计划并不是很合适,因为一份创业计划需要包含创业方方面面的细节来论证实践可行性。然而,在这个阶段可以试着将商业模式记录到纸上,这会帮助我们继续思考、完善提升。当我们完成了商业模式的初步设计,并梳理了可调动的资源之后,就可以开始整理一份完整详尽的创业报告。在全国数不胜数的创业比赛中,创业计划书屡见不鲜,互联网上、各类创业书籍中充斥着纷繁的版本。为了理解并写一份好的、适合自己的创业计划书,首先让我们运用之前学过的批判思维进行反思:为什么需要撰写创业计划?

为什么要撰写创业计划

商业模式的细化、资源的整合以及越来越多的因素混在一起很容易导致我们迷失在细节中,一份好的创业计划书相当于一张地图,指导着创业者前进的方向。一般来说,对于初创团队,一份好的创业计划书主要面向三类读者,对每一类读者都起着非常重要的作用(图6-1):

1. 创业团队

首先,在创业计划撰写与修改的过程中,整个团队通过讨论对公司未来发展产生共识,增进对目标的理解,也方便今后工作的协调。其次,将讨论形成文字符号,能够吸引优秀的新成员加入团队,也能方便地让新成员对公司现状进行迅速了解。最后,创业计划修订的过程同时也是对公司发展路线的记录,对于日后回溯、调整企业战略具有借鉴意义。

2. 投资者

在创业团队成立初期,一份表述清晰的商业计划书将会吸引到更多的风险投资,而资金是初创项目存活的重要命脉。向投资者陈述商业计划之前,创业团队必须对项目进行仔细批判论证。经验丰富的行家里手只会根据行业现状做出理智冷静的判断,面向他们的创业计划展示过于平凡或者过于浮夸都会导致一次徒劳无功的会谈。在计划书中指出资源优势与资源瓶颈也是有效的举措,如果项目具有发展潜力,具有资源优势的投资方会更乐意合作来填补初创团队的劣势。

3. 其他相关者

这里的其他相关者指在创业团队早期提供帮助的咨询者以及潜在商业伙伴。商业计划书能够让相关者快速浏览整个创业概念与已有资源,从而发现问题或者寻找合作点。在这个过程中要注意保护核心商业机密。

创业团队	投资者	其他相关者
反思、确立、沟通、记录、保存	展示、吸引、说服	(咨询者、合作方) 沟通、展示、合作

图 6-1　创业计划书面向的读者与作用

创业计划书的类型

了解了创业计划书面向的读者,在动笔撰写创业计划书之前,我们来看看创业计划书的分类。

1. 微型计划书

微型计划书,顾名思义就是简短的计划书,篇幅约 10—15 页。微型计划书非常适合初创团队进行探讨反思,也可以是业内有较高知名度的创业者省略细节所做的简短创业说明。它可以为以后拟订长篇计划提供有价值的参考。成型的微型计划书可以看作浓缩版的商业计划书,简短的分析与说明能够快速告知阅读者整个商业思路,可以用来测试投资者是否对此项目感兴趣。

2. 详尽计划书

详尽计划书较微型计划书详尽,约 25—35 页。详尽计划书展现了创业团队对商业机制实施方向的深层次思考,更细致地描绘了商业模式、资源挑战与企业前景。这也是一份可以面向投资者与其他参与者的较为详细的创业文档,适用于筹集资金阶段的初创企业。

3. 运营计划书

运营计划书主要面向企业内部读者,约40—100页。运营计划书将整个商业模型实现所需要的运营细节包含在内,是企业经营的蓝图,也是企业员工的必读手册。一份逻辑清晰的运营计划书能够降低企业内部权责不清、目标模糊、沟通不良的情况。

创业计划书的构成要素

一份商业计划书需要简练地为阅读者提供新企业有关的各方面信息,需要主题突出、特色鲜明、信息充足而不冗长。在撰写的过程中,需要回答创新与创业的基本问题:企业从哪里来?到哪里去?要完成任务要走哪条道路?创业计划书向投资人和权益者反映项目的可行性和价值,考虑创新与创业的融资需求和投资回报分析,也有利于创新创业团队沟通和达成共识。

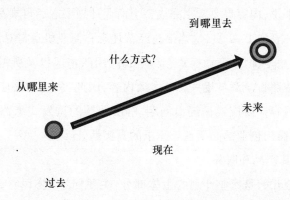

图 6-2　创业计划书要回答的问题

一份好的商业计划书其内容应至少做到两点。首先,清楚明白,清晰阐述优势、需求、风险、机会回报、实现方式;其次,要有深入思考,以深入的研究与思辨展示创新的问题解决方式,从而让创始人和投资人深信不疑。一般来说,投资人青睐的高风险高回报的商业计划书主要有以下几点特征:给客户或最终用户创造或增加重要的价值;解决一个重大问题,或实现某种顾客愿意付出高回报的重大需求;拥有强大的市场、利润和新的盈利特点;风险和回报的安排符合市场的天时、地利、人和。

不同类型的创业计划书包含不同的要素,下面我们提供了一套要素组合作为中等长度的详细创业计划书的模板。当然,对于不同的企业,如互联网企业与制造业,其面临的产品制造与开发性质不尽相同,撰写者需要根据具体情况具体分析对待,将理想目标与现实资源需求和实现方式进行关联。

1. 封面和目录

封面与目录是创业计划书不可或缺的组成部分。封面应包含最重要的基础信息,包括公司名称、地址、团队负责人联系信息、logo 等,封底可以进行一些保密警示及补充其他非主要信息。封面设计需简洁而不平庸。目录紧跟在封面之后,列出创业计划书主要的内容及对应页码。

2. 内容提要

又称执行概要,是整个计划书的综述,起到提纲挈领的作用,让阅读者迅速掌握新企业独特性质的所有信息。毋庸置疑,内容提要是整个计划书中最重要的一部分。它并非前言或背景铺垫,而是整个计划书的浓缩,很多投资者都是在读完内容提要后再决定是否继续读下去。内容提要也常作为单独的文件供需求者阅读。一般来说,内容提要常在完成整个商业计划书之后再撰写。

内容提要一般为 1—2 页,应当描述经营理念和商业机遇与对策,简明叙述目标市场和预测、竞争优势、商业模式、成本估算、团队情况以及所需资源条件。最常见的写法是按照目录章节逐一总结大致内容,因此,叙述顺序应当与创业计划书一致。好的内容提要应遵循提出问题、解决问题的诱发式思路引导读者理解思考,这样能够突出创业的必要性与需求的真实性。

3. 公司及其产品和服务

从这一部分开始是商业计划的主体部分,主要回答"公司究竟做什么"这个具体问题。这一章节需要详细界定公司为什么存在,公司提供什么产品与服务,以及有怎样的进入和成长战略。首先,应当介绍公司起家的历史,笔墨不需太多,但如果有好的创始故事也可以写进来,从而引出公司存在的价值以及公司渴望成为什么。然后,详细解释公司的产品与服务,解释产品定位,并指出它与其他产品的不同之处,可行性分析的数据与结论放在这里能够有效增加产品与服务的说服力。不要忘记告诉阅读者公司目前做到的状况,可以用里程碑的形式展示,也可以用甘特图等你觉得合适的其他展示方式体现。企业的所有权形式、股权分配、法律状况等性质也需要在这里描述清楚。如果企业与其他企业拥有合作关系,那么也应当在这个部分展示。总而言之,这一部分应当以企业、产品与服务为主题,描述企业存在的主要概念与性质,赖以生存的产品与服务,以及企业的过去、现在与将来。

4. 行业、市场研究及分析

企业的生存离不开其所在的行业,市场则是企业所在行业在用户中的需求反映,企业所占的市场则是企业的产品与服务被用户的接受程度。企业需要充分理解所在行业,才能够根据中观层面的外部环境信息做出有效的内部决策。因此,在这一部分中,你需要仔细调查行业的规模、发展周期以及增长率,做出行业竞争对手与潜在竞争对手的分析与对策,也让阅读者感受到对于进入这一行业你已经做出充分准备。

接下来,你需要分析这个行业的市场情况,如现有市场规模和趋势、潜在最大市场价值以及可持续性,并且指出在这个大市场中,你的公司详细定位在哪一部分,面对什么样的客户,然后根据这个定位向读者展示你相对于行业中其他对手的竞争优势。最后,你需要对企业的市场销售做出预期。

行业与市场研究分析可以作为独立的章节描述。由于这两者有着非常密切的关系,因此本模板将两部分放在一起论述,进行竞争者分析以及消费者行为分析。总而言之,这一部分需要分析企业所处的外部环境与竞争对手,以及企业瞄准的市场与客户。

5. 商业机制与盈利模式

这一部分开始描述公司通过怎样的资源元素组合实现盈利,就是我们常说的商业模型。例如,对传统的经销商而言,连接供应链的上下两端进行买入、卖出是一个最简单的盈利模式。在互联网时代,商业机制往往设计线上与线下的交互,相对传统商业来说要复杂得多,因此需要绘制一张简单的商业机制与盈利模式图。商业机制描述了如何组织要素产生价值,而盈利模式则是如何通过商业机制获得公司盈利,二者互相交织成为一个整体。例如,淘宝 C2C 的商业机制可以简单概括为引进商家免费入驻,为卖家与买家提供信息服务与支付服务,而其盈利模式则基本上是通过支付宝支付抽取一定百分比的服务费用。

这一部分是整个企业盈利的关键,是一个企业价值的精髓所在,因此这一章节需要精确描述以确保读者充分理解,避免误解与歧义。如果公司已经开始盈利,则需要附上毛利率及经营利润率、固定与可变成本、收支平衡的时间(月)、达到正现金流的时间(月)、盈利潜力和持久性等数据,如果没有的话可以适当进行预估,但必须要把预估的假设数据标注清楚。另外,必须看到公司的商业机制与盈利模式也是在不断调整的,对于未来的商业模式可以进行一定展望。

6. 设计与开发方案

产品与服务是公司的核心业务,关系着公司在市场上的竞争力。因此,就产品与服务提出设计与开发方案进行规划会显示出团队的有序计划性。对于已经有了产品原型的团队,你需要总结产品开发过程以及未来产品改进、新产品更新换代的经验、成本与计划;对于还没有产品原型的团队,你需要指出现状与任务、困难和风险。并且需要清晰界定产品的所有权与专利情况。产品的设计需要与前述公司在行业中的定位相统一。

7. 制造和运营计划

企业进行营业的前提是产品制造能力以及服务提供能力就位。这一部分中,创业者需要明确工作周期、地理位置、设施和改善、战略和规划、监管和法律等问题。对于制造企业来说,这一部分需要论述供应链情况、企业生产能力以及应对需求波动的后备计划。对于餐饮类服务企业来说,这一部分需要论述供应链、人力资源、服务质量保证的准备情况。对于互联网企业来说,这一部分则需要论述产品开发周期、版本发行计划、网络负载能力以及用户数预期。

8. 营销计划

营销计划关注企业如何宣传和销售它的产品和服务,需要做出定价、销售、服务和保修、广告与宣传、促销与分销等策略分析。首先你需要根据以上章节的分析指出公司的定位与差异化,并根据这种差异化来讨论定价、销售等细节,前后保持逻辑一致。

9. 管理团队与公司架构

好的创意以及市场是创业成功的必要但不充分条件。除了好的商业模式,投资者更加看重作为执行者的团队是否有足够的执行力来完成一开始的设想。这一部分需要叙述组织结构、组织主要管理人员及其报酬、所有权、其他投资者、其他协议、股票期权以及奖金计划。介绍组织成员需要包括每个人的职位头衔、教育背景、职位的职责与任务、先前产业的相关经验与成功经历。团队成员的介绍应当充分展示出他为何能够胜任,以及为何能对企业成功做出特殊贡献。团队成员之间共同分享的经历也可以简单提起,这说明成员之间具有较强的信任。

初创企业如果拥有董事会一类的架构则应当说明这些架构的任职资格与作用,并说明其他股东的权利和限制,以便新的投资者参考。如果有顾问委员会也可以列出来。与董事会不同的是,顾问委员会对企业不承担法律责任。商业计划书应说明组织构建的原因,描述当前组织结构的构成以及未来可能发生的变化,使得信息沟通与权责链条更加明晰。企业结构的描述会让人相信你懂得怎样设计一个企业并能够根据情况调整企业架构从而顺应企业发展。一般在这里会附上一张组织结构图。

10. 财务计划

如果你的企业已经盈利,那么你需要在这一部分附上实际收入报表、资产负债表、损益表/资产负债表与现金流量分析。除此之外,财务计划中应当附上图表来显示盈亏平衡点、资产回报率、销售回报率等关键指标。如果你的企业尚未开始盈利,那么财务计划中你需要解释资金的来源与使用陈述。在做出计划时,我们往往依据很多重要的假设,如未来市场的增长速度,这些假设被称为"假设清单"。在信息清单中,我们需要对重要的假设数据注明出处。接下来我们需要列出预计财务报表,它类似于已建立企业的正规财务报表,只不过是预测而不是事实。预计财务报表包括预计收益表、预计资产负债表和预计现金流量表。

11. 总进度

这一部分阐述在此项目计划书中所涉及的发展规划,企业进行到哪一步,以及未来的发展速度。经常用里程碑的形式展示出。这一章节向阅读者展示在产品设计、制造、营销等各个环节企业已经完成的任务与正在进行的路线,令读者对处在时间轴上的企业有更加直观与详细的理解。

12. 关键风险、问题和假设

添加这一部分的用意在于,商业计划往往是按照最优的假设进行的预期,而没有考虑到出现突发情况的应对措施。因此,诚实地提出关键风险与上述计划中所用到的假设,能够让投资者更加清晰地明白这件事情的风险与问题所在,也进一步思索他们的加入能否带来风险降低以促使目标的达成,这种无保留的沟通也能够增进投资人与创业团队彼此的信任,以解决问题为目标相互合作。

13. 可持续性和影响

这一部分陈述在企业的社会责任日益突出的背景下,企业发展对环境的影响、对社会和国家的影响以及关系企业持续发展的关键要素。这种考虑一方面为公司树立具有良好社会责任感的形象,另一方面也令读者感受到创业团队的社会责任心,增强信任与认同,同时也指出了企业持续发展的潜在外在问题与解决思路。

14. 附录

正文中不方便纳入的文件,如财务报表、国家法规、团队主要成员简历等都可以放到附录中,以给读者提供更详细的参考,但宜有选择地纳入,不宜过长。

自我检查:创业计划书的雷区

以下是网络创业计划书片断,请你看看有什么问题吗?

初期(1—6 月):主要产品是针对中高级消费者,市场策略为通过积极有效的营销策略,在餐饮和餐食方面占领很好市场分额;树立优质、舒适、时尚的良好的品牌形象,提升知名度、美誉度。

中期(1—2 年):巩固、扩展已有的市场分额,扩大销售服务网络;进一步健全餐厅的经营管理体制,提高餐厅的科学管理水平;着手准备品牌扩张所必须的餐厅形象识别系统、统一的管理模式等方面的建设;届时,餐厅运营已经步入稳定良好的状态,随着公司势力与影响力的增强,服务范围不再能满足潜在顾客的需要时,公司将实行网点的扩张,开拓新的市场空间,扩大餐厅的辐射范围和影响力。将引进最为科学的特许经营管理模式,迅速培养自己对特许经营体系进行良好管理的能力。

显然,上述计划书有很多不妥的地方。完成创业计划书之后,回头看一看计划书的内容,并检查是否犯了常见错误是非常重要的。以下列出了创业计划书撰写过程中经常犯的常见错误,请你看看你的计划书是否犯了这些错误。显然上述计划书片段犯了下述第(2)、第(4)两条所述的错误。

(1)重要信息缺失。如没有指出需要多少资金及其使用目的,没有描述产业发展趋势,甚至没有署名。

(2)细节错误。如错别字、格式错误。如果这些小事都不能够做好,那么谁会相信你以后能够做成一件大事呢?

(3)市场规模界定过宽。不能够清晰找出确切市场就意味着没有市场,一个价值巨大却又无从下手的市场是没有意义的。

(4)激进而模糊的发展规划。对于未来乐观固然不是坏事,但如果毫无依据地断言企业未来的发展,却没有足够的计划与理由支持,只会让阅读者感到假大空,并对创业者的诚信产生疑问。与此相反,客观陈述与冷静判断会很快令人信服。

(5)数据引注不明。数据的可信度是非常重要的,因此在使用到具体数据陈述事实的时候需要加上数据出处以确保信息准确性。

向投资者陈述创业计划

投资者关注什么?

在创业过程中,除了团队成员本身,创业者最经常打交道的莫过于投资者,而这又是企业创办初期生存下来最关键的环节。除了递交详细创业计划书作为供参考的资料,创业团队还需要与投资者面对面地沟通,后者至关重要。与投资者的会面包括陈述与问答,一般来说,个人陈述的时间不应该超过问答的时间。会面之前,创业者应当事前做好准备。我们首先需要了解,投资者关注什么?

在考察投资项目时,投资者通常会问自己以下三类问题:

1. 市场层面(成长性和持续性)

这个初创企业所处的市场是不是朝阳产业?

这个市场的估值是多少?

顾客的需求是不是刚需?

市场发展持续性如何?

2. 企业层面(发展战略、经营计划、财务表现)

处于这个市场中的企业有没有潜力成为翘楚?

企业的独特性如何?

有没有技术壁垒、资金壁垒或者进入壁垒? 可扩展性如何?

企业的发展战略是否可行?

经营计划是否具体可实施?

企业目前是否已经出现盈利? 如果没有,未来有没有可能盈利? 多久之后盈利?

有没有合适的退出机制? 5年左右能否上市或者被产业巨头收购?

3. 团队层面(抱负与战略、管理理念、能力结构)

作为企业运营者的创业团队能力结构是否完整?

团队执行力如何? 能否很好地执行创业计划?

团队氛围是否认真而团结？

是否追求先进的管理理念？

领导者是否具有领导潜质？

明白了投资者决策是否投资的重点之后，你应当根据这些问题向自己的企业寻找答案，了解自己的优势、劣势与需求点，并表现在之后的沟通与交流上。

我应该展示什么？

通常来说，创业者需要准备一份 10—15 张的幻灯片。幻灯片的内容应当包含创业详细计划书中的主要要素，并根据自身特色特点、优劣势，突出重点进行展开论述。在 PPT 展示中应当以图片为主，文字以口头陈述为主，创业者也要记住不要犯前述创业计划书的错误，如，不要有错别字，不要缺少重要信息（如资金需求量），这是面对投资者的基本要求。PPT 风格应当美观、有特色，要做到 3C 原则：清晰（clear）、简洁（concise）、能激发兴趣（compelling）。另外，针对投资者关注的上述三点，我们要确保将下述三个问题论述清楚：首先，我们选择的市场领域较新，处于成长时期，用户需求具有某种程度的持续性；其次，我们的企业目标明确，机制明晰，具有一定潜力；最后，我们的团队具有相当的能力来完成上述计划。

实际上，由于投资者往往没有时间看完一份几十页的详细计划书，创业者在几十分钟内的展示所带来的印象往往决定了一切。展示者要求仪表端正、衣着整洁、口齿清晰，需要在展示过程中表现出恰到好处的抱负与自信，从而吸引投资者投资整个创业团队。因此，在正式展示之前，展示者应当在团队内预先练习，控制好表达、语速与时间，展现个人魅力与企业家潜质。

在问答阶段，精明的投资者往往会提出各种比较刁钻的问题。在会面之前，团队最好就可能会问的问题提前预估，以尽量避免措手不及的意外。但如果会面时投资者提出的问题真的是创业团队没有想到或者没有妥善解决的问题，不需要担心，只需要记住一点：诚实即可。诚实是企业家最重要的品质之一，如果搪塞糊弄则会令自己给投资人留下的印象大打折扣而适得其反。

视频由于不能够让创业者与投资者直接互动，并不适宜长时间播放。适当的产品展示能够让投资者留下较为深刻的互动体验，因此，初创企业如果具有成型产品一定要带上样品，软件可以预先在设备上安装，如果没有成型产品原型亦可。随着多媒体技术的发展，3D 投影、触屏等技术也使展示方式有了新的选择。

企业开办方式

企业所有制与架构

按照企业所有制分类,企业可以划分为三大类:内资企业、港澳台商投资企业以及外商投资企业。内资企业是公司全部股东为国内企业或个人的公司,港澳台商投资企业为在中国内地由港澳台地区投资者全额投资设立的企业,外商投资企业即在中国内地由外国投资者全额投资设立的企业。尽管创业团队中,我们经常见到的是有限责任公司与股份有限公司,但对其他企业形式进行了解也十分必要。下面我们列举出了企业所有制类型以及简单说明供读者参考。其分类形式可以看作是企业出资方、合作形式以及责任承担形式等因素的组合所产生的结果。

企业类型与简述见表 6-1 和表 6-2:

表 6-1　我国的企业类型分类

企业类型	简述
国有企业	企业全部资产归国家所有,并按《中华人民共和国企业法人登记管理条例》规定登记注册的非公司制的经济组织。不包括有限责任公司中的国有独资公司。
集体企业	企业资产归集体所有,并按《中华人民共和国企业法人登记管理条例》规定登记注册的经济组织。
股份合作企业	以合作制为基础,由企业职工共同出资入股,吸收一定比例的社会资产投资组建,实行自主经营、自负盈亏、共同劳动、民主管理、按劳分配与按股分红相结合的一种集体经济组织。
联营企业	两个及两个以上相同或不同所有制性质的企业法人或事业单位法人,按自愿、平等、互利的原则,共同投资组成的经济组织。
有限责任公司	根据《中华人民共和国公司登记管理条例》规定登记注册,由两个以上,五十个以下的股东共同出资,每个股东以其所认缴的出资额对公司承担有限责任,公司以其全部资产对其债务承担责任的经济组织。有限责任公司包括国有独资公司以及其他有限责任公司。国有独资公司是指国家授权的投资机构或者国家授权的部门单独投资设立的有限责任公司。其他有限责任公司是指国有独资公司以外的其他有限责任公司。

（续表）

企业类型	简述
股份有限公司	根据《中华人民共和国公司登记管理条例》规定登记注册,其全部注册资本由等额股份构成并通过发行股票筹集资本,股东以其认购的股份对公司承担有限责任,公司以其全部资产对其债务承担责任的经济组织。
私营企业	由自然人投资设立或由自然人控股,以雇佣劳动为基础的营利性经济组织。包括:私营独资企业是指按《私营企业暂行条例》的规定,由一名自然人投资经营,以雇佣劳动为基础,投资者对企业债务承担无限责任的企业。私营合伙企业是指按《合伙企业法》或《私营企业暂行条例》的规定,由两个以上自然人按照协议共同投资、共同经营、共负盈亏,以雇佣劳动为基础,对债务承担无限责任的企业。私营有限责任公司是指按《公司法》、《私营企业暂行条例》的规定,由两个以上自然人投资或由单个自然人控股的有限责任公司。
其他企业	上述企业类型之外的其他内资经济组织。
合资经营企业（港或澳、台资）	港澳台地区投资者与内地的企业依照《中华人民共和国中外合资经营企业法》及有关法律的规定,按合同规定的比例投资设立、分享利润和分担风险的企业。
合作经营企业（港或澳、台资）	港澳台地区投资者与内地的企业依照《中华人民共和国中外合作经营企业法》及有关法律的规定,依照合作合同的约定进行投资或提供条件设立、分配利润和分担风险的企业。
港、澳、台商独资经营企业	依照《中华人民共和国外资企业法》及有关法律的规定,在内地由港澳台地区投资者全额投资设立的企业。
港、澳、台商投资股份有限公司	根据国家有关规定,经外经贸部依法批准设立,其中港、澳、台商的股本占公司注册资本的比例达25%以上的股份有限公司。凡其中港、澳、台商的股本占公司注册资本的比例小于25%的,属于内资企业中的股份有限公司。
中外合资经营企业	外国企业或外国人与中国内地的企业依照《中华人民共和国中外合资经营企业法》及有关法律的规定,按合同规定的比例投资设立、分享利润和分担风险的企业。
中外合作经营企业	外国企业或外国人与中国内地的企业依照《中华人民共和国中外合作经营企业法》及有关法律的规定,依照合作合同的约定进行投资或提供条件设立、分配利润和分担风险的企业。
外资企业	依照《中华人民共和国外资企业法》及有关法律的规定,在中国内地由外国投资者全额投资设立的企业。
外商投资股份有限公司	根据国家有关规定,经外经贸部依法批准设立,其中外资的股本占公司注册资本的比例达25%以上的股份有限公司。凡其中外资股本占公司注册资本的比例小于25%的,属于内资企业中的股份有限公司。

表 6-2 企业登记注册类型一览

内资企业	港、澳、台商投资企业
国有企业	合资经营企业(港或澳、台资)
集体企业	合作经营企业(港或澳、台资)
股份合作企业	港、澳、台商独资经营企业
联营企业	港、澳、台商投资股份有限公司
国有联营企业	**外商投资企业**
集体联营企业	中外合资经营企业
国有与集体联营企业	中外合作经营企业
其他联营企业	外资企业
有限责任公司	外商投资股份有限公司
国有独资公司	**个体经营**
其他有限责任公司	个体户
股份有限公司	个人合伙
私营企业	
私营独资企业	
私营合伙企业	
私营有限责任公司	
私营股份有限公司	
其他企业	

在初创企业中,最经常使用的是有限责任公司与股份有限公司。根据起始资本的不同,注册资本较低的创业团队可以考虑注册有限责任公司,注册资本在500万左右的创业团队则可以注册股份有限公司。股份有限公司从本质上讲是一种特殊的有限责任公司。接下来我们来分析有限责任公司与股份有限公司各自的特点与区别。

首先,有限责任公司与股份有限公司要求的法定人数不同。

法律要求的法定人数不同。法定人数是指法定资格和所限人数两重含义。法定资格是指国家法律、法规和政策规定的可以作为股东的资格。法定人数是《公司法》规定的注册有限责任公司的股东人数。《公司法》对有限责任公司的股东限定为2个以上、50个以下。一人有限公司为一个股东。设立股份有限公司,应当有2人以上、200以下为发起人。所有股份公司均须是负担有限责任的有限公司,故称"股份有限公司"。

其次,法定资本最低限额不同。

对于有限责任公司,以生产经营为主、以商品批发为主、以商业零售为主、以科技开发、咨询、服务为主的公司所要求的注册资金都不同。特定行业的有限责任公司注册资本由法律、行政法规另行规定（如拍卖业注册资本较高）。而股份有限公司注册资本最低限额比有限责任公司的高很多，为人民币500万元。

最后，法人对企业相应的可执行权力不同。

股份有限公司全部注册资本由等额股份构成，并通过发行股票（或股权证）筹集资本，公司以其全部资产对公司债务承担有限责任，每一股有一表决权，股东以其持有的股份，享受权利，承担义务。股份有限公司从本质上讲只是一种特殊的有限责任公司而已。由于法律规定，有限责任公司的股东只能在50人以下，这就限制了公司筹集资金的能力。而股份有限公司则克服了这种弊端，将整个公司的注册资本分解为小面值的股票。股份有限公司的持股者可以不经过其他人同意选择转让股份，而有限责任公司的持股者则需要经过公司其他持股者同意，受到一定限制。目前，上市公司一般都是股份有限公司。如果有限责任公司想要转变成为股份有限公司，则需要提升注册资本，将公司注册金额提升到法律规定的数值，向国家机关申请批准。

有限责任制是大部分初创企业的常见类型。2014年3月1日起，《公司法》规定普通的有限责任公司，最低注册资金无限制，需要2个（或以上）股东。1个股东注册有限责任公司又称"一人有限公司"（公司执照上注明"自然人独资"），最低注册资金无限制。因此如果是合伙投资创业，可选择普通的有限责任公司，最低注册资金无限制；如果只有一个人作为股东，则选择一人有限责任公司，但是必须提供一人作为公司监事。

由于法律具有时效性，在实际操作过程中须以当年最新版本《中华人民共和国公司法》为准。

初创企业开办方法

企业注册是创业者必须经历的过程。申报材料需要根据《企业登记程序规定》一一准备，然后递交国家工商行政管理局申请。每一年的政府政策都会有所变化，因此创业者应当及时跟进政策并按照最新的政策行事。政府机关网站、搜索引擎都可以给以我们提示与信息。企业注册需要向政府递交所必需的相关材料。为了获得并递交这些材料，需要做一些前期的工作。这里给出了企业注册的几点主要流程（图6-3），供大家参考了解。在注册完成之后，企业应当持有表6-3中的若干项证件。

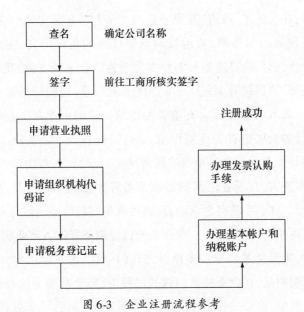

图 6-3 企业注册流程参考

表 6-3 已注册企业所持证件参考

1. 营业执照（正副本）	5. 税务登记证（正副本）
2. 电子营业执照（一张）	6. 公章、财务专用章、法人章（各一枚）
3. 组织机构代码证（正副本）	7. 增值税等发票（若干）
4. 组织机构代码 IC 卡（一张）	8. 银行开户许可证（一张）

　　注册企业之后,企业在正式营业之前还需要进行一系列的准备工作才能够进入正式运营的阶段。从人才、业务、管理、成本等角度,我们将这些准备工作分为员工、业务规范、规章制度、信息系统支撑与其他五大类供大家参考。好的开始是成功的一半,在企业运营前的准备中,我们需要运用管理的思想组织员工、设立规范,以期将未来运营的风险与成本降为最低。

　　第一,人才是企业创造力之源头,从公司人才的角度考虑,需要进行必要的招聘,确保需要的岗位上都有合适的人手,能够进行正常运营。若创业团队人手较齐全则可以不进行招聘。招聘之后,需要对员工进行培训,确保新进员工明白了解公司的业务流程与个人职责。第二,从对业务的管理的角度出发,需要有一套完善的业务流程,能够高效地把员工组织起来完成商业流程。即在先前的经验基础上,优化并设立业务流程,以确保能够长期为顾客提供水平稳定的服务。这种流程依赖于良好的员工培训,也往往需要信息系统的支持。第三,从对人的管理的角度出发,需要设立企业规章制度与规范,包括员工工作时间、员工福利、业务流程等等,在与员工、政府、其他企业的关系上都要尽量做到有章可循,避免混乱而增加管理成本。第四,从运营与营销成本的角度出发,完成信息系统支持。在信息时代,公司的高速运转需要多类型的信息系统支撑,我们最常见的系统包括财务系统、销售结算系统、订单管理系统等等,这些管理系统在减少公司运营成本、开辟新市场等方面具有重要的作用。初创企业在企业中种下信息化的基因,对今后的发展也有着重要作用。第五,准备了上述基础工作后,我们还需要进行一些与企业主营业务相关的其他准备,包括设备与生产材料的准备等。例如,一个冰激凌店,在开业之前则必须准备好冰激凌加工机器、奶油、蛋卷、餐巾纸、POS机等。对于互联网企业而言,这种准备则指内部测试与小范围测试。

在完成上述准备工作之后,一个企业便已经准备好进入营业状态了。在企业初创的过程中,我们会遇到非常多预料之外的问题,这非常正常,需要冷静分析解决。值得说明的是,在企业初期运营的过程中,需要对制定的规范与流程进行快速的反馈与调整,这是一个企业适应性的表现,是存活下来所必需的品质,保持洞察力、耐心与理智也是成功创业者的必备素质之一。

章节小结

创业计划书是有效传达创业理念的一种形式。作为创业路途上的指南针与地图。它为创业团队、投资者与其他相关人士提供了清楚的创业理念。在申请建立企业之前,需要了解我国法律规定的企业的基本类型。作为初创企业,最常见的企业类型是有限责任制与股份有限责任制。注册企业的流程需要按照国家工商行政管理总局发布的设立登记规范进行。在企业正式营业之前,需要做招聘、培训等一系列的准备工作。

思考问题

1. 创新与创业项目计划书如何构成?
2. 如何做好项目计划书的制订?

3. 创业计划书中有哪些常见的错误？

4. 请你上网搜寻一份创业计划书，并指出此计划书的优点与不足。

5. 对于一个你很熟悉的公司，你觉得它的创业计划书应该是什么样的？试写出此公司的微型计划书。

6. 公司的类型有哪些？

7. 请你上网搜索你所在的城市对创业公司提供了哪些政策支持。

拓展阅读

1. 请你上网搜索 2014 年公司法的最新版本并阅读有关有限责任公司与股份有限公司的相关章节。

2. 请登录国家工商行政管理总局网站阅读《有限责任公司设立登记提交材料规范》，http://www.saic.gov.cn/ywbl/bszn/nzdjzn/gsdjtjclgf/201402/t20140228_142367.html。

第 七 章

创新实践与
创新管理

学习目标

- 学习如何从创新到创业的过渡
- 了解实体市场和在线市场的规律
- 体会信用的价值和作用,实践知行合一
- 掌握创新和创业的管理方法

知识要点

- 创新者的八个习惯
- 实体市场与网络市场
- 信用体系
- 精益创业

创业中的人力资源管理

创业者必备的素质

通过前面几章的学习,相信大家对于创新思维、创业知识和方法等方面都有了不少的了解,那么我们如何迈出创新创业的第一步呢? 在从校园步入市场之前我们还需要做哪些必要的准备呢?

首先是诚信,诚信乃立人之本,对于创业来说更是如此。在网络市场当中,我们无时无刻不在向顾客提供产品和服务,只要在诚信方面稍有闪失,毫无疑问地,顾客会在第一时间感知并采取措施,别说创业项目了,就是大的公司此时也难逃厄运。这样的例子实在是数不胜数,如三鹿奶粉的三聚氰胺事件。此外,由于网络市场的特性,人们之间的交易成本被显著降低,但随着而来的是不断上升的信任成本,面对网线另一端的陌生人,你如何放心地把钱通过网上银行支付给他,确保能够收到由他快递过来的物品呢? 为了解决这个问题,互联网电子商务公司们推出了各种各样的方法,比如,实名制、评价打分制度、检举投诉制度、第三方支付等等。网络市场上的创业者只有做到自己诚信同时保证买卖双方的诚信,那么才有可能生存下去。

人们从古到今,对于信用在经济市场中的重要作用一直都有清醒的意识,各种形式的货币本质上讲就是一种信用的体现和衡量。弗里德曼(Friedman)描述了一个太平洋上的小岛雅浦岛上的居民使用石头作为他们约定的货币。他们把这种石头货币叫做"费"(Fei),是由凿制好的

石轮构成,交易的时候,有时因为石轮太重不需要搬动石头,甚至都不需要标记,只要岛上的人都承认就可以。这在很多现代人看来匪夷所思,但就货币的功能而言,这石头很好地行使了它的货币职责;就货币的本质而言,它代表了全岛人的信用。所以说,社会信用货币是在一定的社会网络中被人所承认的,另一方面,其范围也是充满变动的,因为,由于各种条件的变化,信用也随之变化。

现代社会中典型的社会信用机制是社区货币,又称"社元"。这是一种有区域的社区商家所发行的流通货币。社区货币在市场经济欠发达和金融服务欠缺的地区受到欢迎。阿根廷曾经一度使用过500多种不同社会组织发行的社区信用券或者另类货币,高峰时期大约600万人参与使用这种非官方金融工具从事交易活动。

在经济不景气的时候,甚至发达国家的局部地区也会使用社区货币。2009年美国汽车城底特律市已有12个社区流行一种名为"Detroit Cheers"的社区货币。这种由三个商家主导发行的"社元",可以在当地十几个商店流通,通过间接向本地消费者提供折扣,鼓励在当地商家消费。当地的个人和企业自愿加入这个自行印刷社区货币的网络,消费者从加入这个网络的银行购入这种名为"Detroit Cheers"的货币(通常会有一些折扣,比如花95美分可买到面值为1美元的"社元"),然后在当地的商业网点和服务业进行消费,比如用这种货币来雇人修剪草坪、照看孩子、买食品杂货、上健身班甚至加油。

另一种社区货币伯克沙尔诞生于2006年,是美国规模最大的社区货币系统。在伯克沙尔货币体系里,个人可以到12家指定银行,用90美元换取100元伯克沙尔,然后可以在当地370个商家消费。在美国,本地货币只要不是在仿照联邦政府发行的美钞,或在促销中声称自己代表美国官方,则都是被允许的。同时也允许私人组织在获得许可的情况下印制类似货币的"纸质凭证"。社区内使用自己的钞票,不仅可以得到折扣,更增强了居民之间的联系,加强了社区的凝聚力。

还有一种记账式的社区货币是区域交易方案LETS(Local Exchange Trading Schemes),在英国和加拿大被广泛使用,并且在法国和澳大利亚、新西兰有相应的变种。大多数LETS是致力于构建社会资本的个人志愿者所发起的。LETS 的成员会将他们对商品和服务的供给和需求列成清单,然后以当地的虚拟货币为单位商定的价格来相互交换。成员们私下里进行交易,但会在一个中央记录器上留下他们的交易和账户记录。

随着网络技术的普及,社会网络规模不断扩大,企业与社团开始自发地建立数字化的信用机制。网络货币成为互联网社区中使用的信用货币化机制。网络货币又称虚拟货币,用于购买网络服务商的服务。银行发行的虚拟货币,包括各类银行卡、智能卡,银行提供的基于货币电子化的方式实现的支付、存储、划转并产生利息或收取一部分手续费的货币形态过程等。非银行发行的虚拟货币,包括第三方互联网公司在网络上发行的虚拟货币、积分点卡、虚拟社区(包括游戏)内使用的货币等。

了解了市场中,尤其是网络市场中信用的重要性,那么我们如何快速地建立自己的信用体系呢? 在国外,大部分发达国家都有一套国民信用标准,我国目前也在试探建立的过程当中。但由于互联网的存在,我们可以用一种更加快捷简便的方法在网络市场中实现这一目标。

其次,要充分了解自己。了解自己既包括自己的长处和优势,也包括自己的短板和劣势。了解自己的优势,有助于树立信心,扬长避短,确定自己的目标,明确创新的方向;同样的,了解自己的劣势,则有助于规避错误,衡量风险,引入外部资源进行补充完善等等。更为重要的是,你至少要通过了解自己明白一点:你究竟是否适合创业? 虽然说天才是百分之九十九的汗水加百分之一的灵感,但如果你确实缺少那百分之一的创业天分,那么请慎重考虑创业,或者至少不要急于去创业。一般认为,创业者需要具有的性格特征主要包括:勇敢、有梦想、乐观、好奇心、激情、毅力、学习能力、沟通交流能力等等。当然,大家也可以通过前文学到的五色思维理论对自己进行一个大致的判断。对于认识自己的结果,大家倒也不用过多在意,并不是说缺乏了某些特质或思维就一定不适合创业,我们只是希望大家认识到自己的缺点和不足后,能够进行补充完善,或者规避可能的风险。MBTI 职业性格测试可以比较全面地帮助大家了解自己的性格特质。①

---

① http://www.welefen.com/lab/mbti。

迈尔斯·布里格斯类型指标（MBTI）表征人的性格，是由美国的凯恩琳·布里格斯和她的女儿伊莎贝尔·布里格斯·迈尔斯制定的。该指标以瑞士心理学家荣格划分的八种类型为基础，加以扩展，形成四个维度，这四个维度就是四把标尺，每个人的性格都会落在标尺的某个点上，这个点靠近哪个端点，就意味着这个人有哪方面的偏好。

再次，洞悉把握市场需求。要进入市场做一番新的事业，那么了解市场需求是必须的功课。或许你曾经听说过这样的段子，有记者问乔布斯："如何通过市场调查了解大众需求，才能让产品如此成功？"乔布斯回答道："不用做调查，消费者并不知道他们需要的是什么，而苹果会告诉他们什么才是潮流！"其实类似这样的回答也曾经出自福特的口中："如果当初我去问顾客到底想要什么，他们会回答说要一匹跑得更快的马。"但请大家千万不要被这两位所误导了，以为了解市场需求并不重要，事实上，他们的意思仅仅是消费者们往往可能并不知道他们真正想要什么，而通过各种手段挖掘顾客的需求在任何时期任何领域都是进入市场前最重要的环节。即便你不能像乔布斯一样去引领潮流，但也请至少做到满足顾客的需求，切忌仅为自己的需求和满足进行创业。

最后，要做好面对困难的准备。极少数幸运儿创业成功的光鲜亮丽遮盖了大部分创业者的失败。有企业家说过："创业成功的概率比出车祸的概率还低。"马云创下了全球融资的新纪录，也让创业者们燃起了幻想。但事实上，创业却是一条超出大部分人想象的更加艰辛和漫长的道路，只有在创业前真正意识到自己面对的困难究竟会是什么，仍然决定坚持要在创业的道路上走下去之后，你才是真的勇士，才有资格迈出创业道路的第一步。下面几点创业者普遍碰到的困难是我们给大家浇的几盆冷水，希望不会浇灭大家的创业火种。

（1）难以想象的工作压力。对于创业团队来说，朝九晚五和法定节假日几乎是不可能存在的，他们熟悉的是无穷无尽的加班。

（2）社会认可程度低。即便在创业如此普遍甚至泛滥的今天，创业者的社会地位仍然有待提高。"X总""X老板"之类的称呼在很多时候更像是一种调侃，参加同学聚会等活动则需要很大的勇气。

（3）人际关系紧张。创业者与员工的关系经常会陷入尴尬的状态。与员工走得太近，你会担心失去威信难以服众，但"高冷"的姿态则会让你丧失人气甚至指挥权,无法调动大家工作的积极性。另外,创业者与亲人和朋友之间的关系也会受到因创业而带来的巨大挑战。

(4)经济压力。对于大部分创业团队来说,在创业初期,工资是低得可怜的,甚至没有。在这种情况下,前三种困难将会被更加放大。即便得到了投资,投资人的钱也不是能随便花的,想多发点工资基本没有可能。所以请务必积累一定的财富或者做好一段时间贫困的准备。

面对这么多困难,你真地准备好了么?

创新者的习惯①

如果你已经准备好踏上创业的道路,我们建议你培养以下创新者的习惯,这即便不能保证你的创业之路一片坦途,也至少能让你少走些弯路。

1. 积极主动

自我意识、想象力、良知、独立意志是人类的四大天赋,也是职场人士天然具备的重要资源。但是,只有通过运用高效能的思维框架,才能将这些资源转化为成果。人的效能受情绪、心境、刺激和外在环境等外在因素的影响。

2. 以终为始

以终为始是一个人应有的职业习惯。以终为始的基础是想象力——设想的能力、看到愿景的能力、用自己的头脑创造目前无法用眼睛看到的事物的能力。以终为始意味着,每天、每个任务、每个项目开始之前,你都要对自己的方向和目的有一个清晰的构思(即愿景),然后再动员一切积极因素去实现它。任何机构和单位都需要具有"以终为始"素质的职业人。机构愿景或者企业愿景有赖于具有个人愿景的人去落实。

3. 要事第一

对于哪些事情必须首先去做,哪些事情可以延后,判断的标准是什么?怎样把注意力集中于自己的优先事务?人们普遍的习惯是急事先做。但事实上,我们应该理解这样的道理:"在多数情况下,越是重要的事偏偏越不紧迫。"通过判别分类"重要而紧迫""重要而不紧迫""不重要而紧迫""不重要也不紧迫"四类事

① 在本节中,我们主要参考了史蒂芬·柯维博士的著作《高效能人士的七个习惯》《高效能人士的第八个习惯》和思想,在此表示感谢。

情,把重要的事情提前做,才能规避减少紧迫的事情。

4. 多赢思维

多赢思维是在一切人际交往活动中不断寻求互利的一种思维模式。怎样在自己与他人之间建立互信关系?同事之间是否真心乐于分享?跨部门之间的协作是否以利人利己为目标?这些都是每个类型的组织需要给予高度关注的问题。大家应当意识到,多赢品格是健康和谐人际关系的基础。多赢品格特征是:正直、成熟分享和感恩心态。任何有成就的组织,都焕发着多赢品格的光芒。

5. 知彼解己

高情商员工的特点是什么?最核心的便是要做到知彼解己。自传式回应,即把自己的看法强加于他人,是每个人都有的弱点,也是组织机构缺乏执行力的主要原因。大家应建立"以寻求理解为宗旨去聆听别人的习惯"。此外,需要注意,聆听的目的不是为了"回应"而是为了"理解"对方。

6. 协作增效

协作增效又称统合综效。协作增效是建设性合作的习惯,意味着你能与他人共同创造一些个人单干时达不到的业绩。协作增效的实质是重视差异、尊重差异、建立优势并弥补弱点。人们一旦经历了真正的统合综效,他们就不会再放弃。在你能充分利用他人的优势之前,你首先要承认并尊重他们的差异。但珍视差异并不代表全盘接受或认同,大家应明白"有分歧才有收获"的道理。

7. 不断更新

"不断更新"谈到的是,如何在四个基本生活方面(生理,社会/情感,心智及心灵)中,不断更新自己.这个习惯提升了上述六个习惯的实施效率。对组织而言,七习惯提供了愿景,更新及不断的改善,使组织不至呈现老化及疲态,并迈向新的成长之径;对家庭而言,七习惯透过固定的个人及家庭活动,使家庭效能升级,就像建立传统,使家庭日新月异,即是一例。"不断更新"是要我们懂得去学习和自我批评,还要从以上四个方面去总结,不能停留在做完一件事再总结的层面,这是不够的,应该全面审视自己,提高自己的素质与素养就在提高整体,提高前面提到的六个习惯,这一切是相辅相成的。

8. 发现内在的声音

心声位于中心,而围绕它的是天赋才能、热情、需求,以及良知。如果某项工作能开发你的天赋才能、唤起热情,而且世界也需要、良知也敦促你去行动,那么,你的心声、你的召唤、你的"灵魂密码"就在那里。找到自己内在的声音,它就隐藏于我们与生俱来的潜能之中。虽然是潜伏的、尚未开发,种子却早已种下。但是,若我们不下定决心并为此做出努力,大部分仍会停留在未开发状态。每个人都有极大的内在潜力,我们应该积极运用、开发天赋才能,这样收获就会增加,能力也就越大。

团队建设与人才吸纳

在这本书的最开始,我们就向大家介绍了五色创新思维:批判思维,经济思维,设计思维,美学思维,生命思维。相信大家也已经认可和掌握了相关的概念。现在,我们将应用五色思维理论来组建一支强大的创业团队。

人无完人,世间很难存在一个人,五色思维能力都相对较强。这里我们对思维能力强弱的判定稍作解释。思维能力是一个主观概念,也是一个相对概念,就如同经济学上的效用概念一样,是很难被客观准确量化的。那么,如何判定一个人思维能力的相对大小?我们主要是通过一种后验的方法,观察其曾经在这个思维领域内做过什么事情,结交过什么人,得到了哪些人的认可等等,来作为一种能力相对大小判定的标准。

我们有比较充分的理由做出以下判断:著名物理学家爱因斯坦的批判思维能力是超越常人的;"股神"巴菲特具有很强的经济思维;建筑大师贝聿铭是设计思维的佼佼者;心理学家弗洛伊德有着出众的生命思维;苹果创始人乔布斯除了经济思维和设计思维外,更是一个美学思维的代表。

虽然我们可能无法找到一个五色思维的全才,但对于一个创业团队来说,具备所有这五种思维却几乎是成功所必须的条件。当然,这对于创业团队来说也并不是什么难事,须知创业团队少则三五人,多则几十人,大家互相取长补短,组建一个具有五色思维没有短板的团队还是不难的。关键则在于团队领袖是否掌握五色思维理论,是否能够将其应用到团队组建中来。

在一个团队中,如果按照五色思维理论,那么至少分割成五个模块(请注意,团队中的某些成员可能会参与数个模块的工作)。批判思维模块:这个模块中的成员主要负责的工作包括战略规划、商业模式分析、组织协调沟通、竞争分析以及对其他模块成员和公司大小事务的建议督促。企业的董事长与 CEO 需要具备理性判断力与决断力。创业团队的领导者总是被要求有较强的批判思维;经济思维模块：明显的，这些人主要负责销售、营销、投融资、财务管理等市场类工作，核心代表是企业的 CFO；设计思维模块：主要负责产品研发设计与技术的相关工作；美学思维模块：主要涉及品牌管理，包装推广及一部分营销工作；生命思维模块：典型的企业对应部门便是人力资源部和后勤保障部，他们的工作能够确保企业的可持续发展和人力资本提升。

那么，我们如何吸引与发挥人才的价值？有关企业如何能够吸引人才的问题，已经有很多专家教授和企业家给出了他们的建议和回答，总结起来主要包含以下几点：

第一，领导者的人格魅力。这一点看似很玄，实际上却是最好的方法。管理既是一门科学，同样也是一门艺术。有太多的知名企业家身上散发出的人格魅力是团队成员坚定追随的主要甚至是唯一条件，比如阿里巴巴的马云、联想的柳传志、苹果的乔布斯等等。

第二，令人认同的企业愿景和文化。对于创业团队来说，企业愿景和企业文化往往比短期内的福利待遇更加吸引员工。因为，凡是有志于参与创业的人，他们在乎的往往都不是短期内的财富回报，而是一个长远的梦想。在实现这个梦想的过程中，企业文化和团队氛围则显得至关重要。很多时候，我们看到一个创业团队的成立甚至只是大家对一个点子的一致兴趣和认可，而有时，这就足以让大家齐心协力为之奋斗终生了。

第三，公平公开的激励机制。没有激励机制的话，自然成为"平均主义大锅饭"，导致职工精神萎靡、不思上进，人才变愚才。人才亦是普通人，也有趋向于"好逸恶劳"的一面，若企业领导者不施予环境刺激而任其自生自灭，则所有人都趋向于"急功近利"的价值观，企业将不再拥有真正的人才。所以，要以真心待人，设定正确的战略目标，建立完善的激励制度，公正地评价每位员工，公平地给予报酬，让良好的激励制度在企业内部生根发芽。

第四，发挥潜能等的自我实现需求。这是最高层次的需求，包括针对真善美至高人生境界获得的需求，是一种衍生性需求。这对于创业团队来说，恰恰不难满足，因为大家都有着一个共同的梦想，在一起为之奋斗，这个过程本身就是一个自我实现的过程。

除了以上几点，还有很多方面需要考虑，比如薪资待遇（即便是创业团队，基本的温饱也得满足）、晋升渠道、考核机制等等。事实上，对于不同的企业和创业团队，吸引人才的方法是不同的，我们还需要针对具体情况进行具体分析。

创业中的项目管理

本节我们主要讨论创业中的项目管理问题,我们首先要让同学们明确和理解项目计划和项目执行之间的反馈关系;其次,通过介绍精益创业的理念和方法,教会大家如何具体地实施项目管理。

项目计划与项目执行

项目管理的基础便是项目计划,没有计划,管理就丧失了依据。而项目执行则是项目管理的对象,因此,要想管理好一个创业项目,我们首先要理解项目计划与项目执行之间的关系。

如图7-1所示,项目计划和项目执行都包括三个维度:人员、系统和信息。人员主要指人力资源的匹配和安排,系统则多指物理层面的产品或服务,信息则包括所有互动交流的内容和形成的知识。两者的不同主要体现在,计划层面强调的是对未来的预期和指导,目的是告诉和引领团队如何开展工作和开展什么工作;实施层面则强调过程中和结束后的绩效考量,评价团队做的事情和使用的方

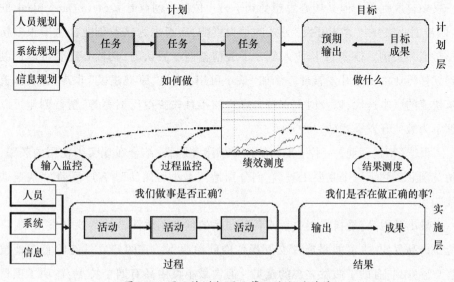

图7-1　项目计划与项目管理流程的关系

法是否正确高效。从这个角度上讲,项目计划和项目执行之间存在着反馈关系,正确的项目计划是项目高效执行的基础和前提,反过来,项目执行是检验和调整项目计划的实践标准。深刻理解两者之间的关系对于一个创业团队来说是非常必要的,希望大家能够就这一问题展开深入思考和讨论。

混淆或无视项目计划和项目执行之间关系的情况经常在创业团队中发生。在创业之初,有时候大家都干劲十足,在还没有明确项目计划的情况下就大刀阔斧地开展项目执行工作,这样做的结果往往是事倍功半。相反的,有的创业团队则又过分重视项目计划,希望把计划做到完美才出手,又会错过一些好的时机。只有清晰地认识到项目计划和执行之间的反馈关系,同时开展并时刻跟踪反馈结果,才能够保证项目的高效推进。

精益创业

在本节中,我们将引入精益创业的概念,通过学习精益创业的概念和方法,让大家更好地管理自己的创业项目。

精益创业的核心思想是,先在市场中投入一个极简的原型产品,然后通过不断的学习和有价值的用户反馈,对产品进行快速迭代优化,以期适应市场。精益创业(Lean Startup)由硅谷创业家 Eric Rise 于 2012 年 8 月在其著作《精益创业》一书中首度提出。但其核心思想受到了另一位硅谷创业专家 Steve Garry Blank 的《四步创业法》中"客户开发"方式的很大影响,后者也为精益创业提供了很多精彩指点和案例。很多 IT 从业人员在了解精益创业后认为,其核心理念可以追溯到软件行业的敏捷开发管理。例如"最小可用品"与"原型建模"非常相似,都追求快速的版本迭代,以及时刻保持与客户的接触并获得反馈等等,精益创业可以理解为敏捷开发模式的一种延续。

根据《精益创业》一书中提到的主要思路和脉络,结合在现实中使用的频率,精益创业提到了三个主要工具,它们分别是:"最小可用品""客户反馈""快速迭代"。

最小可用品:是指将创业者或者新产品的创意用最简洁的方式开发出来,可能是产品界面,也可能是能够交互操作的胚胎原型。它的好处是能够直观地被客户感知到,有助于激发客户的意见。通常最小可用品有四个特点:体现了项目创意、能够测试和演示、功能极简、开发成本最低甚至是零成本。

客户反馈：是指通过直接或间接的方式，从最终用户那里获取针对该产品的意见。通过客户反馈渠道了解关键信息，包括客户对产品的整体感觉、客户并不喜欢/并不需要的功能点、客户认为需要添加的新功能点、客户认为某些功能点应该改变的实现方式等；获得客户反馈的方式主要是现场使用、实地观察。对于精益创业者而言，一切活动都是围绕客户而进行，产品开发中的所有决策权都交给用户，因此，如果没有足够多的客户反馈，就不能称为精益创业。

快速迭代：是针对客户反馈意见以最快的速度进行调整，融合到新的版本中。对于互联网时代而言，速度比质量更重要，客户需求快速变化，因此，不追求一次性满足客户的需求，而是通过一次又一次的迭代不断让产品的功能丰满。所以，才会有微信在第一年发布了 15 个版本，扣扣保镖 3 周上线的记录。

精益创业的常用方法有：

1. 精简式反馈

大多数团队认为，只有开发出一个功能完整、看起来很美观的界面之后，才能将其展示给客户以获得反馈。事实证明，只要将一些简单的模型功能组织在一起，并提供可点击的区域，同样可以获得有价值的反馈。事实反复证明，消费者十分愿意与这些可点击的功能互动，就好像它们是最终的产品。这可以帮助创业公司了解其设计是否有效，在真正进行大规模开发工程之前，这是一个十分有效的方法。

2. 客户采访

不要闭门造车，而要通过收集数据来支持产品设计。具体而言，要走出去，找到自己产品的潜在客户，通过与他们交流来找到解决问题的答案。对于该方法，开发者也许已经听过上百次了，并且也认可，但要真正把它培养成习惯并不容易。

3. 以小见大

要想迅速了解消费者是否喜欢一项新功能，只需通过推出该功能的一小部分即可。产品定制创业公司 CustomMade 就是如此，开发者希望让访问者借鉴他人的项目来获得灵感。但没有必要费力地开发出整个功能，因此仅推出了第一个按钮。当开发者看到大量访问者点击该按钮时，就知道应该把这一功能继续完成。经过调整和优化，用户互动明显提升。

4. 判断

开发者可以将竞争对手的产品看作是一个免费的原型。观察消费者如何使用这些产品,他们喜欢哪些功能,哪些功能用不到,甚至令人厌恶。了解这些,开发者在进行产品设计、营销和销售时就会做出更好的决定。

5. 微调查

精益创业人士需要使用一项有效的调查模式,尽量让调查与当前的研究内容紧密结合。例如,如果想知道顾客为何选择企业的一项定价计划,就可以给出一个小的弹出式调查问卷,而不是可能需要几天后才能看到的电子邮件。此外,阅读 100 个简短的用户反馈获得的内容远比知道 32% 的人选"B"更多。

6. 真正数据原型

开发一款真正的产品需要的时间远超出你的想象,为了高速学习和反馈,有必要建立一个真正的原型。当为优惠券网站 RetailMeNot 设计优惠券页面时,设计者需要真正的优惠券数据来评估设计。设计者花费了两天时间来创建原型,尽管还有不少问题,也不具备太多功能,但却可以从消费者那里获得许多有价值的反馈。反馈发现,最初约 50% 的想法不合理。后来又重复了三次,建立原型并展示给消费者,最终使创新的设计更具可用性,点击率显著提升。

7. 实地考察

到用户的实际所在地考察,现场收集使用意见。

精益创业来源于互联网行业,是软件开发的一种新模式。但其背后的"客户验证"思想在大量非 IT 领域得到应用。例如美剧的拍摄,往往都会先拍摄一部几十分钟的先导片,交代主要的人物关系、矛盾冲突、故事背景,然后邀请几十位观众参加小规模试映会,再根据观众的反馈来决定剧情要做哪些修改,是否需要调整演员,以及决定是否投拍。在每一季结束时,制作方又会根据收视率和观众意见,决策是砍掉该剧还是订购新一季内容。这种周拍季播的模式,把所有的决策权交给观众,让制作方的投资以及失败成本降到了最低,是一种典型的精益创业方式。

整体而言,精益创业适合客户需求变化快、但开发难度不高的领域,比如软件、电影电视、金融服务等领域。在国内,除互联网企业外,酒店管理领域的一款 APP 软件"今夜酒店特价"就采用这种小步试错的方式进行开发;一些传统企业如中信银行信用卡中心也利用精益创业进行信用卡产品及客户服务的创新,并把"最小可用品""客户反馈""快速迭代"这三大法宝固化到项目管理机制中。

由于精益创业需要经常进行客户验证,因此对于一些客户验证成本较高、或者技术实现难度较大的工作并不适合。比如大型赛事,服务的客户是全体运动员,但想要获得他们的频繁反馈是比较困难的。又比如航天工程,客户需求是比较明确、清晰的,主要的难点在于飞行器的技术实现和对接控制。

创业中的绩效管理

绩效管理可以分为三大流派:第一种是以人力资源为核心的绩效管理。主要针对不同层级员工,侧重绩效评价,强调"人本绩效管理"的概念,推动者和实施者一般是人事部门和企业的人力资源部门。第二种是以财务为核心的绩效管理。采用财务预算、报表整合、财务分析等为主的绩效管理方法,主要针对部门层面,侧重财务指标的计划和监控,主要推动者和实施者一般是企业财务部门的主管。第三种是以业务流程为核心的绩效管理。将企业看作一个复杂系统,以企业生产和销售业务中的业务数据为主实现质量管理,强调商务智能和运营监控的运用,对事不对人。主要针对产品和事业部,侧重以数据分析为主体的优化和控制,推动者和实施者一般是企业的质量管理部门、调研部门,或者是运营主管。

现代企业绩效管理的本质是通过先进的数据挖掘、商务智能、流程管理等技术,帮助企业获得四种能力。第一,洞察力。主要指对于企业绩效发展的预见力。取决于企业是否能够了解并规划其绩效,明确企业战略规划,战略计划要有客观依据,快速而准确地从历史状况和市场分析中把握企业脉搏,预测到一定微观层面的绩效指标水平。第二,监控力。主要是指财务绩效的管理能力。财务的绩效要在企业运营中体现,在战略计划之后,通过运营的数据和信息进行分析,能够反应企业管理的真实情况,将实际执行的结果和计划进行对比,让管理层能及时调整战略。第三,决策力。主要指对企业决策绩效的管理。企业绩效管理是一个"透视企业"的过程,通过采用企业绩效管理软件,让企业管理者避免决策的盲目。企业绩效管理的基本理念是将企业的经营战略分解为一系列可度量的指标,然后对这些指标进行监控,从而实现对企业运营状况的把握,高层领导可以在此基础之上对企业的发展方向进行调整。第四,创新力。这是绩效管理的最高能力。寻找新的竞争策略的过程就是不断创新的过程。创新已经被公认为是影响企业绩效的关键因素之一,但是这种因素很难转化成指标,也难以量化。要提高创新的绩效,管理层需要事先对那些由全球经济变动、人们的消费时尚和消费兴趣以及竞争态势所造成的市场结构变化有所预见,而不是随波逐流。创新的需求是企业战略规划中的关键点,也是战略执行中要不断调整和监控的。

摩托罗拉的绩效管理体系是根据平衡计分卡的原理而设计,并参照美国国家质量标准来制定的。每年年初,摩托罗拉都会把公司总的战略目标、部门的业务目标以及个人的职业发展目标三者相结合来制定绩效目标。制定目标时通常都强调 SMART(聪明)原则:"S"(specific)是指目标要具体;"M"(measurable)是指目标要能够衡量,并要求定出实现目标达到的级别;"A"(attainable)是指目标是能够实现的,不能定得太高而最后实现不了;"R"(relevant)是指目标要跟公司的绩效和战略相关联;"T"(Time)是指实现目标要有具体时间期限。每个员工制定的工作目标具体从两方面入手:一方面是战略方向,包括长远的战略和优先考虑的目标;另一方面是绩效,它可能会包括员工在财务、客户关系、员工关系和合作伙伴之间的一些作为,也包括员工的领导能力、战略计划、客户关注程度、信息和分析能力、人力发展、过程管理方法。以摩托罗拉(中国)电子有限公司人力资源总监邢林举为例,她要根据公司的战略方向和人力资源部的业务范围,明确制定出自己的本年度目标以及业务评估标准。具体项目不仅包括人力资源方面的策略和目标,还涉及财务指标、客户和市场的要求等。她当年所有的工作都要与此紧密联系地进行。①

目前比较流行的企业绩效管理工具和方法有平衡计分卡、绩效棱柱等,它们都是较为成熟的方法,也各有优劣。这里我们主要给大家介绍一种蓝图分析法

---

① http://www.ceconline.com/hr/ma/8800034463/01/。

（图 7-2）。这种方法是用一个蓝图模型，将整个企业权益者关注的方面分为销售和市场、生产和配送、人力资源、信息技术、财务和审计、高层管理六个方面（六大列）。针对每个方面，从战略层，运作层、战术层（三层）来分析。这样在图上就出现了 18 个关注区域（18 个大单元格）。每个单元格中又可以分为 9 个小单元格，这样一张图就会容纳 162 个小单元格。每个小单元格可以代表一个指标和信息需求要素。另外，在需求分析中使用蓝图法的时候，可以和企业的 CEO、CFO 等高层管理人员集中开会讨论，项目咨询顾问和他们一起绘制这样的蓝图。在一个完整的调研过程中，这样的蓝图要绘制五张，实际上代表五个分析角度，包括"关注的问题""采用的措施""主要绩效指标""信息需求""系统需求"。这样的五个视图，可以有 810 个小单元格，每个单元格代表一个视图中的信息点。同时，不同单元格之间还有相互影响关系，用箭头来表示，这样就出现了很多变化。因此，在针对每一个视图进行调研后，结果是形成了五个蓝图模型。这些模型构成了决策支持信息系统规划的主要指标和信息模型的基础。当这样的五张蓝图绘制完成之后，再来对指标进行分类整理，成为进一步规范化的需求报告。

蓝图法有以下优点：

（1）战略上一致性。指标建立在企业的战略目标的基础上，不同部门在同一个图纸上分析，消除了战略观念上的模棱两可和不一致，有助于达成高层领导思想上的认同。

（2）使组织专注于既定目标，并沿着目标前进。向各级各层传达组织想要完成什么目标以及如何完成目标，使企业始终专注于那些能够驱动策略执行的措施及行动。

（3）360 度绩效透视。包括了组织管理中最重要的几方面，高层管理者可以看到某个战略远景或流程中采取的行动在另一个战略远景或流程中将产生怎样的影响。

（4）可操作性强。这是这种方式优于平衡计分卡的优势。在咨询中更加直观清楚，而且更贴近 BPM 信息系统的规划需求。在实际应用中，可以根据具体环境分析，在蓝图方法上增加维度（比如政府关系管理属于中国一些企业重视的维度）。

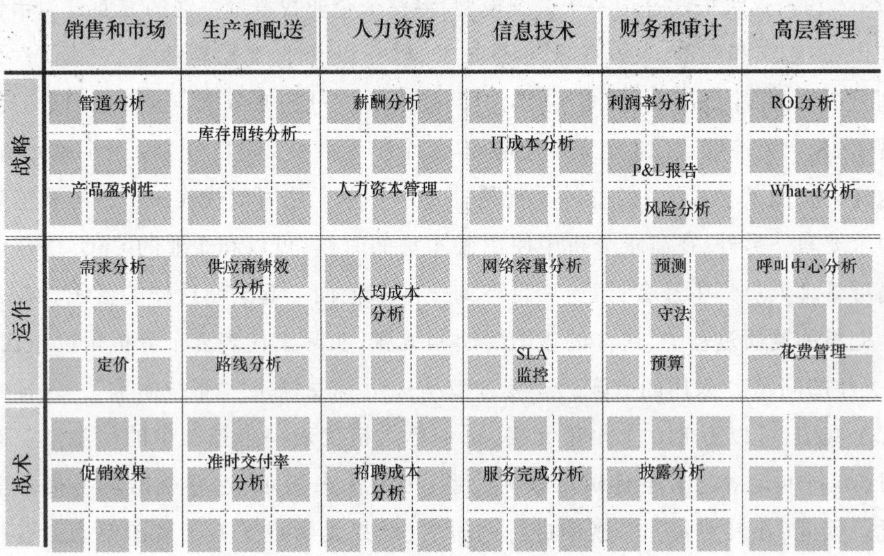

	销售和市场	生产和配送	人力资源	信息技术	财务和审计	高层管理
战略	管道分析 产品盈利性	库存周转分析	薪酬分析 人力资本管理	IT成本分析	利润率分析 P&L报告 风险分析	ROI分析 What-if分析
运作	需求分析 定价	供应商绩效 分析 路线分析	人均成本 分析	网络容量分析 SLA 监控	预测 守法 预算	呼叫中心分析 花费管理
战术	促销效果	准时交付率 分析	招聘成本 分析	服务完成分析	披露分析	

图 7-2　企业绩效管理蓝图分析法

章节小结

在本章中，通过结合前几章的理论知识，逐步过渡到了真实的实践方法，主要介绍了创新者在创业前期需要做的具体准备工作，强调了信用在市场中的重要性，以及我们如何建立自己的信用。此外，通过引入精益创业的概念，教授大家如何管理自己的创业项目。

思考问题

1. 你适合创业吗？请结合本章内容做具体分析。

2. 在你看来，创业者还需要具备哪些特质？为什么？

3. 谈谈你对精益创业的理解。

拓展阅读

1. 埃里克·莱斯:《精益创业》,中信出版社,2012 年。

2. 史蒂夫·G. 布兰克:《四步创业法》,华中科技大学出版社,2012 年。

3. 蔡剑等:《企业绩效管理》,清华大学出版社,2007 年。

第 八 章

网络时代的
创新与创业

学习目标

- 理解网络经济的本质
- 掌握互联网思维
- 理解社会网络的新兴业态
- 掌握互联网创业的技能

知识要点

- 网络经济原理
- 互联网分层体系演化
- 众包、众融、互动服务等社会化自组织模式
- 未来创新创业的四种市场

网络系统的进化规律

随着全球网络化的快速发展,互联网和社交网络改变了传统经济发展模式。移动互联网技术与新商业模式正在实现整个商业的网络化,也带来了社会形态的改变和消费者生活方式的变化。越来越多的创业企业依托互联网开发出新的商业模式并取代了传统商业模式。互联网创业正以其爆炸式的效果,在世界范围内迅猛发展,成为当今世界发展中新的经济增长点。

从农业时代、工业时代到信息时代,人类社会已经进化到网络时代。半个世纪前开始的信息产业革命以及正在发生的移动网络革命,是迄今为止人类对社会最巨大的一次改造。网络的发展加快了经济全球化进程,改变了人类的生产、流通、分配、消费方式,出现了虚拟货币、网络市场、社区商务等新的经济现象。随着国家信息网络、媒体网络的开放以及社会网络相融合的趋势日益显现,互联网社区与实际组织的边界开始模糊。在网络社会这样的"联结社会"中,互联网和新兴媒体的大规模应用引起了社会经济和文化的演变(图8-1)。同时,社会经济和文化的发展又催生了更多互联网和新兴媒体的创新。如此正反馈过程让在特定时间和空间发生的事件得以迅速扩大到整个人类世界,产生了新的人类劳动、生活和思考的方式。社会的组织方式已经发生了根本性的变化,民众之间的人际关系和信息之间的网际关系形成了跨国界和跨文化的互联,这也带来了新的经济和社会问题。经济全球化和服务网络化导致经济发展的高度开放,从而要求主权国家增强政策的调控能力,善于在不可避免的外部冲击下来实现自己的社会经济目标。作为一个经济大国和人口大国,中国已经成为了世界上最大的网络社会国家,形成了独特的网络社会现象与问题,例如,网络信用体系的问题,网络内容的开放与管制矛盾,网络虚拟经济与现实经济的价值冲突等等。解决这些问题就为创业者带来了机遇。

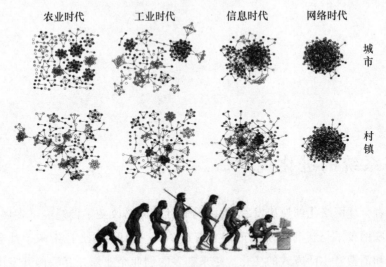

图 8-1　人的进化与社会网络的时代变迁

　　社交媒体让人们以更小的群体在网络聚集并共享与交换其知识和信息,让更多的人能够有影响自己社区的条件。过去长期存在的城市、乡镇之间的社会关系鸿沟被打破了。新媒体对传统媒体的替代是因为其大大降低了传播成本:第一,基于文字、声音和图像多种数字媒介的集成,复制的边际成本接近于零。第二,媒体的传递是互动的,人们可以实时地进行反应,沟通方式越来越接近面对面交互,信息不对称情况减少。第三,支持新媒体的技术是可以再次开发的软件,其功能是可生长的。创造者的劳动时间凝结在软件当中,被计算机和网络不断复制,可能出现信息和服务的供应量相对过剩。新的服务系统技术让广布的自主的计算资源通过面向服务的体系结构将松散系统集成,进而形成了广泛强大的符号处理能力。网络企业将数据接口开放,让大量的通信、金融、交易等等数据在网络系统当中流动。通过分析这些巨大的数据集合与社会结构的映射关系,网络的设计者和管理者可以掌握更真实的信息。随着移动终端和存储器的成本大幅降低,网络系统获得了过去无法获得的对人类行为的描述性数据。当获得网络社会全体居民随时随地互动的数据的成本降得足够低的时候,整个网络将形成一个连接在一起的"社会计算机"。人们作为其使用者创造并且分享信息,并且成为这台"超级社会计算机"的一部分。没有个人和组织能够控制这台超级社会计算机,它已成为整个社会的神经系统与记忆系统的组成部分。而且,只要人类还从事智力活动,网络就在不停地自由组合而且在不断演变。

伴随着自由演变过程的是互联网和移动通信在人群中的广泛运用,这让媒体网络和社会网络融合度越来越高,个人之间的通信数字化加快,组织和现代社会有了新的结构形式。在可见的未来,在家庭和工作场所,报纸、信件、杂志等传统传媒最终会被数字媒体完全取代。互联网与社会网络融合意味着世界网络得以实现,人类开始有能力在任何时间、任何地点与任何人进行连接,社会关系和组织结构的均衡被不断打破,新的社会演变模式正在形成。因此,信息技术进步不但为网络社会发展创造了物理条件,而且通过数字化这一方式沟通了属于物质的自然世界与属于社会的精神世界。

社会当中的人们共同构造了网络社会这个符号世界,并用其对自然世界和精神世界进行了改造。网络技术是一个完全由在通信网络中嵌入的逻辑支持的信息变化,而记忆是一个由一系列选择和经历构成的智能变化。个人掌握的言语是有限的,个人的记忆是有限的,而网络社会以通用的计算机语言和数据标准实现了符号的融合,以广泛分布的存储汇总成了人类扩展的海量记忆。刻意让人形成的记忆,通过符号改变了文化;自觉的记忆,通过文化改变了符号。人的观念由情境、记忆与目的构成。人与人之间对于目的与情境的认同或者否定形成了相互影响的观念。相互影响着的观念聚集成为社会意识和社会情绪,不可调和的社会情绪成为了社会矛盾。网络让客观矛盾更快地反映出更多人主观的思想,组成了更加激烈的概念的矛盾运动,进而"推动了思想的发展,不断地解决人们的思想问题"。如果说工业革命让人类第一次能够创造出伟大的模仿自然的力量,那么网络创新让人类第一次能够创造出支配这种自然力量的无穷精神力量。

1998 年,斯坦福大学的布林和佩奇在宿舍写出了一个在线搜索引擎,谷歌诞生。从此,全球互联网从以雅虎为代表的门户模式调整到以谷歌为代表的搜索模式。在搜索基础上,以开放、分享、聚集、兴趣社区、活跃用户为特征的 Web 2.0 的概念被提出。基于 Web 2.0 的应用如 RSS、博客、播客、维基、P2P 下载、社会书签等进入了人们的生活。这些应用有一个共同的特点:用户参与了内容创造。但是内容创造和接收的

结构是高度不对称的。Wiki 的统计数据表明,只有不到 2% 的用户参与过 Wiki 词条的编写,高频贡献用户更少。参与创造的用户,因为任务本身的专业性,往往也会成为专业的人员。这并没有充分释放互联网平等、开放、分享的精神。移动互联网的迅速崛起将 Web 2.0 模式推向 Web 3.0。这将是一个广泛参与的互联网。它不仅仅包括通信设施,还包括人。每个人都将成为无时无刻不在为互联网输入内容的“专业人士”,无论我们分享一个地点、一家餐馆、一张照片,都将给其他人带来泛在的价值。在互联网上,Facebook、Twitter、微博、微信等以 SNS 为核心的网络;eBay、淘宝、亚马逊等以电子商务为核心的网络;有名网、58 同城、赶集网等以服务交易为核心的网络都在形成。互联网承载人与人互动的最基本需求:交换信息、交换商品、交换服务。多种多样的互动模式,从 B2B、B2C、C2C、P2P、O2O 到 S2S,本质都是交换价值的模式。互联网发展到今天,实质上成为了一个创造价值、承载价值、传递价值的网络。互联网 3.0 时代,广泛的参与和价值分享已经成为最大的特点。互联网的泛在性体现在,人与设备的泛互联化(如物联网);基础设施和管道的智能化(如智慧城市、智慧交通等);计算和存储资源的云端化;用户社会标签的多元化;互动和分享的随时随地化;等等。互联网已经不仅仅包括光缆、路由器、PC、手机,还包含人、组织、制度和文明。这样一个庞大的系统,构成了宏观意义上的社会网络。

网络社会是复杂的物质系统和生命系统的组合。网络的最小单元是两个单位元素之间的链接集合。单位元素称为节点,单位元素的集合通常被称为系统。两种元素单链路就是“关系”,链路的公共互动规则称为“协议”。网络社会以人为节点的最终终端,以人能够理解的“符号”所表示的言语为媒介,以信息设备为信息传递和处理的工具。在人类世界中,言语的能力一直占据了中心的地位。网络社会的演变正是源于符号技术与语言工具构造了自然科学与社会科学的桥梁,进而形成了自然世界与精神世界当中的符号世界。因此,网络的符号世界是一个跨时空的“社会—技术”的人工物。这个人工物从来没有像今天一样如此真实地反映世界的时空运动。网络社会的发展,依赖于人们将经济和工程对信息和知识进行紧密集成,从而对未来世界的运动进行了协同的考虑,预测的准确度

相对提高,决策和交易的时间相对缩短。由此而来,人类社会对信息世界进行了改造,而信息世界又变革了人类社会。

　　大数据跟传统的数据最大的差别在哪里呢? 第一,在线。首先大数据必须永远是在线的,而且是热备份而不是冷备份的,即不是放在硬盘里的,而是随时能调用的。不在线的数据不是大数据,因为你根本没时间把它导出来使用。只有在线的数据才能马上被计算、被使用。第二,实时。大数据必须实时反应。我们在淘宝上搜索一个商品,后台必须在10亿件商品当中,瞬间进行呈现。十亿件商品、几百万个卖家、一亿的消费者,瞬间完成匹配呈现,这才叫大数据。第三,全貌。大数据还有一个最大的特征——不再是样本思维,而是一个全景思维。以前一提到数据,人们第一个反应是样本、抽样,但是大数据不再抽样,不再调用部分数据,我们要的是所有可能的数据,全貌的数据。其实叫"全数据"可能比"大数据"更准确。①

　　网络系统遵从自下而上的分层演化规律。网络系统的结构,从微观到宏观是分层的。从微观来看,网络是一种人工语言和协议构成的基础设施,各层运用不同协议来规定同级实体之间信息传递的格式和含义。在互联网技术分层模型里有四个功能和协议层。每个功能和协议层的产生都会催生出一家平台级的高科技企业。这个协议层从底层到高层依次是:① 电路层(如 Intel),② 数据层(如 Oracle),③ 网络层(如 Cisco),④ 网页层(如 Google)。② 电路层实现的是网络硬件和信号的链接,数据层实现的是数据之间的组合和链接,信息层实现的是数据在网络当中的畅通传递,网页层是呈现在用户面前的网页之间的链接。这些抽象功能层由物理的信号链接向社会的言语链接发展。可以发现,下层为上层提供功能服务,上层在下层基础上添加新功能。底层的协议的操作对象是物理的计算机,而上层的协议更接近于组织和人。当网络中的信息的"归属权"这一社会概念出现的时候,宏观层面的网络"社会化"模型出现了,在四个技术层次之

---

　　① 曾鸣,"阿里巴巴曾鸣:何为互联网的本质?",http://www.ciotimes.com/2013/1110/86779.html。
　　② 经典的 OSI 互联网模型分为 7 层,TCP/IP 协议模型分为 4 层,为了相对简单,我们提出的 4 层综合了以上两个模型。

上,增加了三个新的社会层次:⑤ 我的网页,⑥ 现在的我,⑦ 我。如此,形成了七个层次的连贯的"社会－技术"互联网模型(图8-2)。

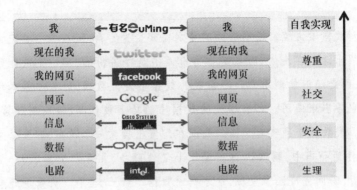

图 8-2　网络系统的创新规律与马斯洛五层需求

　　网络系统的进化与人类社会需求层次的提升是分不开的。网络的协议与规则归根到底源于人的需求,后来者的创造也是在前人基础上发展而来的。马斯洛将人的需求分为逐级上升的五个层次:生理,安全,社交,尊重,直到自我实现。网络社会进化的最终目标是让每个人有自我实现的机会。很明显,网络系统的七个层次与人的需求的五个层次是相对应的。从物理的电路连接,进化发展到精神的"我"的连接,网络系统实现了人与人从生理到自我实现需求的提升。在一个健康的社会环境中,人的需求层次会上升,但有时遇到挫折,会消沉倒退。互联网通过将重复性地事务交给计算机来运行,将人从低级的需求中解放出来,进而能够实现更高层次的需求。

　　伴随着互联网的普及和发展,社会网络的概念深入人心,不仅仅是因为人们在日益适应足不出户的与他人进行线上互动的生活方式,还因为以社会网络分析为基础的大量研究在改变我们认知社会的方式。人与人之间的关系、协议、契约,构成了社会网络的基本元素。人们互相学习,激发思维,交换观念,交换证实,通过社交网络彼此印证与分享这些观念和证实。真理都是这样在分享中建立起来,保存起来,供大家利用。新媒体的出现极大地扩大了人的创新领域,教育与文化的普及提高了人的学习速度,互联网让人们自发地订立社会文化的信息规则与互动模式。这就形成了互联网创业的社会基础与思想源泉。

建立互联网思维

　　创业是人生中知行合一的历程。新创企业的战略决策,市场应变,团队领导,业务实施,每一个环节都需要创业者思考与决策。创业者要成就自己的人生与事业,必先有创业的性格;要塑造创业的性格,必先有创业的习惯;要形成创业的习惯,必先有创业的态度。创业态度源于创新的思维与价值观。如果创业者没有互联网思维,那么企业怎能为顾客创造价值? 互联网思维是用符合网络发展规律的方式去思考。互联网思维建立在网络时代的社会关系与价值观之上。互联网思维包括七个方面:开放、平等、互动、协同、分享、进化、向上。

　　互联网的价值在于其开放。一个人,一个企业,一个国家都必须开放才能够将自己的优势发挥出来,也只有开放才能引入外部的优势。互联网的价值与节点的平方成正比。开放的体系才具有正的外部性。与工业社会的大众媒体系统相比,网络社会的开放媒体具有相对低的成本。一切"商人"都是间接参加生产;因为,既然生产的目的是消费,那就只有在把产品送到消费者手里之后,生产才能算完成。网络社会的信息中介,将服务送到消费者之后,服务才能算完成。新媒体将信息沟通和符号处理的速度提升,这对经济社会的服务业产生了时间和空间的双重作用。在时间领域,通过将运算和传输加快,经济运行的交易速度大大提高,因此运用信息化的组织人力资本和劳动生产率得以提升;在空间领域,通过建立信息路径跨越了人与人之间的物理距离,市场交易成本降低,而服务边界开始不受空间的限制。

　　互联网的平等在于其不存在一个强制的中心。互联网是自组织形成的,没有中心节点,也不是一个层级结构。互联网协议的设计也基于双方的对等关系。虽然网络协议平等,但是互联网经过演化形成了非均质的连接资源分布。关系形成的协议的平等不能保证结果的平等。经济学上发现80%的社会财富被20%的个体所占据,其实这种20—80现象正是社会网络结构的一种自然的正常表现。例如,科学家之间的引文网络就呈现高度异质化;人们每天通话的记录也是高度异质化的;甚至在生物网络中,食物链也是异质化的,顶端生物无论种类还是数量,都占据了极少数,但是它们拥有极为丰富的食物来源。网络科学的研究发现这样的异质分布,这样的经验规律,在全世界、在一个国家、在一个地区,甚至在一个富人俱乐部里,都发挥着相似的作用。我们的研究已经证明人为地行政化规定阶层地位只会让这种不平等加剧。① 要保障社会关系能够按照自然的模式演进而不会出现断层,就需要坚持网络协议的平等性。

互联网的另一主要特点在于互动。移动互联网让经济单位的大小精确到了个人,各种利益的计算精确到每次点击与每单交易。互联网上实现了"人人为我,我为人人"。每个人既可以当买家,也可以当卖家。当一个个社会网络所形成的服务市场取代商品市场成为人们活动的主要形式时,交易活动更多是信息的传递而不是商品的传递,随之而来的是处于网络社会的经济组织的外部环境和内部结构都以更快的速度演化。新的互动形式也带来了经济组织的变革,组织的外部条件不断被新的技术、其他经济活动者,以及新的市场模式所替代;组织内部结构系统中的目标、合理性、适应性被不断重新确定。商品经济的人与人的社会价值关系主要是通过商品交换的经济关系呈现,而网络社会在商品交换的经济关系之外,以协同活动为载体,将文化、感情、道德等精神关系以明确符号的方式呈现出来。在经济运行当中,伴随着交易活动的还有自私、贪婪、恐惧,以及快乐、尊敬、满足等等情感的沉淀,进而让人的记忆扩容,并且影响到未来的活动。

互联网的发展依靠各方协同。网络的协同是参与者在自愿的基础上不依赖于行政命令而自愿共同合作完成一项活动。传统思维会认为,一个人得到的越多,另一个人得到的就会越少;自私的人比无私的人更少考虑他人。但这种假设在网络社会已经难以成立。协同作用可以理解为调和解决自私与无私,或者利己与利他这一矛盾的办法。在互联网的开放环境中,个人在寻求自身利益时,也会自觉或不自觉地为他人带来利益。同样,个人努力助人或乐善好施的同时,也会自然而然地因之受益。协同活动的本质是人力资本与社会资本的互投资,即每个人在合作活动当中都付出了时间,也得到了更多效用。一个网络社会资本额受其规模和个人拥有的资本量的影响。网络让每个人拥有了比过去更多的信息渠道,因而能够更好地预测未来的不确定性。一个组织可以通过网络节省更多的人力资本,一个人可以通过网络获取更好的资信。信息、影响、社会信用以

---

① 蔡剑:《协同创新论》,北京大学出版社,2012 年,第三章。

及支撑效应解释了社会资本具有人力资本和经济资本之外的效应。互联网中的云计算、资源平台、共享服务等等概念就体现了协同的文化,实现了大规模的资源节约与协作共赢。

互联网形成了一种分享越多得到越多的文化。由于人力资本不同,价值判断不同,协同活动当中个人所付出的和所得到的不会均等。互联网的创新行为是创造性的劳动,这改造了生产力,节省了大部分人的时间。为什么在没有商业利益的情况下,也有人愿意在网络上分享信息和知识,让其他人搭便车?这似乎与经济学当中理性人的假设矛盾。在网络上人们贡献其知识时,自然认为增强了自己的专业声誉与获得服务的机会,所以在不预期他人承诺回报的情况下也有很多网络经验分享的事件发生。典型的例子是网络 Wiki 和开源代码软件的蓬勃兴起。

Facebook 早期成功的一个关键因素是利用了开源软件。最初它的数据库是开源且免费的 MySQL,后来起用的 PHP 是一种特殊的编程语言,也是不收费的。这种网站开发的语言能控制 Facebook 网页的运行方式。实际上,像这样没有投资方支持的自下而上型的网络经营此前并不多见。在 2004 年,开源网站运行软件才刚刚发展成熟,没有这类开源软件,扎克伯格不可能在自己的寝室里创建一个特色鲜明又多样的网站,并且在运行网站时只有服务器一项费用支出而已。即使拥有了 10 万用户,公司真正的运营成本也仅仅产生于服务器和员工薪酬。[①]

互联网自然形成了一个进化的生态。互联网在环境改变的情况下表现出很强的适应能力。互联网企业并不是大者生存,而是适者生存。新创企业意识到了更适应社会环境的基因突变,这种不被成熟企业认可的突变往往是其独特的差异化优势。通过不断的原型反馈与版本迭代来实现快速的增长。这一进化过程不是事先计划好的,而更多是因势利导、随机应变的。

互联网的发展历程表明,其进化是不断向上的。互联网创业已经从技术主导,经过商业模式主导,发展到文化主导。互联网的成功创业者不但对网络科技

---

① 大卫·柯克帕特里克:《Facebook 效应》,华文出版社,2010 年,第 48 页。

有前瞻性的理解,而且坚持正能量的价值观。从社交,到尊重,到自我实现,这是社会文化整体不断向上的表现。拥有众多用户的互联网企业承担着更多社会责任,比如谷歌提出的"不作恶"公司原则,阿里巴巴倡导的"让天下没有难做的生意",Facebook 始终坚持的"表里如一"社交准则。这些企业都是在创办之初就坚信着自己的理念与价值观,顺应了互联网向上发展的大趋势。

"对于一个人来说,双重身份是不诚实的表现。"扎克伯格从道德角度辩护,不过他也很务实,他说:"今天这个世界的透明程度将不会再允许一个人拥有双重身份。"换句话说,即使你希望把私生活和职场生活分开,你也不可能做得到,因为关于你的信息正在互联网和其他各个地方传播。他的逻辑也适用于那些多面人——比如说一个未成年孩子在家表现很乖,在朋友堆中却是一个滥用毒品的坏孩子。扎克伯格——还有他核心圈子里的同事们也相信,公开承认自己是谁并在所有朋友面前表里如一,会有助于创造一个更健康的社会。在一个越发"公开和透明"的社会里,人们将会为他们的行动后果负责,于是就有可能会表现得更为负责。"让人们更加公开自己是一个巨大的挑战,"扎克伯格说道,"不过我认为我们能行,只是需要时间。对许多人来说,你分享得越多这个世界就会越美好的概念听上去很像是一种十分莫名的思想,在这里你会碰到难以跨越的隐私壁垒。"[1]

社会化自组织商业模式

网络社会中逐渐形成了缤纷复杂的商业模式,看似千般变化,实则异曲同工。这些互联网商业模式的共通特点是社会化、自组织。20 世纪 60 年代人们就在复杂系统研究中发现了"自组织"现象。例如,蜜蜂形成的蜂群,萤火虫同步闪动,经济系统中相互维系的市场,干细胞发育成特定的器官——这些都是自组织

---

[1] 大卫·柯克帕特里克:《Facebook 效应》,华文出版社,2010 年,第 48 页。

的例子。其实一个系统自组织功能愈强，其保持和产生新功能的能力也就愈强。如果一个系统靠外部指令而形成组织，就是他组织；如果不存在外部指令，系统按照相互默契的某种规则，各尽其责而又协调地自动地形成有序结构，就是自组织。传统的计划经济的工厂就是典型的他组织，而社交网络与互服务市场就是典型的自组织。

自组织系统看似无序，实则在更高层次有序。网络时代出现的很多商业模式皆是在网络协议内在机制的驱动下的演化过程。形式上日趋多样化和复杂，规则上日趋抽象化与简单。所谓"万变不离其宗"，"变"是个体运动的形式，"宗"是个体协同的规则。在资源、资产、资本、资信的经济大循环当中，自组织模式比他组织方式具有更高的演化速度与更低的协同代价。其实，个人、企业、国家、社会都具备自组织的天性，这是其存在的基础和生命力的源泉。

信息化发展之初，最先是信息技术在工业组织当中的应用。结构化与层级化的组织结构采用的是"行政化"的管理方法，"他组织"的控制模式。电子商务兴起之初，主要是商品在网络上的销售业务。这时的企业对顾客（B2C）模式可以说是企业信息化在市场上的延伸。然而，随着互联网的普及与网络化社会关系的形成，原先层级化的组织控制系统开始解构，"社会化"的治理方式与"自组织"的进化模式开始大规模涌现。

社会化自组织形式的平台让用户参与到创新之中，能够形成强大的凝聚力，发挥出群体的进取精神和创业精神。作为社会化自组织平台的企业如果能够坚持顾客至上的原则，就能够持续组织利益相关者共同创造价值。社会化自组织的形式由来已久。过去的社会组织能够真正代表群众的利益来为群众办事，一方面是由于这些群众组织的领导人能严格自律，不辜负群众对自己的信任，认真负责，另一方面是由于群众出于对本组织的责任感，敢于坚持原则并同违背群众利益的行为抗争。这种自律与信任的基础是靠法制与道德力量的支撑。网络时代，这种社会化自组织得到了更大的发展空间，其形式已经从过去的社团组织演变成围绕着专业与服务的社交网络与服务平台。例如"团购""众包""互动服务"等模式就是互联网社会化与自组织的现象。还有，基于信息的社交平台如微信、微博、社交网站、视频网站、移动社交等；基于市场信息的大众点评、美团、58同城等；基于知识交流类的网站如知乎、维基百科、新浪爱问；基于生活服务类的如滴滴打车、好大夫在线；基于互动服务市场的如有名服务、Thumbtack 等。社交媒体用户的聚集带来新的营销机会。企业也开始借助移动社交平台和消费者进行互动,社会化媒体平台开始出现移动化、商业化、平台化、私密化和服务化。

我们可以从两个维度来区分电子商务与互联网企业的业务模式。一个是交易对象的标准化,一个是交易领域的垂直程度。B2C 模式交易的是标准化的商品,而且以一类垂直领域为重点。亚马逊起家于网络销售图书,这就是典型的B2C 模式。阿里巴巴虽然有商品信息,但是交易的商品不属于其资产,也不负责物流,其本质上提供的是信息服务与交易金融服务,对交易顾客没有限制,就是钱对钱(Money to Money, M2M)模式,属于标准化的交易支付信息平台。对于非标准化服务与垂直行业的市场,必须采取线上线下服务相结合(Online to Offline, O2O)的模式。团购网站与行业服务类网站,如美团网、好大夫在线就属于此类。随着市场上管理能力与信息化水平的提升,很多过去非标准化的服务可以被数字化了,例如视频、图片、可穿戴设备等。用户可以通过公共服务平台自发地组织与管理自己的交易服务。这个时候服务对服务(Service to Service, S2S)模式成为了新兴增长点,有名网创立的诚信互动服务市场就是这类平台。互联网服务市场的演进见图 8-3。

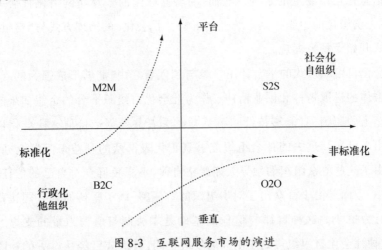

图 8-3　互联网服务市场的演进

为什么社会化与自组织商业模式能够快速吸引到大量的参与者?服务对服务(S2S)模式的本质是人对人的社会互动,这让参与者能够自发平等地参与其中。参与者的动机有不同层次,包括获得收入、增加社交、获得社会影响力,直至自我实现。所谓"物以类聚,人以群分",不同类型的需求层次会使不同的社交人群分别汇聚于不同的类型。

　　众包模式就是自发社会化的互动服务模式,形成了虚拟的服务能力。传统的研发、设计活动都由企业自己承担,专职研发和设计人员的效能往往受团队规模与招聘能力的限制。然而以众包模式进行设计和研发活动,可以以非常低的成本突破这种限制。首先,团队的成员不再固定,在互联网上,任何一项研究和设计课题将会有大量感兴趣的人去承担,而且随着研究和设计课题的变更,从事这些工作的人员也会随着改变。众包模式基于自由、开放式的互联网平台,为了完成某项工作或更好地解决某个问题,众包的主体自发订立业内的标准规则,这些规则包括活动平台的规则和工作任务本身的规则。如会员制、个人信息保密性、信息发布的规范及其他关于活动的规范等。

　　众包是让企业利用互联网将工作分配出去、发现创意或解决技术问题。企业可以利用志愿者大军的创意和能力——这些志愿者具备完成任务的技能,愿意利用业余时间工作,满足于对其服务收取小额报酬,或者不计报酬。例如,小米手机采用的众包测试的特点非常鲜明。快速迭代:采用"短平快"的流程,尽量把问题暴露在上游。极低成本:在某些产品的测试成本上,与其雇佣一个高级测试人员来编写自动化测试用例,还不如众包给一百个普通用户进行人肉测试。获取需求:通过接近用户,可以获得最真实的用户需求。树立品牌:通过组织社区,参与者会感到一种品牌建设的血缘关系,具有极高的黏性。如此小米手机提前感受到"用户的温度感"。通过众包先了解用户抱以何等的期望,然后通过不断反馈快速改进。[①]

　　另一个典型的例子就是顾客自己定制(Do It Yourself,DIY)。顾客自己设计与选择产品款式材料,企业按照顾客的设计来生产、加工、组装。从"为顾客设计"模式到"帮顾客设计"模式。这种方式加快对顾客需求的捕捉,也可以通过预测顾客需求来把握未来市场的发展潮流。

---

　　① http://zh. wikipedia. org/wiki/众包。

顾客只要动动鼠标就能买下一块土地当上"地主"。作为地主,用户每个月能够收到土地产出的蔬菜水果,并免费到当地住宿旅行。而且,用户认购成为农场主之后可以加入网络社区,实时了解作物的生长情况:青菜长多高了、有没有被虫子咬,都能一目了然。电商将闲散农田放在网上。消费者可根据家庭需求自由认购土地位置及面积,自行决定每月要种什么作物。认购之后,当地农村合作社雇佣专业的老农帮助种植看护,待农作物成熟,当地农民将以每两星期为周期快递给用户。农作物产出的内容包含各类蔬菜、大米、菜籽油、水果等。这种新颖的定制农场模式,一上线就受到欢迎。①

社会化自组织商业模式具有几个特点:第一,是价值网络动态地随着市场进行调整。商业模式的价值网络随着市场的变化,进行动态调整,找寻到参与者资源最大化利用的方式。让人们闲置的时间资源与知识资源得以发挥。每个参与者都成为价值网络的一个节点,甚至每个人不同时段的价值都是在变化的。第二,是平台通过互联网开放。互联网没有国界,没有公司边界,也没有知识边界,不仅仅是互联网上的信息资源与服务资源的开放,更重要的是人的开放式成长。不同民族、不同地区、不同专业的人的时间价值得到有效利用,形成了学习型的组织。第三,是权力的民主性。企业通过行政命令来配置资源,市场通过价格信号来配置资源,而社会化自组织模式在符号法律的前提下不受行政的约束,也不完全以盈利为导向。这种民主体制充分发挥了人们的参与积极性与热情,也降低了社会的信任成本。

社会化自组织商业模式改变了经济发展的方式。社会化自组织模式通过互联网以非常低的成本将每个人的闲置资源聚集起来,尤其是在创新当中稀缺的研发创意、工程设计、金融服务资源。用户随时随地开展工作,随时谁地进入市场,于是形成人人都是创业者和个个都是企业家的生态环境。

2012 年 4 月,美国 JOBS 法案出台(全称为《创业企业扶助法》),旨在通过适当放松管制,完善美国小型公司与资本市场的对接,鼓励和支

---

① http://media.people.com.cn/n/2014/0613/c40606z5/42895.html。

持小型公司发展。整部法案分成七个部分:为新兴成长型公司重开美国资本市场;为创造就业者提供融资渠道;大众融资;小公司融资;非上市公司弹性与增长;资本扩张法案;宣传法律修订情况。法案中最令人瞩目的部分,实际上是对众融方式的肯定。所谓众融,可以理解为向普通大众寻求资金供应者、并以之作为新兴项目的创业资金的过程。众融让有创意和创业想法的人在网络上展示竞争,加快了资本向创新资源的流动。企业家和小企业主可以绕过投资机构,直接将自己的想法传送给互联网上的消费者与投资人,而这些人将为企业主提供资金的支持。①

社会化自组织商业模式改变了企业角色。在过去企业一般是指以盈利为目的,运用各种生产要素向市场提供商品或服务,实行自主经营、自负盈亏、独立核算的法人或其他社会经济组织。众包、私人定制、互服务等方式让消费者与生产者的身份已经模糊化,企业的经营活动不再是闭门的行为,而成为与社会开放互动。企业与顾客的关系不仅建立在商品交易上,更多在于基于互信与协同的长期互动关系之上。企业的角色从盈利主体变成了价值网络。

社会化自组织商业模式改变了雇佣关系。过去在雇佣工作时代,信息搜寻成本和信息鉴别成本是决定雇主和职员双方能否建立雇佣关系的关键。在个性化消费的时代,企业为了迎合消费者需要的不断变化,不断对资源进行重新整合,难以大规模长期雇佣大量工作者。拥有学习能力的自由职业者越来越多,通过网络寻找工作机会与不断学习调整成为必然。随着社会化自组织模式的兴起,除了社会基础设施层面的国有企业,传统的层级与行政化的组织和机构会被社会化自组织解构。

社会化自组织商业模式改变了管理方式。过去的管理方式建立在企业、事业、政府机构等有界组织的假设之上。然而社会化自组织方式将整个活动基础建立在互联网这个无界平台之上。人们凭借个人爱好与需求进行自发服务与协同工作。传统的基于经济人假设的计划、控制、绩效等管理方式不再有效了。过去的经理人制定规章制度并予以执行的方式被互联网平台制定基本准则并直接服务的方式代替。

① http://zh.wikipedia.org/wiki/2012 年度美国国防授权法案。

未来的创新与创业市场

在未来社会,创新与创业成为人们基本的权利与生活的意义。社会的发展将让每个人都拥有按其价值标准去生活的机会或能力。这意味着人们不但拥有创新与创业的权力,而且拥有创新与创业的能力。一个人的"能力"是指其所有活动的各种组合。在这个意义上,能力就是一种自由,即能过有价值的生活的实质自由。实质自由包括广泛的价值要素,法治自由和民主权利都是实质自由极其重要的部份。有利于生存发展的生活就是正常的自由,而不利于生存发展的状态就是不自由。自由交换商品与服务就像人们在交谈中自由交换词句一样,都是人的最基本的权利,因此,市场的存在是与人的基本自由紧密相连的。国家要激发创业精神,发展创新能力,需要进行系统的市场化改革,鼓励采用社会化自组织的方式来建立思想市场、资本市场、人才市场、服务市场等多方面的服务机制与创新模式。

思想市场的健全是经济转型成功的关键。世界上最宝贵的资源是人的时间和生命。要发挥整个社会的才智与创造力,以实现经济的健康发展,必须缔造一个自由和开放的思想市场。一个国家和社会如果缺乏一个开放的思想市场,不可能实现长期可持续的发展。一个充满活力的思想市场不仅是学术卓越的一个先决条件,也是开放社会和自由经济不可缺少的道德基础和知识基础。思想市场让创新的智力资源形成思想资产,通过开放平等的交易互动形成知识资本,进而造就一个社会体系的文明资信。网络时代创造了解放思想、广开言路、百家争鸣的环境,新兴的社会化媒体与知识共享平台为创新者提供广阔的舞台。新思想、新理论、新观念在思想市场上竞相争辉,为创新与创业照亮道路。

资本市场的健全是经济发展的基础。要充分发挥企业的创新能力,激励企业家的创新精神,就需要给予其公平的资本回报。从草根创业到产业创新,都应当有融资交易的开放和公平的平台。多层次的资本市场能够涵盖创业者从启动到成长发展的全过程的金融服务需求。互联网是实现多层次资本市场的平台,改造了传统交易模式与金融体系。互联网金融与各种财务、法律、中介等支撑服务体系共同构成一个有机平衡的金融生态系统。

　　人才市场的开放是创新创业的保证。广义的人才市场不但包括人才流动的市场,还包括人才培育的市场。互联网上的人才市场模式不但改变了企业招聘人力资源方式,而且为越来越多的自由职业者和创业者提供了平台。大规模开放在线学习的模式改变了传统的授课教育模式。然而这些还不够,我们还需要真正的人才观念的变革。爱因斯坦说过教育是把在学校学习的东西忘光了之后还留下来的东西。如何用创新的方式做好创新教育?那就必须让创新者自由地探索和开拓。唤起独创性的表现与求知之乐,是为人师者至高无上的秘方。在互联网开放人才市场当中,人才的评价基于实际的思想与创新能力,学习与训练成为随时随地可以进行的事情。教师与学生的角色依据品德和才能而定,人人皆可能成才,人人皆可成才。

　　服务市场的繁荣是时代进步的体现。通过不断地创新业务模式,服务变得越来越专业化。各种互联网平台促进服务市场的发展与繁荣。服务市场需要提供透明性保证,因为人们在社会交往中需要信用,它取决于交往过程的公开性和对信息发布及信息准确性的保证。从事交易的双方都希望对方能提供全面而准确的信息,达成协议后则信守承诺,若无此信用市场机制就无法运作。互联网的透明性保证与政治民主紧密相连,从而使互联网成为反对官员腐败和错误的法令政策的利器。通过服务定价、诚信评价、风险管理等模式与技术的创新,互联网平台加快了市场机制的基础设施建设和行为规范的确立。

章节小结

　　在这一章描画了未来的创新与创业。网络社会是一个每个人实现自由价值的社会。创业者将以互联网思维开辟新的商业模式。思想市场、资本市场、人才市场、服务市场在未来都将面对创新的机遇,成为创业的舞台。

思考问题

　　1. 设想一下五年以后的互联网会有哪些新的技术与标准?

2. 如果切断中国与国际互联网的所有联系,会出现什么情况?

3. 研究评估你所经历的社会化自组织商业模式,其价值网络有何不同?

4. 如何用互联网思维规划团队的创新路线图?

拓展阅读

1. 学习全球互联网标准的最新进展,www.w3c.org。

实战训练

互联网让团队的创新与创业计划成为现实:

经过不懈的努力,你所在的团队应该已经完成了创业作品(例如创意设计方案,创业计划书,或者艺术作品等等)。需要在社会媒体当中推广你们的产品或服务。你们可以通过四个步骤完成这项工作。

第一步:对互联网用户使用习惯与需求的观察分析,选定优先定位推广的人群。

第二步:制作优化创意作品或创业项目的展示方案。

第三步:在"创新学堂"App 的有名市场展示你们的作品并得到用户的反馈。

第四步:优化调整作品,通过社交媒体正式获得订单或者投资。

如果遇到困难,难以解决。① 再读这本书,重新反思调整;② 在"创新学堂"找到能够帮助你的人。

如果项目取得成功,将自己精彩的作品在互联网上分享。

结 语

　　创新者为人杰,创业者为侠客。真正的创新与创业者要具备大气的情怀和敢当的精神,牢记协同创新的"八要八戒",夯实创业基础,强于创新实践。

　　要创新思维,戒盲目模仿;
　　要创业精神,戒货币幻觉;
　　要胸怀天下,戒管中窥天;
　　要理性改革,戒冷漠保守;
　　要众虎同心,戒为丛驱雀;
　　要系统组织,戒复杂管控;
　　要精益进取,戒冒险豪赌;
　　要价值协同,戒价格战争。

　　"路漫漫其修远兮,吾将上下而求索"。创新与创业道路上,让我们携手开拓。

附录："创新学堂"平台使用说明

1. 平台概述

"创新学堂"是互联网众创平台。"创新学堂"采用协同行动创新教育模式，第四代"向学生学"教育方法，实现线上线下（O2O）融合的互动创新学习实践，帮助加速学习者从创意到创造，从创新到创富的全周期创新过程。

团队项目实践

课程过程进行真实创新创业实践，提升创新创业素质同时提高就业能力。

各界指导奖投

课程平台汇聚政企研等各界精英参与指导，支持帮扶项目团队奖投资源。

优秀人才推荐

网络实践平台进行优秀人才科学测评，精确化匹配人才与企业对接服务。

企业人才交流

课程项目团队深入交流，组织投资研讨等活动，促进校企联通协同育人。

一次课程就是一场真实的创新创业实践

同学们通过一期4G创新创业课程，真实感受市场需求，依据企业命题开启课程，互动问答、自我展现，通过线上网络课程学习与线下经验丰富的教练辅导领略创新创业知识，进行真实的市场创新与创业实践，组建与管理自己的团队，协同建立并不断的打磨项目，最后进行真实的项目融资汇报路演，与企业家、投资人、导师等充分的交流研讨，组织参与沙龙、投资见面会，感受与践行真实的创新创业之旅。

"创新学堂"平台实现了协同行动创新（CAI）的教育模式，学习历程就是创新历程。支持在互联网上进行团队项目实践，各界指导奖投，优秀人才推荐，企业人才交流。创新学堂平台的核心课程是《创业基础与创新实践》，同时也开发与支持各类4G互动实践课程。在 CAI 教学中，教练与学员在创新学堂平台进行学习、互动实践以及项目投资等活动，实现互联网创新加速。

"创新学堂"（微信公众号：创新学堂平台）提供给每个学生一个真实的诚信互动学习实践平台。通过该平台，学习者与教练形成创新社群，每位用户可以主动参与课程的建设与学习，将所学践行于真实的服务市场。"创新学堂"通过诚信互动服务，启发学习者的创新思维，培育企业家精神，运用创新创业方略，提升创新与创业素养。

《创业基础与创新实践》课程

8个模块，42学时，线上线下互动实践学习

互联网 4G 化的《创业基础与创新实践》课程

移动网络化的
互动实践平台

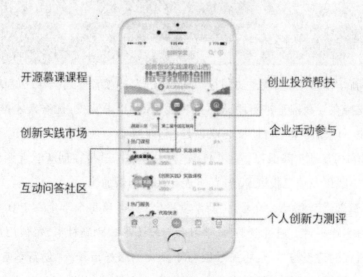

开源慕课课程

创业投资帮扶

创新实践市场

企业活动参与

互动问答社区

个人创新力测评

创新学堂客户端

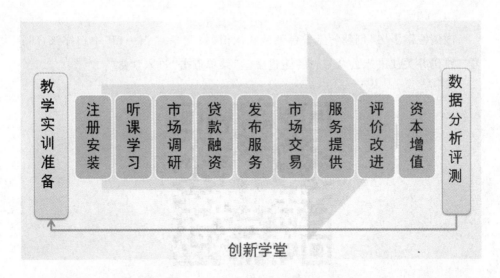

"创新港"(p. euming. com)是创新学堂平台的教育管理系统。创新教练与教育机构在创新港开设专属服务号,对创新实践教学内容、教学效果、教学评价进行全方位的管理。

创新港——教练与机构学习实践管理平台

2. 安装使用

目前平台支持四种方式运行:微信公众号、手机浏览器网页,安卓系统 APP、IOS 系统 APP。

（1）微信：

微信搜索添加"创新学堂平台"，或在微信"发现"→"扫一扫"中扫描该订阅号二维码并关注进入公众号，在"走进学堂"菜单点击"进入学堂"。

（2）浏览器

手机登录 m. edu. euming. com 地址，直接应用网页端平台，也可点击"立即下载"安装 APP 客户端。

（3）安卓 APP

扫描下方二维码下载安装 APP 客户端。

（4）IOS 苹果 APP

苹果 APP Store 中搜索"创新学堂"，安装 APP。

3. 常见问题解答(Q&A)

Q:学校与企事业使用创新学堂平台的价值?

A:通过引进创新创业课程与互联网平台,学校与企事业快速建立一流的协同行动创新教育体系,采用第四代教育方法,建立创新创业学科,开展高品质实践创新教育。尤其是从根本上保障学习实践效果与教育质量。

Q:我是学员,使用创新学堂能做什么?

A:创新学堂平台是创新者的学习实践平台,在这里每个人就是一家"创新企业"。在这里学生学习课程,互动交流,结识教练与同学,更可以发布创意,协同组队,开展服务,赚取收入,众筹融资,优秀人才会获得企业与投资人的关注。

Q:我是教练,使用创新港能做什么?

A:创新港是教育管理平台,帮助创新教练实现精准教育,轻松管理。创新教练在创新港开设自己的课程,招募学员组织学习,分析学员表现,评价打分,进行学员创新力评价,领取课酬等。

Q:如何成为创新教练?

A:拥有4年以上创业或管理经验,硕士且有3年以上教学经验,或创新学堂创新力7级以上用户可以申请成为认证创新教练。创新学堂平台定期组织创新教练的培训与认证。认证后创新教练可以开设课程。

Q:用户使用创新学堂平台是否收费?

A:创新学堂对学生用户基本服务于用户之间的服务交易不收取管理服务费,对学校、企业与机构用户收取一定的管理与信息服务费,具体条款以用户协议为准。

Q:我是机构,如何用创新学堂平台办教育?

A:机构代表注册创新港(p. euming. com)平台机构号,学习直播课程,认证通过后,网络签订服务协议,可在创新学堂自助开展创新教育。

Q:如何进行信息与隐私保护?

A:用户进行实名认证,平台进行发布信息的过滤并屏蔽不良信息。创新学堂平台采用严格的信息分级,用户自由选择发布信息到公开平台或限同学、老师看到。

Q:如何在客户端注册创新学堂帐号?

A:在首页点击"我的",进入"我的"页面,点击上方登录,进入登录/注册界面,点击进入注册页面,按照要求如实填写信息即可完成创新学堂帐号的注册。

Q:如何为我的账号进行充值?

A:在首页点击"我的",点击自己的姓名进入"账号管理",进入"充卡"可以输入充值卡与密码进行充值。购买充值卡请联系课程助教"创新学堂客服"。

Q:实践中赚取的收入如何提现?

A:在首页点击"我的",点击自己的姓名进入"账号管理",点击"提现",输入银行卡信息可以进行提现。

Q:如何获得认证?

A:在首页点击"我的",在"我的"页面点击自己的姓名进入"账号管理",在"身份认证"中上传自己个人身份证明可以获得身份认证,在"银行卡认证"中进行测试小额转账可以获得银行卡认证。创新学堂按照银行级别的规范对认证信息将严格保密。

Q:如何添加更新个人信息?

A:在首页点击"我的",在"我的"页面点击自己的姓名进入"账号管理",进入"修改基本信息"添加更新自己的个人信息。在最下方"所在学校"一项可以添加学校名称。

Q:创新学堂可以聊天沟通吗?

A:平台支持实时聊天功能,在用户的个人详情页面右下方点击"我要咨询"按钮即可和你想要说话的人通话了。

Q:如何查找课程?

A:在首页点击"课程",可以看到最新和附近的课程列表。可以根据首页的市场细分进行分类搜索,或在搜索框里直接输入你想要的课程的标签或关键字进行搜索,即可找到你想要的课程。

Q:如何查找师生?

A:在首页点击"搜索",进行分类搜索人才、师资等。

Q：如何发布信息？

A：首先登陆，在首页点击"发布"蓝色＋号图标，可以发布创意投票、服务、需求、活动等信息。发布后经过审核的信息可以被其他用户在平台查找到，亦可分享至微信等其他应用。

Q：如何在市场进行交易？

A：首先查找到服务，决定交易后点击"购买"，"提交订单"即可与服务提供者进行联系与服务交易。确认卖方完成服务后，买方点击"确认支付"后完成支付购买，对方收到款项。

Q：我是购买者，如果对方服务不满意怎么办？

A：交易采用完成后确认付费制。服务实际完成后，购买者需要在"我的"—"我的交易"—"我买入的"页面，"待确认"订单中点击"确认支付"，对方才会收到付款。"不确认"的订单在一定时期后会自然失效。

Q：我是服务者，如果对方购买后一直不确认怎么办？

A：服务者最好在服务进行前与对方确定具体的服务交付办法与确认时间，在服务进行后立刻提醒购买者确认支付。

Q：如何查看或修改自己发布的服务或需求状况？

A：在首页点击"我的"—"我的发布"查看自己发布的服务或需求情况，可以查看状态、编辑、退市。

Q：如果遇到交易争议或者不实交易怎么办？

A：在交易之前一定要确定对方是否是实名认证过的用户。对不满意的服务可以在评价时如实反映。对不实信息或违反创新学堂平台用户规定的行为可以进行投诉。对认定违法行为可以直接请律师联系对方或向公安机关进行报案。

Q：如何查看我的账户明细？

A：在首页点击"我的"，在"我的"页面点击自己的姓名进入"账号管理"，进入"账户明细"可以查看账户明细。

Q：什么是经营绩效指标？

A：绩效指标包括当月收入、累计收入、资产收益率（月）、服务分数、发布数量、购买服务数量等，学员可以通过实践理解绩效指标的各项内容，学会管理自己的财富，提升创业能力。

Q:什么是五色思维评价?

A:五色思维是生命思维、批判思维、设计思维、经济思维、美学思维,五类创新思维。通过学习实践互动,创新学堂通过大数据分析出人的五色思维相对分数作为人才评价参考。"近朱者赤",你与其他师生在创新学堂互动越多,这些师生思维能力越强,你的思维评价也会越高。

参考文献

[1] 卡普兰·沃伦:《创业学》,中国人民大学出版社,2009 年。

[2] 罗博特·D. 希斯瑞克:《创业学》,复旦大学出版社,2000 年。

[3] 张晓梅:《创业管理》,高等教育出版社,2011 年。

[4] 张耀辉、朱锋:《创业基础》,暨南大学出版社,2013 年。

[5] 林嵩:"创业资源的获取与整合——创业过程的一个解读视角",《经济问题探索》,2007 年第 6 期。

[6] 陈震红、董俊武:"成功创业的关键——如何获取创业资源",《科技创业月刊》,2003 年第 9 期。

[7] 马凌、卢继勇:"人力资源开发与企业核心竞争力",《重庆邮电学院学报(社会科学版)》,2003 年第 5 期。

[8] 木志荣:"我国大学生创业教育模式探讨",《高等教育研究》,2006 年第 11 期。

[9] 刘兴国、沈志渔、周小虎:"社会资本对创业的影响研究",《中国科技论坛》,2009 年第 4 期。

[10] 新浪网财经频道,2012 首届中国天使投资人大会,http://finance.sina.com.cn/focus/zgtstzrdh2012/。

[11] 中国风险投资网,"什么是风险投资",http://www.vcinchina.com/zhuanti/zhuanti1.htm。

[12] 汤川秀树:《创造力与直觉》,河北科学技术出版社,2000 年。

[13] 理查德·道金斯:《自私的基因》,吉林人民出版社,2001 年。

[14] 埃尔温·薛定谔:《生命是什么》,湖南科学技术出版社,2005 年。

[15] E. O. 威尔逊:《论人的天性》,贵州人民出版社,2000 年。

［16］卡尔·波普尔:《客观知识——一个进化论的研究》,中国美术学院出版社,2003 年。

［17］伊·拉卡托斯:《科学研究纲领方法论》,上海译文出版社,2005 年。

［18］托马斯·库恩:《科学革命的结构》,北京大学出版社,2012 年。

［19］阿尔伯特·爱因斯坦:《物理学的进化》,湖南教育出版社,2007 年。

［20］卡尔·波普尔:《通过知识获得解放》,中国美术学院出版社,1998 年。

［21］谢冕:"北大一百年的青春",《光明日报》,1998 年。

［22］朱光潜:《谈美》,中国青年出版社,2012 年。

［23］马斯洛:《动机与人格》,中国人民大学出版社,2012 年。

［24］朱光潜:"怎样改造学术界",《时事新报》,1922 年。

［25］亨利·路易·柏格森:《时间与自由意志》,商务印书馆,1958 年。

［26］彼得·德鲁克:《创新与企业家精神》,机械工业出版社,2007 年。

［27］马斯洛:《马斯洛论管理》,机械工业出版社,2013 年。

［28］孔丘:《论语》,中华书局,2006 年。

［29］《马克思恩格斯选集》,人民出版社,2012 年。

［30］亨利·威廉·斯皮格尔:《经济思想的成长》,中国社会科学出版社,1999 年。

［31］马克思:《资本论》,人民出版社,2004 年。

［32］熊彼特:《经济发展理论》,商务印书馆,1990 年。

［33］赫伯特 A. 西蒙:《管理行为》,机械工业出版社,2014 年。

［34］赫伯特 A. 西蒙:《人工科学:复杂性面面观》,上海科技教育出版社,2004 年。

［35］厉以宁:《超越市场与超越政府:论道德力量在经济中的作用》,经济科学出版社,
      2010 年。

［36］阿马蒂亚·库马尔·森,《以自由看待发展》,中国人民大学出版社,2002 年。

［37］林毅夫:"自生能力、经济转型与新古典经济学的反思",《经济研究》,2002 年第
      12 期。

［38］林毅夫:《新结构经济学》,北京大学出版社,2012 年。

［39］钱穆:《中国历史研究法》,三联书店,2001 年。

［40］蔡剑、李东、胡钰:《从中国价格到中国价值》,机械工业出版社,2008 年。

［41］亚当·斯密:《国民财富的性质和原因的研究》,商务印书馆,2008 年。

［42］道格拉斯·诺思:《制度、制度变迁与经济成就》,格致出版社,2008 年。

［43］林毅夫:"后发优势与后发劣势",《新闻周刊》,2002 年 18 期。

［44］哈耶克:《自由秩序原理》,三联书店,1997 年。

［45］埃里克·莱斯:《精益创业》,中信出版社,2012 年。

［46］Hamel G. and Prahalad C. K.（1990）The Core Competence of the Corporation. *Harvard Business Review*, May-June, 79—91.

［47］Nam Pyo Suh:《公理设计》,机械工业出版社,2004 年。

［48］孙武:《孙子兵法》,广西民族出版社,1995 年。

［49］W. 钱·金、勒妮·莫博涅:《蓝海战略》,商务印书馆,2005 年。

［50］席勒:《新金融秩序》,中信出版社,2013 年。

［51］魏炜、朱武祥:《发现商业模式》,机械工业出版社,2009 年。

［52］A. Osterwalder, Yves Pigneur, Alan Smith, *Business Model Generation*, self published, 2010,9

［53］彼得·德鲁克:《管理:任务、责任、实践》,华夏出版社,2008 年。

［54］蔡剑:《协同创新论》,北京大学出版社,2012 年。

［55］亚历山大·奥斯特瓦德、伊夫·皮尼厄:《商业模式新生代》,机械工业出版社,2011 年。

［56］史蒂芬·柯维:《高效能人士的 7 个习惯》,中国青年出版社,2013 年。

［57］史蒂芬·柯维:《高效能人士的第八个习惯》,中国青年出版社,2013 年。

［58］Steve Garry Blank:《四步创业法》,华中科技大学出版社,2012 年。

［59］曾鸣:"阿里巴巴曾鸣:何为互联网的本质?",http://www. ciotimes. com/2013/1110/86779. html。

［60］马斯洛:《人类动机理论》,中国人民大学出版社,2007 年。

［61］大卫·柯克帕特里克:《Facebook 效应》,华文出版社,2010 年。